本书是司法部国家法治与法学理论部级研究项目"国际私法与中国海外权益保护"（16SFB2050） 的最终成果。

　　本书的出版获得江西财经大学法学院的出版经费资助。

GUOJI SIFA
YU ZHONGGUO HAIWAI QUANYI BAOHU

国际私法与中国海外权益保护

王吉文 著

中国政法大学出版社

2019·北京

图书在版编目（ＣＩＰ）数据

国际私法与中国海外权益保护/王吉文著. —北京：中国政法大学出版社，
2019.12

ISBN 978-7-5620-9417-3

Ⅰ.①国… Ⅱ.①王… Ⅲ.①国际私法－研究－中国 Ⅳ.①D997

中国版本图书馆 CIP 数据核字 (2019) 第 295361 号

出 版 者	中国政法大学出版社
地　　址	北京市海淀区西土城路 25 号
邮寄地址	北京 100088 信箱 8034 分箱　邮编 100088
网　　址	http://www.cuplpress.com（网络实名：中国政法大学出版社）
电　　话	010-58908586（编辑部）58908334（邮购部）
编辑邮箱	zhengfadch@126.com
承　　印	固安华明印业有限公司
开　　本	880mm×1230mm　1/32
印　　张	9.75
字　　数	235 千字
版　　次	2019 年 12 月第 1 版
印　　次	2019 年 12 月第 1 次印刷
定　　价	49.00 元

I 引 言
NTRODUCTION

　　长期以来，追求法律关系的稳定性、可预见性和判决结果的一致性被认为是国际私法的基本价值目标。为此，国际私法在确定其冲突规范时通常采用了下列基本结构模式："法律关系+连结点+特定法律体系。"依据这种结构模式，特定的法律关系应适用的法律，应当是依据连结点所指定的特定国家（法域）的法律。在这种结构模式中，连结点具有极为重要的意义，不仅是把特定法律关系和应适用的特定法律相连结的纽带，更是决定着特定法律体系适用于特定法律关系之上合理性的重要因素。正是如此，连结点经常被认为是体现了法律关系最重要的那个或一部分的法律事实。尽管如此，要在法律关系中真正探寻出那一部分最重要的法律事实，很显然是极为困难并带有相当程度先验性的。毫无疑问，这种形式的冲突规范显然难以摆脱僵硬性和机械性的缺陷，更无法实现国际社会对实体正义的内在追求。对此，美国"冲突法革命"的先驱卡弗斯（Cavers）教授曾经如是批评："目前，在冲突法案件中，法官只仔细审查交易或案件的部分事实，从这部分事实中，法官可以找到某些连结因素，据此决定是否适用律师所主张的冲突规则。为此目的，也许只需要根据法院地法去认定当事人的住所、所主张的财产利益转移时的财产所在地、所主张的合同成立地。要认定这些连结因素，也需要许多证据，却完全不必引证法院地法的相关要点。这些连结因素的认定工作一旦完成，他们就机械地决定了法律选择的结果。"[1]卡弗斯进而指出："只是在组成案件的所有事实中甄别出哪些部分事实是对国际私法的传统方法没有重要意义、哪些部分事实是赖以得出结论的关键事实。对同一案件的不同事实进行区别对待，这或许是有帮助的，但是，除非参照准据法的具体内容，否则要合理地评价被选中的部分案件事实是有困难的。法院的职责不是漫不经心地选择法律，而应是解决特定争议。"[2]

传统国际私法基于冲突正义而把法律关系应适用的法律建立在连结点基础之上，一个重要的目标实际上是希望达到冲突规范像自动投币机一样，把某种法律关系输入冲突规范，就自动获得应适用的法律体系。这样的结果显然能够实现判决结果的一致性和可预见性，使得案件无论在哪个法院审理，都能因为相同连结点的因素得到一致的结果。不过，具体案件的复杂性和多样性却使得固定连结点的缺陷得以充分地显现出来。正如卡弗斯所指出的："传统法律选择问题中的连结点，好比一枚硬币，嵌入理论的投币机，就能立即得到合适的立法管辖权。然而根据现在的常识，电话公司到处设置投币机，对投币的唯一要求是符合投币机的规格。国际私法的连结点也是如此。法律适用的结果取决于连结点所决定的法律选择，从这个角度出发，就没有必要评价连结点在具体案件中的重要意义了。冲突规则支持了这种观点，无论是理论的还是实证的冲突规则，都

---

〔1〕 Cavers, *A Critique of the Choice of Law Problem*, Harv. L. Rev., 1933（47），p. 185.

〔2〕 Cavers, *A Critique of the Choice of Law Problem*, Harv. L. Rev., 1933（47），p. 188.

是努力地要把法律问题分配给不同的立法管辖区域，而不是公正地审判案件。"〔1〕不可否认，这些批评确实有作者特殊出发点的因素，是要"规则还是方法"的美国"冲突法革命"的前奏，然而在相当程度上却又反映了冲突规范僵硬性和机械性的内在缺陷，使得国际私法难以有效实现国际社会对实质正义价值目标的追求。

毫无疑问，传统国际私法对稳定性和可预见性的片面追求，其理论的出发点在于逻辑的合理性基础，而忽视了法律关系内在所涉及的各种利益因素，正如柯里所指出的那样："法律选择规则是空洞的没有血性的东西。它实际上并没有阐明重要的公共政策，相反却主张国家对诉讼结果采取漠然无视的态度。"〔2〕正是如此，柯里表达了近乎愤慨的失望："没有冲突法我们将会更好。""冲突法革命"的洗礼为传统国际私法带来了新鲜的血液和新的思维观念，单纯注重冲突正义的传统国际私法逐渐发展为平衡追求形式正义和实体正义的现代国际私法，并日益强调对当事人利益和国家利益的保护问题。毕竟国际私法本质上是调整国际民商事关系的法律，所以尽管在调整方法上与国内法存在明显的差异，但是其所解决的依然是当事人的民商事关系。与此同时，在对国内外当事人利益进行平等保护的基础上适当地维护本国利益和本国当事人利益，也成为现代国际私法努力追寻的重要价值目标。然而，传统国际私法经常性地把国际私法构建在不加区分的法律性质本身或者国际法上的主权平等原则基础之上，而忽视法律关系所涉及的利益因素。事实上，

---

〔1〕　Cavers, *A Critique of the Choice of Law Problem*, Harv. L. Rev., 1933（47），p. 189.

〔2〕　Brainerd Currie, *Selected Essays on the Conflict of Laws*, Duke University Press, 1963, p. 52.

萨维尼在建构"法律关系本座说"时，就把其立基的基础置于国际主义观念之上。他认为，调整法律冲突时，应将内外国法平等对待；适用外国法是为了涉外关系中各国当事人的共同利益的实现，从而提供个人最大限度自由的价值追求的实现，而不是基于主权原则对外国表示尊重。国家主权的实现并非冲突法的主要价值追求，冲突法调整法律冲突的目的并非仅是为了维护内国利益，也应顾及一切有关方面的实际利益，包括外国国家和个人。客观上看，如若不是这样，在确定和找寻法律关系的"本座"时，就会面临实际的困境，立法者基于主权原则和本国利益优先主义，将使得法律关系"本座"的确定受到诸多例外因素的干扰。应当认为，这些观念虽然拥有国际主义的情怀，却在主权国家林立的现实世界难以获得有效的认可。

时至今日，如何合理地回归民商事关系的利益本质，并在此基础上对本国利益和本国国民利益给予有效的保护，成为当代国际私法需要解决的一个重要价值目标。虽然表面上表现并不明显，但国际社会已经逐渐把本国利益的特殊保护作为国际私法的一个发展方向。

一、国际私法的发展演进

（一）国际社会国际私法发展的一般状况

正如国际私法充满了争议和冲突一样，国际私法的发展演变也并没有一个非常清晰的脉络可以直接探寻出来。对于国际私法那种处处充满争议且含混模糊的混乱状态，一位学者曾如是说："冲突法领域是一片黯淡的沼泽地，到处充满摇颤的泥潭。一些博学而又古怪的教授留恋其间，为神秘事物创设理论，用的是晦涩的、令人费解的专业术语。"〔1〕毫无疑问，这种混乱的状况一定程度上也导致了国际私法发展演变的复杂性、多样性和反复性。

国际私法的形成与国际民商事关系的发展和对外国法律域外效力的肯定之间存在直接的关系。正是如此，虽然古罗马时期国际民商事关系有了较大的发展，但由于古罗马法并不认可其他国家法律制度的域外效力，从而并没有形成现代意义的国际私法。事实上，处于全盛期的罗马人对自己的法律有极强的优越感，十分轻视以致不能平等看待外国法："他们拒绝采用外国诉讼人'本国'的特定法律，显然这是因为，如果这样做了，也许要造成法律的退化。"〔2〕这种结果使得罗马法学家不愿以市民法赋予外国人利益，于是就产生了万民法。正是如此，万民法最初并没有受到罗马人的重视，直到后来情况才发生了根本性变化："这个剧变的发生是正当希腊的'自然法'理论被适用于罗马的'所有国家共有法律'的实践中的时期。"〔3〕"自从自然之语已成为罗马人口头上一个家喻户晓的名词以后，这样一种信念便逐渐在罗马法学家中间流行着，即旧的'万民法'实际是已经失去的'自然'法典，至于'裁判官'根据'万民法'原则而创制的'告令'法律学，则正在逐渐恢复法律因为背离了它而退化的一种范式。从这信念出发，我们立即得到了这样一个推断，即'裁判官'有责任尽量以'告令'来代替'市民法'，尽可能把'自然'用以管理处于原始状态中的人们的各种制度恢复过来。"〔4〕就此看来，古罗马的万民法虽然确实

---

〔1〕　Prosser, Interstate Publication, Mich. L. Rev., 1953 (51), p. 971.

〔2〕　[英] 梅因:《古代法》，沈景一译，商务印书馆1959年版，第29页。

〔3〕　[英] 梅因:《古代法》，沈景一译，商务印书馆1959年版，第30页。

〔4〕　[英] 梅因:《古代法》，沈景一译，商务印书馆1959年版，第33页。

关注到了外国人和外国法的特殊方面，却未能承认外国法的域外效力，因而只能体现为国际私法的萌芽状态。

到了 13 世纪的意大利，古罗马的这种对外国法的偏见与轻视观念有了实质性的改变。当然，这种观念的转变主要在于意大利的城邦制，各城邦均拥有独立的立法管辖权，而且各城邦立法管辖权之间是平等的，也只有在平等的立法管辖权之间才能产生真正意义上的法律冲突，才需要从中选择支配多边案件的法律，而不是狭隘地只适用法院地法。由此产生的国际私法，本质上就是通过法律选择来解决平等的法律体系之间的法律冲突的法律部门。[1]针对意大利各城邦的法则能否适用于域外的本城邦公民以及本城邦法则能否适用于城邦内的外城邦公民的问题，被誉为"国际私法之父"的巴托鲁斯（Bartolus）首次系统地提出了"法则区别说"，对各城邦的法则进行分类，指出不同类型的法则具有不同的适用范围。在总结前人学说的基础上，巴托鲁斯将各城邦的法则区分为人法、物法和混合法，认为人法适用于本城邦的公民，不论其身处何处，而物法适用于城邦内的一切人和物。就此看来，巴托鲁斯的法则区别说的出发点是实体规则的适用范围，通过认定实体规则的适用范围来解决法律适用范围的问题。客观上看，巴托鲁斯的法则区别说本质上是一种单边主义的方法论。正如维希尔（Vischer）所指出的："单边主义的出发点是法院地实体规则的空间或属人的效力范围。单边主义方法不同于双边主义方法，并没有把一类法律问题指引到某个法律体系中去；相反，它集中关注单个法律规则及其内在固有的效力范围……纯粹的单边主义方法基于这样一个假定，即实体规则必然含有特点的空间范围。它觉得规则的

---

〔1〕 宋晓：《当代国际私法的实体取向》，武汉大学出版社 2004 年版，第 23 页。

适用范围的问题是：规则的法律约束力针对的是谁？也就是说，规则为谁而制定？一旦实体规则被认为是具有内在的受限制的适用范围，每个法律体系就必须为它们的法律限定属地或属人的效力范围。"〔1〕巴托鲁斯从法则本身的性质着手，提出了法则的域内效力和域外效力观念，从而确认了法律冲突的现实存在，使得国际私法作为一种解决法律冲突的特殊部门法的观念得以形成；不过，巴托鲁斯从法则本身性质出发区分人法、物法和混合法，不仅划分的标准缺乏科学性和客观性，而且也根本不可能进行有效的划分。

17 世纪荷兰的胡伯（Huber）放弃了将法律区分为人法、物法和混合法的法则区别说，而依据国家主权学说推演出国际私法的基本原则，提出了著名的"胡伯三原则"：①一国的法律仅在其主权所及的领域内有绝对的效力；②在一统治领域内的所有人，无论是常住的还是暂住，都视为其国民，受其法律约束；③根据礼让，各统治者承认，已在其本国内实施的法律应该到处保持其效力，只要这样做不至于损害统治者的国民。〔2〕受博丹和格劳秀斯主权观念的影响，胡伯把国家主权观念引入冲突法领域，用以解决国家间的法律冲突问题，认为主权国家的法律在其领域内有绝对的效力，而对外国法的承认和适用仅是国际礼让的结果。客观上看，胡伯的国际礼让说符合国家主权"对内最高权和对外独立权"的一般本质，符合荷兰作为一个后起的新兴资本主义国家的利益需求。当然，片面地强调国家主权和法律效力的严格属地性将会否定外国法的域外效力并排除外国法适用的可能，这显然不符合荷兰的现实需求，正如

〔1〕　Vischer, "General Course on Private International Law," 232 *Recueil des cours* 9, 1992, pp. 36~37.

〔2〕　黄进主编：《国际私法》，法律出版社 1999 年版，第 101 页。

胡伯所指出的：尽管一国法律不能在外国直接生效，但在跨国民商事交往中，如果仅因各国法律规定的不同而导致根据一国法律实施的有效交易在另一国被宣告无效，这将使跨国贸易面临诸多不便，也将直接破坏国际商事交易惯例。为此，胡伯的原则三要求主权国家根据礼让去承认外国已经获得的权利，从而在逻辑上实现了主权理论与合理现实需要之间的统一。对于胡伯在冲突法领域的贡献，英国学者哈里森（F. Harrison）作出了高度的评价："与大陆法系的法学家相比，胡伯有一个不同的特点。其他的法学家虽然拥有聪明的智慧和渊博的知识以及丰富的实践经验，但他们却纠缠于人法和物法的区分之中，徒劳无益，不着边际。如果胡伯的论文也建立在同样的理论基础之上，它将不可能给我们展现任何新的理论观点……虽然它并没有穷尽所有的问题，且所确立的原则也过于概括，但它们却为后世国际私法的发展奠定了基础，并耦合于现代国际私法的基本理念。"[1]而美国冲突法的鼻祖斯托雷（J. Story）也给予了高度的评价："有人试图低估胡伯理论的权威性，但他们并没有成功。胡伯的理论除了被荷兰法学家谈到外，确实很少被人提及，但法国学者波利诺（Boullenois）却以显而易见的赞成态度援引了胡伯的原则三。不过，胡伯理论的优点并不一需要权威人士的支持，只要他的原则能够得以确立、只要这些原则不需以外国的认可为基础，它们就能克服自身的不足。事实上，在英国和美国，至今为止，胡伯在冲突法领域得到了比其他任何大陆法系法学家更加无可争议的偏爱。"[2]

不过，胡伯认为对外国法的适用并非基于义务而仅是出于

---

〔1〕 转引自李建忠：《古代国际私法溯源——从古希腊、古罗马社会到法则理论的荷兰学派》，法律出版社 2011 年版，第 291 页。

〔2〕 Joseph Story, Commentaries on the Conflict of Laws, 5th ed. p. 32.

国际礼让的结果，这种观念使得外国法的适用在某种程度上成为纯粹意义的国际道德而非法律义务的自然结果，从而将严重影响国家对外国法的适用和国际私法作为法律规范与法律部门的形成。虽然严格意义上对外国法的适用并不是各国积极义务的必然结果，一国并无积极义务承认并适用外国法，但是，把外国法的适用建立在毫无法律拘束力的国际礼让，无疑不利于保障各国对外国法的适用；而且，把一国法律不加区分地视为国家主权的必然结果，实际上忽视了公法和私法的差异，也忽视了私法领域中公平正义原则的客观要求，从而与先前的自然法观念形成了分野。

　　到了 19 世纪，被誉为"现代国际私法之父"的萨维尼放弃了先前法则区别说，从法律本身的性质来探讨法律冲突和外国法适用的观念以及胡伯从国家主权来解决外国法适用问题的主张，而提出了"法律关系本座说"，主张从法律关系的性质来寻找应适用的法律。萨维尼指出："我们的研究目的是要寻找到一个人同一个特定场所的联系，以及一个人同一个特定法域的联系，因而我们必须转而注意各类法律关系，为此我们需确定一个人与一个确定场所———一个特定法域的联系……我们可以说是去为每一种法律关系寻找一个确定的'本座'……于是整个问题就是：为每一种法律关系寻找其本质上所属的地域（法律关系的本座所在地）。"为此，萨维尼把法律关系主要分为五类，分别探讨它们的本座：身份法律关系、物权法律关系、债权法律关系、继承法律关系和家庭法律关系，它们的本座分别为人的住所、标的物所在地、法律行为实施地、法院所在地。萨维尼的法律关系本座说还认为，调整法律冲突时，应将内外国法平等对待。适用外国法是为了涉外关系中各国当事人的共同利益的实现，为了冲突法提供个人最大限度自由的价值追求的实现，而不是基于主权原则对外国表示尊重。国家主权的实现并非冲突法的主要价值追求。他认为冲突法调整法律冲突的目的并非仅是为了维护内国利益，而也应顾及一切有关方面的实际利益，包括外国国家和个人。[1]

萨维尼的法律关系本座说克服了先前法则区别说从法则本身的性质来探讨外国法适用问题的缺陷，而从法律关系的性质出发寻找其本质上所属的地域，法律关系本座所在地的法律就是应该适用的法律。虽然这种确定外国法适用的规则确实属于一种立法管辖权规则，只是为法律关系确定一个国家的法律体系，而不考虑该国法律体系的具体内容与适用结果的合理性，从而无法有效实现法律实质正义的一般需求而后来在美国"冲突法革命"中遭到了严厉的批评；不过，这种法律适用规则却有利于实现法律关系的稳定性、合理性和结果的可预见性，体现了国际私法的形式正义，符合当时大陆法国家对法律形式逻辑的需要和通常实践。而且，萨维尼法律关系本座说从法律关系的性质探讨外国法的适用问题，这不仅符合各国处理法律问题的现实，也为各种法律关系确定法律适用规则提供了简单易行且具有形式合理性的思路，从而为国际私法的立法提供了充分的理论基础。受此影响，欧洲大陆国家大致都在萨维尼法律关系本座说的基础上进行了国际私法的立法活动，并获得了成功。

到了 20 世纪之后，随着国际民商事交往的迅速发展和美国法律现实主义运动的兴起，美国冲突法学界开始对萨维尼法律关系本座说所蕴含的立法管辖权分配规则提出质疑与批评，从而引发了所谓的"冲突法革命"。对于美国最先和最激进地引发

---

〔1〕 沈涓：《冲突法及其价值导向》，中国政法大学出版社 2002 年版，第 97 页。

"冲突法革命"的主要原因，有学者这样分析道："第一，美国国内存在 50 多个平行的法律体系，20 世纪是美国成为政治和经济的超级大国的过程，州际贸易和对外贸易激增，无论是州际法律冲突还是国际法律冲突的数量都是过去无法比拟的，这就为美国学者思考国际私法问题提供了机缘；第二，美国现实主义法哲学思潮蓬勃兴起，要求以新的理论方法和视角重新审视已有的法律知识，国际私法领域不仅接受了法律现实主义思想，而且还成了美国法律现实主义运动的'弄潮儿'；第三，比尔虽然声称其理论和方法源于普通法，但实际上和欧洲大陆的理论方法更具有亲和力，而且较之萨维尼的理论体系，比尔理论及《第一次冲突法重述》显得更加机械和僵固。"[1]美国冲突法学者认为，这种源于萨维尼法律关系本座说理论的冲突法规范其实只是一种"指路"规范，只关注法律关系的稳定性、可预见性与判决结果的一致性，而未能对法律适用结果的公平性与合理性加以考虑，因而这种指路规则本质上又是一种"盲眼规范"。在此基础上，美国冲突法学者要求放弃这种机械和僵硬的法律适用规则，而用更能体现公平效果、更符合社会需要的灵活方法来实现法律选择的有效性与合理性，从而形成了用（法律选择）"方法"来代替（法律选择）"规则"的观念。

作为"冲突法革命"中的关键人物、对欧洲大陆传统国际私法提出强烈抨击的柯里，对传统的冲突规范提出了严厉的批评，并提出"没有冲突规则我们会更好"的激进主张。柯里指出："法律选择规则是空洞的没有血性的东西。它实际上并没有阐明重要的公共政策，相反却主张国家对诉讼结果采取默然无视的态度。假如是在侵权或合同的纯国内案件中，州法适用于

----

[1]　宋晓：《当代国际私法的实体取向》，武汉大学出版社 2004 年版，第 75～76 页。

案件的结果定能促进该法所体现的社会及经济政策。现在假设加入某种惯常的涉外因素，州政策就立即失去了它的利益，一般的政府政策被忽视了，而代之以另一种不同的政策。法律选择规则确实表明了某种政策，但它和社会的、经济的政策不是位于同一序列，社会的和经济的政策通常是由国家（州）在追求其政府利益和其人民利益时发展起来的……具有强制性质的法律选择规则常给人们难以接受的谬误。法律选择规则优先考虑的是一般性的不同的政策，它迫使谨慎形成的具体的社会和经济政策隶属于被国（州）的相反的政策。"〔1〕由此看来，柯里对冲突规范内在的机械性与僵硬性缺陷极为不满，认为传统的法律选择规范并不关注法律冲突背后隐藏着的政府利益，从而无法有效地对法律背后的政府利益进行分析与衡量。因而，应当通过对具体个案的具体分析来确定法律的适用问题，衡量相关政府利益的冲突状况。不可否认，柯里的政府利益分析理论确实正确地指出了传统冲突规范过于注重法律关系的稳定性、可预见性和判决结果一致性的内在缺陷，以及片面依赖难以全面反映法律关系所有相关因素的连结点来确定应当适用的法律的不足，而要求代之以灵活的法律选择方法，根据具体个案的具体情形来考查所涉相关法律背后的政府利益。这种灵活性的法律选择方法有效地避免了法律选择规范无法合理保障政府利益与当事人利益的局限。

不过，柯里政府利益分析理论显然忽视了法律规则所内在具有的导向功能和指引作用，并过于偏向法律选择方法在个案中的灵活性与个案公正性价值，从而提出用法律选择方法代替法律选择规则的主张。毫无疑问，这种选择性的偏好容易导致

---

〔1〕 Brainerd Currie, *Selected Essays on the Conflict of Laws*, Duke University Press, 1963, pp. 52~53.

合理性的不足。正如著名冲突法学者布莉梅尔（Brilmayer）指出的："我们应清醒地认识到，对法律选择规则的抨击有误入歧途的地方。就因为法律选择规则是规则，就轻率地抛弃它们，这是不合理的。如果我们充分地、全面地理解'规则'的概念，那么很清楚，法院在国内法背景中适用法律，无时不是非常类似于适用法律选择规则……关于如何在制定规则的人们和适用规则的人们之间分配司法决策权的问题，人们有理由持不同的意见。规则形式主义的观念限制人们只能按照文字用语进行概念主义的解释，但我们轻易就能抛弃这种观念，转身注重规则背后的潜在目的，依据规则的潜在目的对规则作出解释。反对意见和分歧本身并没有导致对规则的全盘否定；相反，它们只是证明人们对'什么是规则'和'规则如何运行'的意见存在分歧。我们至今没有理由仅仅因为法律选择规则不是实体规则就用特殊方式来解决这些分歧。"[1]

正是如此，美国"冲突法革命"虽然对传统国际私法的机械性与僵硬性提出了严厉批评从而引发了国际社会对冲突规范价值的反思，但并没有使冲突规范被各国所放弃而完全被更富灵活性与个案公正性的法律选择方法所代替。毕竟，法律规则是法律的基本要素之一，正如哈特指出的："法律的生命，绝大程度上在于通过确立规则，引导官员和个人。和适用可变的标准不同，规则并不需要它们在每个案件中都重新判断。"[2]而且，法院本质上还是法律的适用机关而非立法机构，法院的主要功能仍然主要是适用法律来解决当事人之间的争议，从而为当事人提供权利救济和利益保护。在这种情况下，法院缺失稳

---

〔1〕　Lea Brilmayer, "The Role of Substantive and Choice of Law Policies in the Formation and Application of Choice of Law Rules", 252 *Recueil des cours* 9, 1995, p.59.

〔2〕　H. L. A. Hart, *The Concept of Law*, 2nd ed., Clarendon Press, 1994, p.135.

定性与可预见性的法律规则的规范与限制，则不仅可能会导致法院争议解决无法可依的局面，从而对法院争议解决的有效性与效率带来消极影响；也可能会出现法院权力行使缺失规范与依据，从而可能形成同一案件在不同法院出现不同结果的不利局面。正是如此，国际社会在注重国际私法灵活性的基础上增强了冲突规范的有效性。在美国"冲突法革命"之后，国际社会出现了所谓"国际私法立法的浪潮"的现象，不仅分散式立法仍然在多数国家中得到了坚持，还形成了数量众多的法典式立法模式。诸如1964年《捷克斯洛伐克国际私法及国际民事诉讼法》、1965年《波兰国际私法》、1977年《约旦国际私法》、1978年《奥地利国际私法》、1979年《匈牙利国际私法》、1982年《南斯拉夫法律冲突法》、1982年《土耳其国际私法及国际民事诉讼法》、1984年《秘鲁国际私法》、1987年《瑞士联邦国际私法》等。我国也于2010年通过了《涉外民事关系法律适用法》。应当认为，国际社会在国际私法立法上的这种局面，事实上表明国际社会并未受美国"冲突法革命"的冲击而放弃冲突规范，而是在对冲突规范加以灵活性改进的基础上继续坚持了这种规则形式。

（二）国际私法当代发展的主要动向

经过美国"冲突法革命"的洗礼，国际社会对于国际私法有了更深刻的认识；而现代科学技术的发展进步所导致的社会进步和人文关怀思想，也使国际私法有更合理的进步。总体上看，国际私法在当代国际社会有了以下方面的新发展。

1. 国际私法的趋同化

当然，对于国际私法是否呈现出趋同化的这种倾向，人们有不同的立场。毕竟，这种"趋同化"本质上只是一种倾向，并无客观的有形标准或可视证据。不过，随着国际民商事交往的进一步深入、全球化日益渗透到社会关系的各个领域，国际私法确实一定程度上表露出了各国立法与司法实践相互吸收、借鉴的情形。无论是具体制度，尤其是涉外合同、形式有效性等法律制度，还是司法实践，诸如外国判决承认与执行中互惠关系的适用、公共秩序保留制度适用上的客观标准等，国际社会都已基本呈现出了普遍一致的结果。由此看来，这种趋同化应当有一定的客观基础。

所谓"国际私法的趋同化"，是指各国的国际私法随着国际民商事关系的迅猛发展，逐渐相互吸收、相互渗透，从而趋于接近甚至趋于一致的现象。其表现是在国内法律的创制和运作过程中，越来越多地涵纳国际社会的普遍实践与国际惯例，并积极参与国际法律统一的活动。[1]需要指出的是，这种"趋同化"并不意味着完全一致，而是在相互考察、相互借鉴与相互吸收的基础上达致一种平衡的结果，其最终的目的在于实现判决结果的一致性，促进当事人正当权益的有效实现，使争议无论在哪个国家提起，都能够达到相当一致的判决结果。

客观上看，国际私法趋同化的形成，应该是多方面因素共同作用的结果。

首先是经济发展、社会进步和人类命运共同体的现实需要和必然结果。社会发展的历史表明，经济发展通常是社会进步和文明发展的基础与推动力，是促进法治发展与法治文明的重要力量。而经济全球化也是政治、文化、法律全球化的先导，经济的全球化推动了国际社会全球化运动的持续深入，要求国际社会全面深入地加以合作，以便相互合作获得更优的利益，并共同解决全球化过程中形成的各种问题；否则，单靠一个国

---

[1] 李双元主编：《中国与国际私法统一化进程》，武汉大学出版社 1998 年版，第 194 页。

家的努力或单边行为无法有效地解决这些问题。因而，在国际私法的发展演变中，经济发展与社会进步一方面促进了国际社会经济环境和法律环境的自由与宽松，另一方面也要求各国积极参与到国际法律体系之中，而不是远离国际法律体系之外，从而使国际民商事关系的发展更加顺畅。美国联邦最高法院在1972年的Bremen案[1]中就阐明了积极参与国际合作的实际意义与现实需要："在国际商业贸易迅速发展的时代，排除理论的绝对性已经没有多大的生存空间了，并且它还可能严重阻碍美国商业活动的未来发展。我们不能期望在世界市场与国际水域所进行的贸易与商业活动都排他性地适用我们的贸易规则，由我们的法律来加以调整并由我们的法院来进行处理。"[2]"人类命运共同体"是我国领导人根据当前国际社会发展和现实需要而提出的观念，对于治理国际社会孤立主义和利益至上观念有着积极意义。那么，在人类命运共同体的建设中，国际社会更大程度地求同存异，合理解决彼此的矛盾与冲突。由鉴于此，各国国际私法相互吸收以达至判决结果的一致性目标就成了合理结果。

其次是国际社会法律文化的交流速度与规模随着国际社会的客观需要和信息资料的传播手段迅速发展与日益扩大而提升，则是国际私法趋同化的另一个重要因素。全球化的发展促进了各国法律文化的相互交流与借鉴，而信息技术的快速发展则使得法律文化的交流与借鉴变得更加便利、也更为顺畅。国际私法的形成与发展历史表明，对其他国家的法律体系与法律制度进行比较研究，在此基础上对外国法给予尊重并承认各自法律体系的实际差异，是外国法得以承认并且最终在内国法院获得

---

[1] The Bremen v. Zapata Off-Shore Co., 407 U.S. 1 (1972).
[2] The Bremen v. Zapata Off-Shore Co., 407 U.S. 1 (1972).

适用的重要基础。梅因在论及"万民法"的形成时，曾涉及比较研究的重要意义以及发现各国法律体系中相同要素的价值："事实上，'万民法'是古意大利各部落各种习惯共同要素的总和，因为这些部落是罗马人有办法可以观察到的，并且是不断把移民一群群送到罗马土地上来的所有国家。当有一种特别惯例被看到为大量的各别民族共同应用时，它即被记录下来作为'所有国家共有的法律'或是'万民法'的一部分……大量的其他惯例在经过仔细研究后，也得到同样的结果。它们都有一个共同目的，具有某些共同特点，这些特点就被归类在'万民法'中。因此，'万民法'是规则和原则的一个集合物，这些规则和原则经过观察后被决定是各个意大利部落间当时通行的各种制度所共有的。"[1]全球化时期，由于经济交流、通讯发达、信息传输技术的进步，使得各国法律体系的相互了解更加快捷与方便，这一方面导致各国立法与司法相互借鉴以及修改各自不太适应经济发展和社会进步的法律制度变得现实且合理，另一方面也使得各国当事人在涉外民商事关系领域合理规避不合理甚至不利法律的行为更加容易，也更能够为人所接受。在这种情形下，作为直接调整国际民商事关系的国际私法，趋同化的倾向在国际社会得以呈现，显然是现实需要的直接反映与必然结果，从而更加合理地调整国际民商事关系，进而保护当事人的正当权益以利于国际民商事交往的顺利进行。

综合来看，国际私法趋同化的主要表现体现在以下几个方面。

第一，国际私法立法模式的趋同化现象。早期国际私法立法主要采用的是分散式或专篇专章式，毫无疑问，这种立法模

---

〔1〕　[英]梅因：《古代法》，沈景一译，商务印书馆1959年版，第29页。

式的形成应该与当时国际民商事关系不发达、国际私法立法较为简陋有着直接的关联。这种分散式或专篇专章式的立法模式有着难以合理解决的内在缺陷。其一，这种立法模式在内容方面较为单一，无法对所有法律关系加以全面规定，也难以对所涉法律关系的所有方面加以规定，而这将极大地影响国际私法在调整法律关系上的合理性与有效性。其二，这种立法模式在形式上较为分散，使国际民商事关系当事人难以合理了解和知悉。因而，分散式或专篇专章式立法模式随着社会关系的日益复杂化和立法技术与能力的发展而逐渐被代替。

当代国际社会主要采用法典式立法模式，从而在立法模式的采用上呈现出趋同化的倾向。而且，新近各国国际私法立法上还呈现出如下具体方面的趋同化表现。其一，在法典结构上，大都放弃了先前只规定法律适用规则的简单立法，而把国际私法的相关内容都在法典中加以统一规定，尤其是把管辖权、法律适用和外国判决的承认与执行问题集中加以规定。其中最为典型的是1987年《瑞士联邦国际私法》，其根据不同性质的民商事法律关系分别规定了管辖权、法律适用和外国判决的承认与执行。其二，在国际私法的调整范围上，明显扩大了调整对象的范围，不仅规定了传统的家事、合同与侵权，还涉及了涉外民事主体及其法律行为、继承、知识产权、代理、产品责任、不正当竞争等。其三，在调整对象的具体事项上，明显扩张了各个事项的具体内容，诸如对于家事问题，就广泛涉及结婚、婚姻的效力、夫妻关系、离婚、扶养、婚生子女、收养、监护等。例如，1987年《瑞士联邦国际私法》对于知识产权问题，就扩展为下列具体事项：①知识产权由在哪里寻求保护国家的法律支配；②有关侵权行为产生的请求，在侵害事件发生后，当事人可在任何时候约定适用法院地法；③有关知识产权的合同，由转让或同意转让知识产权的一方的习惯居所地国家的法律支配，并允许当事人事先选择法律；④雇主和劳动者所订立的有关劳动者在其工作范围内所为的发明的知识产权合同，由适用于劳动合同的法律支配。应当认为，国际私法上述方面的发展，显然与法典式这种内容包容性强的立法模式直接相关，也体现了社会关系的复杂化和各国立法技术与能力的提高，从而使国际私法能够更开放、也更合理地调整日益呈现出复杂化的国际民商事法律关系。

第二，冲突规范软化处理的趋同化现象。由于内在结构的不足，冲突规范作为一种指引法律适用的法律规范，机械性与僵硬性的缺陷长期无法避免，也难以克服。相当程度上，冲突规范的内在缺陷是引发美国"冲突法革命"的导火线，而被美国冲突法学者斥之为"立法管辖权规范"或"盲眼规范"。经过洗礼，冲突规范并没有被绝对灵活的国际私法"方法"所代替；不过，国际社会也对冲突规范进行了改革，主要目的就在于尽量消除冲突规范的机械僵硬性，而增强其灵活性，从而使得对国际民商事关系的调整更加合理，更能够有效实现国际私法实体正义。

其一，用灵活开放的系属公式代替僵硬封闭的系属公式。传统冲突规范通过一个固定的连结点来确定应适用的法律，其基本的价值目标就在于实现判决结果的稳定性、一致性和可预见性，以达至形式正义，使得案件无论在哪个国家提起都能够得到一个内容一致的判决结果；然而，这种固定连结点确定法律适用的做法将导致适用结果的机械性和僵硬性，并无法实现实质正义，难以在法律关系日益复杂化、社会分工精细化与人们观念多样化的情形下得到合理的结果。因而，当今国际社会普遍形成了以灵活开放的系属公式代替僵硬封闭的系属公式的现象。其中，改变单纯规定客观连结点的实践是对冲突规范进行软化的基本方式。诸如，在合同领域，转变了坚持合同签订地、合同履行地这种客观连结点的实践，而引用了更富灵活性与合理性的意思自治原则和最密切联系原则，允许当事人自由选择合同适用的法律，从而体现当事人意思自治原则，使得合同关系所适用的法律更符合当事人的愿望和预期；在当事人未做法律选择时，则依据最密切联系原则来确定应适用的合同准据法。毫无疑问，这些实践能够有效地避免当前国际关系迅猛发展所导致的偶然因素在法律适用上发挥关键性作用所可能引发的正当性缺失的不足。在侵权领域，从侵权行为地法转向包含最密切联系原则精神的"侵权自体法"，由法院根据案件的具体情况，选择适用与案件有最密切、最真实联系的法律。在其他领域，意思自治原则和最密切联系原则也逐渐获得了相应的法律地位，事实上，最密切联系原则在《奥地利国际私法》、意思自治原则在我国《涉外民事关系法律适用法》中获得了基本原则的法律地位。

其二，增加连结点的数量从而增加可供选择的法律。在冲突规范中规定两个或以上的连结点，可以增加连结点的可选性，从而使得法院可以依据案件的具体情况灵活地选择可适用的法律，这也是国际社会常用的增强冲突规范灵活性、软化其僵硬性的实践。"规定复数连结点的动机可能是多种多样的，较为常见的是使法院能够有机会适用使法律关系能有效成立，或较能翻译法律关系的重心所在，或有利于实现国家特定政策的法律。"[1]这种情形在有关形式要件的有效性方面表现得尤其明显。"尽量使之有效原则"使得连结点的数量得到了极大的增

---

〔1〕 李双元主编：《中国与国际私法统一化进程》，武汉大学出版社 1998 年版，第 205 页。

强。例如关于遗嘱处分方式的有效性上，1961 年海牙《遗嘱处分方式法律冲突公约》第 1 条就确定了多达 8 个连结点的数量："凡是遗嘱处分在方式上符合下列各国国内法的，应为有效：（1）立遗嘱人立遗嘱时所在地；或（2）立遗嘱人作出处分或死亡时国籍所属国；（3）立遗嘱人作出处分或死亡时的住所地；或（4）立遗嘱人作出处分或死亡时的惯常居所地；或（5）在涉及不动产时，财产所在地。"其他诸如结婚的形式要件方面，在婚姻缔结地这个传统连结点之上各国普遍承认了当事人属人法这个连结点，其目的主要在于避免跛脚婚姻的现象。在侵权领域，连结点数量的增加也表现十分明显。如《匈牙利国际私法》第 32 条规定：（1）除本法另有相反规定外，在合同关系以外造成的损害，适用侵权行为或不行为发生的时间和地点的法律；（2）如果损害发生地法对受害者更加有利，以该法作为准据法；（3）如果侵权行为人和受害人的住所在同一个国家，适用该国法律。

其三，对法律关系进行分割，分别采用不同的连结点。在合同领域和侵权领域表现得较为明显。把合同的有效性问题分割成缔约能力、合同的形式有效性、合同的实质有效性，并分别确定不同的连结点，这已成为了各国合同法律适用立法的基本实践。应当认为，分割方法避免了对一个复杂的法律关系只确定一个单一冲突规范所可能导致的不精确、对当事人不合理的问题，也符合当前国际社会日益呈现的社会分工不断细化的一般趋势。对法律关系加以分割，使得连结点的选择更符合法律关系的实际情形，从而在带来合理结果的同时也体现了冲突规范的灵活性。

第三，法律适用上的趋同化倾向。各国冲突规范并不完全相同，这导致了冲突规范的冲突现象，使得国际私法的法律冲突现象更加复杂，也使得一些基本目的在于逃避外国法适用的冲突法适用制度诸如反致、法律规避制度得以形成并适用。这种状况显然不仅不利于国际私法实体正义的实现，甚至会严重影响到国际私法的形式正义，法律适用的稳定性、可预见性都因此受到现实影响。因此，国际社会对于冲突规范进行了改革，进而出现了法律适用上的趋同化现象。

在涉外合同领域，场所支配行为原则日益被意思自治原则和最密切联系原则所取代，国际社会普遍承认了意思自治原则和最密切联系原则在合同法律适用上的基本地位。涉外合同的客观标志诸如合同签订地、合同履行地由于普遍的偶然性特征，使得法律适用的结果难以实现公平的目标，甚至会使法律适用难以预见，从而可能导致挑选法院的现象在国际社会变得普遍与正常。这样的结果显然对于当事人的正当期望难以有效实现。意思自治原则允许当事人自由选择合同关系的法律适用，从而符合当事人自由选择的期望，在合同关系的订立或者履行过程中能够预先知道合同如果发生争议应该适用的法律，这种可预见性不仅有助于当事人善意履行合同，还有利于消除争议形成后当事人竞相奔向法院以期望获得对己有利的法律适用结果的现象。如果当事人未能作出法律选择，国际社会的实践通常是适用最密切联系原则，寻找与合同法律关系存在最密切关联的法律加以适用。整体上看，国际社会在合同领域法律适用的实践基本一致，这显然是当事人意思自治原则发展的必然结果，也是国际私法实体正义的现实要求。

侵权领域中场所支配行为原则长期占据着绝对地位，侵权行为适用侵权行为地法一直是国际社会的通行实践，主要的原因在于侵权行为地法律秩序的维护。在法律关系较为简单、国际人员流动较不频繁的社会环境中，侵权行为地法具有极大的确定性与合理性，符合"行为适用行为地法"的法谚；不过，随着科技进步与公平观念的多样化，尤其是在当前交通极为便利、通讯方式发达、信息传输迅速、人员流动自由的情况下，侵权行为地法的偶然性特征日益呈现出合理性欠缺的问题。受此影响，在侵权领域，场所支配行为原则开始融入实体正义的因素，要求考虑法律适用结果应能体现确定性价值和公平观念。而体现了灵活性的最密切联系原则逐渐获得了法律地位。美国纽约上诉法院在一个著名案件[1]中最先明确提出了最密切联系原则，要求排除纯属偶然的加拿大安大略省法律，而应考虑所有与侵权关系有关的地方的法律，诸如侵权行为实施地、当事人的住所地、侵权结果地以及任何关系密集的国家法律。而且，侵权损害赔偿的价值追求从主要考量侵权行为地正常法律秩序加以保障或恢复开始转向主要对被侵权人的利益进行补偿，从而使他回到侵权行为发生前的状态或者给予有效的补偿以尽快恢复健康与提供经济支持，而并非对侵权行为人进行惩罚或报复。那么，依据最密切联系原则适用合理的法律就成为一种现实要求。

　　行为能力适用当事人属人法是一般的传统实践。不过，由于当事人流动速度的提升和地域范围的扩大，当事人属人法的适用可能会制约当事人行为能力的效果，也可能对行为地正常的经济活动带来消极影响。因此，当代国际私法逐渐扩大当事人行为能力的可选择法律的范围。如对于当事人缔约能力问题，《路易斯安那民法典》第 3539 条规定，根据自然人的住所地法，或根据合同国际私法的一般条款所指引的特定问题的准据法，自然人有缔约能力的，就享有缔约能力。《委内瑞拉国际私法》

---

　　[1]　Babcock v. Jackson, 12 N. Y. 2d 473 (N. Y. 1963).

第18条则以行为地法来限制当事人属人法的适用：根据自然人的住所地，自然人没有行为能力，但根据法律行为的实质问题的准据法，自然人有行为能力的，应被认定为由行为能力。对于当事人的遗嘱能力，各国立法也尽可能使当事人的遗嘱行为有效。如《瑞士联邦国际私法》第94条规定，根据立遗嘱人的住所地法、惯常居所地法或本国法，立遗嘱人在进行遗嘱处分时有遗嘱处分能力的，就有遗嘱处分能力；《路易斯安那民法典》第3529条也规定，如果自然人依据立遗嘱时或死亡时的住所地法有立遗嘱能力的，就有遗嘱能力。

2. 国际私法追求形式正义和实体正义的均衡

形式正义或"冲突正义"是传统国际私法追求的根本价值目标，以最终实现判决结果的稳定性、一致性和可预见性。为此，传统国际私法主要通过空间上的连结因素来确定适当法律的适用，并因而划分不同法律体系实体规则的空间适用范围。由于连结因素与所调整的法律关系和所指引适用的法律之间存在密切的关联性、客观性与中立性，因而通常被认为能够达致正义的价值目标。某种程度上，这种形式正义对于现实存在的多元法律体系有着积极的意义，并能够因此实现当事人对公平结果的一般追求。然而，传统国际私法却把形式正义的实现主要维系在适当国家的法律之上，注重场所意义上法律体系的空间适用范围。正如西蒙尼德斯教授所阐述的："传统的、古典的国际私法基于一个最基本的前提假设，那就是国际私法的基本职能在于保证适用于多边法律争议的国家的法律与争议存在'最适当'的联系……古典学派暗含一个前提假设，就是在绝大多数案件中，适当的国家的法律就是适当的法律。在这种思想背景中，'适当性'既非依据准据法的内容来界定，也非依据所提供的解决方法的质量来界定，却依据地理意义上或场所意义

上的术语来界定。"[1]毫无疑问，传统国际私法对形式正义的追
求忽视了法律制度及其适用结果的恰当性，最终无法带来公正
的结果，甚至使得所期望的判决结果一致性与可预见性目标也
会因反致、公共秩序保留等冲突法适用制度的运用而难以实现。
传统国际私法的内在缺陷引发了影响深远的"冲突法革命"，促
成了国际私法对实体正义的追求。

国际私法的实体正义追求的是对当事人的实质公平，而并
非仅仅是判决结果的一致性或可预见性，虽然这些价值目标对
于当事人而言也具有重要的意义。西蒙尼德斯教授曾对国际私
法的"实质正义"作出这样的概括："第二种观点（相对于第
一种观点即'冲突正义'的'实质正义'）的理论前提是，多
边案件与纯国内案件没有本质上的区别，在审理含有涉外因素
的案件时，法官仍然负有公平和公正地解决争议的责任。和国
内法一样，在诉讼中公正地解决实质争议，也应该成为国际私
法的目标。国际私法不应该只满足于独特的、较低层次的公正
目标，即所谓的'冲突正义'，而应该追求'实质正义'或
'实体正义'……第二种观点要求径直审查准据法，判断它是否
真正能够产生'适当'的结果。"[2]所以，国际私法的实体正
义要求对适用的法律及其结果进行审查，以断定最终的适用结
果是否符合公平正义。毫无疑问，实体正义显然更符合当事人
的需要以及国际社会的发展趋势；而"冲突法革命"的一个主
要目标即是用实体正义来取代国际私法的形式正义。尽管如此，

---

〔1〕［美］西蒙尼德斯："20世纪末的国际私法——进步还是退步？"，宋晓
译，载梁慧星主编：《民商法论丛》（第24卷），金桥文化出版（香港）有限公司
2002年版，第395页。

〔2〕［美］西蒙尼德斯："20世纪末的国际私法——进步还是退步？"，宋晓
译，载梁慧星主编：《民商法论丛》（第24卷），金桥文化出版（香港）有限公司
2002年版，第396~397页。

各种理论碰撞对各国国际私法立法与司法的效果是，传统国际私法日益纳入实体正义的内容，形成当代国际私法的基本内核："除了某些最为激进的表述，第二种观点并不准备完全取代传统所持的'冲突正义'的观点，而是对传统观点进行全面的矫正。"[1]

概括而言，当代国际私法纳入实体正义价值目标主要体现在以下几个方面。

其一，内容定向。所谓内容定向，是指冲突规则在指引支配案件的法律体系的同时，促使法官或当事人充分了解可能适用或竞相适用的有关实体法规则的内容。[2]以实体规则的内容作为法律适用的重要依据，这有效地实现了法律适用的实体正义，并显然改变了传统国际私法单纯限定于连结点所确定的国家法律的通常实践。当然，在涉外民商事案件中，适用冲突规范而非极富灵活性的法律适用方法仍然是国际私法的基本做法，而且当事人或者法院也无法对所有相关国家的实体法规则加以查明并比较适用的结果；事实上，无论是采取法官知法原则由法院负责查明的大陆法系国家、还是实行当事人举证责任制的英美法系国家，外国法的查明都显得相当困难，并导致外国法无法查明的实际困境。所以，当代国际私法内容定向的基本实践主要还是通过扩大当事人在国际私法案件中的积极作用来加强国际私法的内容定向。"意思自治方法是建立在理性的、追求经济效益的当事人对所选法律内容的充分了解的基础上的，或者是建立在他们对所选的法律体系的公正性和完善程度抱有特

---

〔1〕 〔美〕西蒙尼德斯："20世纪末的国际私法——进步还是退步？"，宋晓译，载梁慧星主编：《民商法论丛》（第24卷），金桥文化出版（香港）有限公司2002年版，第397页。

〔2〕 宋晓：《当代国际私法的实体取向》，武汉大学出版社2004年版，第142页。

别信心的基础上的。"〔1〕因而，允许当事人通过选择熟悉的或者有所知悉的法律，法律适用的结果显然更符合当事人的期望。

其二，结果定向。所谓结果定向，是指在进行法律选择的同时充分考虑有关实体规则适用结果的冲突规则。〔2〕与内容定向通常由当事人事先选择知悉内容法律体系的实践不同，结果定向则主要是各国立法者直接在冲突规则中宣示立法者所支持和赞同的具体法律结果，能够带来该具体法律结果的法律便是立法者心目中的优法而得以适用。如果竞相适用的法律或数个连结点分别指引的各个法律之中有促进上述具体法律结果的，便应作为一种优法适用于多边案件。在当代国际私法体系中，结果定向的冲突规则主要有三类，即选择性冲突规则、保护性冲突规则和重叠性冲突规则。

选择性冲突规范的主要特点在于规定两个或以上的连结点，从中明示或暗示地表明冲突规范所意欲维护、促进或实现的特定实体目的，而这将对法院的法律选择甚至法律适用的结果产生直接的效果。很明显，选择性冲突规范与只包含一个连结点且不明确特定价值追求的传统冲突规范有着较为显著的区别。选择性冲突规范赋予法院挑选适用的法律的权力，以使法院能够在具体案件中实现某种价值追求。如有关遗嘱处分方式的有效问题，1961 年海牙《遗嘱处分方式法律冲突公约》第 1 条规定了多个连结点，从而使得"尽量使之有效"原则在遗嘱处分方式上获得了充分的肯定："凡是遗嘱处分在方式上符合下列各国国内法的，应为有效：（1）立遗嘱人立遗嘱时所在地；或（2）立遗嘱人作出处分或死亡时国籍所属国；（3）立遗嘱人作出处分或死亡时的住所地；（4）立遗嘱人作出处分或死亡时的

---

〔1〕　宋晓：《当代国际私法的实体取向》，武汉大学出版社 2004 年版，第 143 页。

〔2〕　宋晓：《当代国际私法的实体取向》，武汉大学出版社 2004 年版，第 143 页。

惯常居所地；（5）在涉及不动产时，财产所在地。"而《秘鲁民法典》第2083条规定则是为了实现亲子关系的确立，以尽量消除非婚生子女地位："亲子关系适用婚姻缔结地法和子女出生时的夫妻共同住所地法二者中更有利于确立婚生地位的法律。"客观上看，选择性冲突规范不仅改变了传统冲突规范固定而实践中显得僵硬的一个连结点的不足，而且赋予了法律适用的灵活性；还通过法律的选择来明确立法的价值追求，以实现某种实体目标。就此看来，选择性冲突规范具有传统冲突规范所难以企及的灵活性和价值取向性。尽管如此，国际社会也对选择性冲突规范提出了批评的意见。其一是认为所有实体取向的多边冲突规范包括选择性冲突规范在内（国际条约除外），其所包含的实体政策或目的都是国内机关制定的，势必主要是用来维护本国利益，反映本国的法律价值观念，因此并不能将一国的实体目标或政策正当地扩展于国际范围内；其二是选择性冲突规范规定了两个或以上的连结点，从而过多地增加了法律选择的不确定性，甚至可能导致法院地法优先主义的倾向。[1]

　　重叠性冲突规范与选择性冲突规范在形式上具有相似性，也是规定了两个或以上的连结点，并且也表明立法者期望实现的特定价值目标；不过，重叠性冲突规范则是要求同时适用两个或以上连结点所确定的法律。如1902年海牙《离婚及分居法律冲突与管辖权冲突公约》第2条第1款规定："离婚之请求，非依夫妇之本国法及法院地法均有离婚之原因时，不得为之。"所以，与选择性冲突规范由法院挑选法律以实现特定立法目的明显不同，重叠性冲突规范则是通过实质性的限制来达到特定立法目的。也正是如此，重叠性冲突规范因为是为了限制某种

---

〔1〕　See Friedrich K. Juenger, *Choice of Law and Multistate Justice*, Martinus Nijhoff Publishers, 1993, pp. 200~201.

私人权利的目的而规定两个以上的适用法律，要求同时符合这些法律体系才能达到某种法律结果的形成，所以，这与私人权利不断扩张的国际趋势有着较为直接的冲突关系，从而导致重叠性冲突规范的适用空间不断缩小，诸如有关离婚的限制性规定、侵权领域的"双重起诉"规则都基本上被各国立法所放弃。尽管如此，由于重叠性冲突规范能够以较为合理且隐蔽的方式来达到限制某种法律结果或权利的形成，而不需要通过公共秩序保留或直接适用的法这些适用结果极为严格的冲突法适用制度，所以，重叠性冲突规范仍然可以适当地运用来保护某种特定的利益或价值目标而获得法律的承认。

保护性冲突规范则是直接规定对某种特定主体提供特殊保护的冲突规范。对保护性冲突规范，美国学者西蒙尼德斯教授曾这样指出："在 20 世纪的最后四分之一时期内，越来越多的法律选择规则更为公开和直接地有利于法律争议中的一方当事人。被支持的当事人可能是侵权行为的受害者、被扶养人、消费者、受雇人，或其他任何在法律体系中被认为是弱者的当事人，他们的利益被认为是需要保护的。法律通过下面几种方法保护弱方当事人：（1）在争议事项发生前或发生后，允许法院选择有利于弱方当事人从数个国家中选择准据法，或允许法院选择有利于弱方当事人的法律；（2）保护弱方当事人免于遭受一般法律选择规则带给他的不利后果。后一种方法通常是用来保护消费者和受雇人的。"[1]在传统的消费者合同、个人雇佣合同、保险合同领域，保护性冲突规范似乎已经获得了国际社会比较一致的认可，基本的目的就在于对处于弱者地位的一方给

---

〔1〕〔美〕西蒙尼德斯："20 世纪末的国际私法——进步还是退步？"宋晓译，载梁慧星主编：《民商法论丛》（第 24 卷），金桥文化出版（香港）有限公司 2002 年版，第 404 页。

予特殊保护。这种情形在欧共体《布鲁塞尔公约》（以及随后的《布鲁塞尔规则I》）中有明确的表现，一些国内立法也作出了相同规定，如《瑞士联邦国际私法》第 120 条不允许消费者合同的双方当事人自行选择合同准据法，而只适用消费者惯常居所地国的法律。保护性冲突规范甚至扩张到其他领域。在侵权领域，保护受害人的利益也获得了认可，如 1998 年《委内瑞拉国际私法》第 32 条规定："侵权行为适用侵权结果发生地法，受害人也可以适用侵权事由的产生地法。"《瑞士联邦国际私法》第 139 条也规定，由于诽谤提起的损害赔偿诉讼，原告可以在下述三项法律中选择准据法：①受害人的惯常居所地国法；②加害人的主要营业机构所在地或惯常居所地国的法律；③侵权结果发生地国家的法律。当然，保护性冲突规范明确表明对某些主体给予特别保护，国际社会也有批评，最主要的是认为保护性冲突规范违反了国际私法的平等保护原则：一方面，保护性冲突规范使原告和被告的法律地位失去了平衡，保护原告的利益甚于保护被告的利益；另一方面，保护性冲突规范使原告在国际私法案件中受到保护的程度高于在同类性质的国内案件中所受到的保护程度，因而在国际私法案件中和纯国内案件中造成了实质上的不平等。[1]

二、运用国际私法保护海外权益的意义

（一）国际私法的平等保护问题

平等保护原则一般被称为"无歧视原则"或"非歧视原则"；当然，严格来理解，这二者之间还是存在一定细微区别的：无歧视原则更多反映的是消极意义，要求不能对不同的群

---

〔1〕 See Friedrich K. Juenger, *Choice of Law and Multistate Justice*, Martinus Nijhoff Publishers, 1993, p. 207.

体实行差别对待，因而更多体现了防范性质；而平等保护原则
更具有积极的价值，既要求防止差别待遇，还有特殊保护的性
质，要求对特殊群体实行特殊的保护。正如有学者所言："平等
保护比无歧视更加周延，也更加积极。同时，平等不是等同，
就像差别不等于歧视一样；平等也不是单一性，而是有形式差
别的'公平对待'。"〔1〕随着社会发展和法治进步，平等保护原
则已经获得国际社会的普遍认可，并广泛适用于几乎所有法律
关系领域。在涉外民事关系领域，根据平等保护原则，一国应
当对内外国人及其法律关系加以平等保护，而不应采取片面保
护内国人或者歧视外国人。事实上，某种程度上对内外国人及
其法律关系加以平等保护的观念是国际私法得以形成和发展的
重要基础之一；否则，拒绝承认外国人的平等法律地位、拒绝
赋予外国人民事权利的国民待遇，就难以对外国法的适用持一
种宽容的态度。在古罗马法时期，古罗马法虽然形成了具有历
史意义的"万民法"，但这种法律建立的基础却是严格区分罗马
人和外邦人，并拒绝给予外邦人以罗马人同等的法律地位，因
而"万民法"既非真正意义的国际法，也不具有国际私法的内
核，本质上是古罗马对外邦人法律关系加以特殊规定的古罗马
国内法。这种状况持续了相当长时间，从而导致内外国人权利
保护截然不同的情形，也进而影响了外国法适用的消极局面。
后来，虽然主权平等原则要求尊重外国的主权，并对外国法给
予尊重，不过传统的司法主权原则要求一国法院只适用本国法。
而这种司法主权原则在某种程度上一直延续到当代社会。

随着国际民商事关系的不断发展，传统司法主权原则日益
显露出其固有的不足，并最终与国际社会普遍公认的公平正义

---

〔1〕　王雪梅：《儿童权利论——一个初步的比较研究》，社会科学文献出版社
2005 年版，第 75 页。

原则不相符。在这种情形下，传统国际私法学者开始审视传统司法主权原则严格区分本国法和外国法的适用、并限制外国法适用的合理性问题。正如沃尔夫对于意大利法则区别说的产生基础问题曾经所指出的："只有在尊重外国法的情形下，只有在具有像 12 世纪以后意大利城邦中的法律思想充满平等的气氛下，国际私法才能建立起来。"〔1〕事实上，冲突法的基本价值追求与一般法的价值追求是同一的，但它又有一定程度的特殊性，即通过实现一般法的价值来实现法域之间秩序以至人类整体秩序的和谐。可见，冲突法的价值导向是不断追求更高、更大范围的和谐、有序、协调的价值实现。〔2〕正如博登海默所说："在冲突法领域中，有关公平和正义的一般考虑，在发展这一部门法的过程中起到了特别重大的作用。"〔3〕

需要指出的是，作为调整超出一个法域利益关系的国际私法，在欧洲大陆就被赋予了普遍主义精神。沃尔夫曾指出：当冲突法"在中古时代的意大利城邦产生时，人们曾经认为它是超国家的法律；那时佛罗伦萨、波洛尼亚和摩德纳没有个别的国际私法体系，它们有着同一的法律，这个法律是所有的城邦所共有的，而且出自同一的渊源。在 16 世纪以后，法国和荷兰所发展的学说中也维持了超国家法的观念（虽然那时对于主权的观念是看重的）；在以后自然法学派所发展的学说中，也是一样。直到欧洲大陆的几个大法典的产生时期，超国家法的观念

---

〔1〕 ［英］马丁·沃尔夫：《国际私法》，李浩培、汤宗舜译，法律出版社1988 年版，第 42 页。

〔2〕 沈涓：《冲突法及其价值导向》，中国政法大学出版社 2002 年版，第129～130 页。

〔3〕 ［美］E. 博登海默：《法理学——法律哲学与法律方法》，邓正来译，中国政法大学出版社 2004 年版，第 466 页。

方才消失"。[1]事实上，巴托鲁斯的法则区别说就建立在普遍主义的基础之上。他把解决法律冲突的问题分为两个主要且相互联系的方面之上，即其一，城邦的法律能否适用于城邦内的一切人包括非居民在内？其二，城邦的法律能否适用于城邦之外？很显然，如果对上述两个问题得出某种法律适用上的结论，则应当认为这种结论具有普遍的适用性，从而最终保障法律适用上的一致性和可预见性，并最终实现判决结果的一致性。

而萨维尼的"法律关系本座说"则更是直接建立在他所主张的"法律共同体"之上。在这样一个法律共同体之内，各国法律均具有同等的价值和相同的地位，从而使得法律关系"本座"所在地的法律能够获得不受阻碍的适用。某种程度上，如果不存在这样一个"法律共同体"，则外国法很难获得与内国法同等的地位，从而最终使得"法律关系本座说"产生的基础受到严重损害。关于这种法律共同体对于国际私法的重要意义，英特玛（Yntema）曾经这样指出："法律秩序意味着在多样性中存在统一性，这是冲突法的基本前提。也就是说，我们应当适当地承认，不同地区的法律表达了不同地区的特殊利益和特殊习惯；同时，我们也应认识到，在法律选择的进程中，不同地区的法律依据共同体的共同标准缓缓地趋于一致，这为改革法律以满足当今世界不断变化的需要奠定了更加现实可行的基础。从历史上看，这种思想观念在联邦制下得以最充分地展现，同时，正是在一定程度的联邦制的国家中，国际私法的发展格外令人满意：文艺复兴时期的意大利、大革命前的法国和荷兰、19世纪以及最近时期的美国和英联邦。在每个例子中，基于共同的法律文化，享有或多或少的自治权力的政治单元在最大程

---

〔1〕　〔英〕马丁·沃尔夫：《国际私法》，李浩培、汤宗舜译，法律出版社1988年版，第31页。

度上得到了承认和尊重。相形之下，在彼此独立的民族国家之间，法律观念存在根本分歧，而且民族的自利的性格又导致相互之间的歧视，因此，要获得公正的、一致的国际私法，就遇到了连绵不绝的阻力。由于缺乏有效的国际法律共同体，国际私法在国际范围内的发展步履维艰。"〔1〕正是如此，在"法律共同体"观念下，各国法律具有同等的法律效力，从而在适用上能够享有平等的机会。

平等保护原则在国际私法中法律地位的确立，现实地要求一国法院应当给予内外国人同等的法律地位，至少不应过分地给予本国人过多的保护；否则，这不仅将损害外国当事人的正当权益，从而影响国际民商事关系的正常发展，也将使得外国法的适用受到消极的影响。

（二）国际私法在海外权益保护上的价值

基于国家利益和主权观念，海外权益的有效保护日益成为国家的一项重要价值目标。为此，国家在某些特殊情形下甚至通过外交保护的方式来保护本国的海外权益。毕竟，保护本国的海外权益不仅是国家主权的基本要求，也是保护本国海外贸易、对外投资与海外劳工权益的现实需要，这些都符合国家战略和国家利益。海外贸易、海外投资不仅有利于一国资本的对外扩张，从而获得产能的巨大发展和经济利益的高额回报，而且还能够积极参与能源、基础设施、自然资源的建设与获得，为国家能源与自然资源战略提供支持；而海外劳工权益的保护则是国家主权的要求，是提升国家向心力的重要基础。

当然，国际私法中平等保护观念要求给予内外国人同等的保护，这一定程度上使得国家在海外权益上的特殊保护难以在

---

〔1〕 Hessel E. Yntema, "The Historical Bases of Private International Law", Am. J. Comp. L., 1953 (1), pp. 298~299.

国际私法领域获得合理的基础。不过，这并不表明国际私法在海外权益的保护方面难以有所作为。国家主权观念在形成主权平等原则的同时，也逐渐确立了对本国国家利益给予特殊保护的思想。因而，建立在国家主权原则基础之上的国际私法，逐渐形成了一些对本国利益和本国当事人权益加以特殊保护的国际私法制度。

　　需要指出的是，国际私法问题虽然含有国际因素，但它本质上反映了私人之间的利益矛盾。不同法律体系产生冲突，或者说不同法律体系竞相适用于某个具体案件，实际上是诉讼当事人出于自身的私人利益而主张适用不同法律的结果。因此，法律冲突是置身于私法关系中的个人利益的冲突，正如法国国际私法学者巴蒂福尔引用另一法国学者观点所指出的那样："我之所以将私人利益置于首要位置，是因为国际私人贸易要求效益和公平，在这个基础上解决法律冲突，必然符合相互依赖的国家的共同利益，正如国内民法通过保障私人利益而实现一般利益一样。要想维护重大的政治利益（即每个国家中的共同利益），同样重要的是不能忽视国际性私法关系中的私人利益。"〔1〕维希尔（Vischer）教授也这样指出：国际私法首要的出发点，应是保护国际民商事交往的私人利益和当事人的正当期望，而保护私人利益作为国际私法的出发点，应该扩展到国际私法的所有部门之中，包括法律选择、管辖权和判决的承认与执行等。〔2〕

　　柯里的"政府利益分析说"虽然是从政府的利益和政府政

---

　　〔1〕　［法］亨利·巴蒂福尔、保罗·拉加德：《国际私法总论》，陈洪武等译，中国对外翻译出版公司1989年版，第339页。

　　〔2〕　Vischer, "General Course on Private International Law", 232 *Recueil des cours* 9, 1992, p. 31.

策层面来探讨外国法的适用问题，似乎并不直接考虑当事人的私人利益问题，但是实际上，柯里却强调了政府利益中的私人利益内核问题。柯里认为，立法者制定成文法以及法院形成普通法，都是为了实现可识别的经济和社会政策。而这种立法过程是不同利益集团斗争的过程，每个利益集团出于自身的利益考虑竞相说服立法者采取他们所认为的公正的法律，最后形成的立法是立法者平衡各种利益的产物，是公共政策或公共利益的体现，然而具体立法不可能不偏不倚，总是体现了对特殊利益的保护，从而形成了一种特殊的政策，因此立法的公共政策中同样包含了私人群体的利益，两者是不可分的。[1]柯里进一步指出，法官援引外国法只是审理涉外案件的司法过程的需要，是为了寻找适当的判决规则，而且只有当事人提出援引外国法以取代法院地法时，法官才会考虑冲突法问题。一旦诉讼当事人提出援引外州法以取代法院地法时，法院分析的起点应是："法院首先应查明法院地法宣示的政府政策——也许更有用的表述方式是社会的、经济的、管理的政策。法院接下来应探究法院地州和现有案件的联系，即和当事人、交易、标的物和诉讼的联系，探究该关系是否使案件包括在州政府关注事项的范围内，并且认定州政府在适用该政策时拥有利益提供合法性基础。"[2]当然，柯里理论最终偏向法院地法，也是当代国际私法"回家去"倾向的主要理论根源之一，这与柯里过于强调政府利益在法律适用中的价值有直接的关系；尽管如此，柯里所提出的法院在解决法律适用问题时必须考虑本国政府利益和本国当

---

〔1〕 See Herma Hill Kay, "A Defense of Currie's Governmental Interest Analysis", 215 *Recueil des cours* 9, 1989, pp. 39~42.

〔2〕 Brainerd Currie, *Selected Essays on the Conflict of Laws*, Duke University Press, 1963, p. 82.

事人利益的主张却有着现实的基础，是各国司法实践中都普遍坚持的一般做法。所以，柯里理论中的合理成分被其他学说所吸收，并对各国立法和司法实践产生了观念上的作用。

事实上，在外国判决承认与执行领域，当前国际社会相互合作的困境更加明显地表现出对各国利益给予特殊保护的现实。国际社会一些学者运用博弈理论来说明判决承认与执行相互合作的问题。澳大利亚学者温考普（M. Whincop）教授通过博弈分析表明外国判决承认与执行上并不存在"囚徒困境"的问题。他提出，一国在外国判决的承认与执行上选择"合作"（即对外国判决给予承认或执行）还是"背弃"（对外国判决予以拒绝），主要需要考虑以下两方面的利益：一方面，一国选择不承认和执行外国判决的主要利益可能是：其一，承认与执行外国判决，因被执行者是本国人，最终受益者为外国人，那么，内国法院实际上是耗时费力为他国服务；其二，如果内国法院拒绝外国判决，被告为了保障自己财产安全，有可能会把在国外有被执行风险的财产转移到内国，由此将给本国带来利益。另一方面，各国承认与执行外国判决的报偿主要是公共利益的获得，增进国际社会的"集体福利"：其一，在外国判决承认与执行自由化后，被告显然无法通过转移财产来逃避财产的执行，从而就可能减少因这种无谓的财产转移而造成的社会资源浪费现象；其二，如各国间相互承认与执行对方判决，则原告在管辖法院的选择上，通常会选择诉讼成本最低的那个国家的法院起诉，从而减少国际社会的交易成本。尽管如此，温考普教授指出：事实上，在外国判决承认与执行上，上述情形是站不住脚的。因为，一方面，内国法院承认和执行外国判决所因此支出的费用，可从收取外国请求人的诉讼费中得到补偿；另一方面，被告因担心败诉而转移财产，这种情形不可能经常发生。

所以，内国即使不承认或执行外国判决，也不会使本国成为外国人转移财产的"天堂"，从而可获取的利益诸如税收利益终究非常有限。既然如此，"背弃"应该不会成为各国的主导战略。[1] 依据温考普教授的主张，在外国判决承认与执行上显然并不存在"囚徒困境"的情形。对于这种主张，我国学者提出了反对："对于此类（即请求人为外国人、被请求者为内国人的案件）普遍存在的外国判决，一旦内国法院给予承认和执行，本国被执行者的财产就将转移给外国的申请者；质言之，这是一个内国人'受损'、外国人'得益'的情形。一些外国学者认为，该情形只关系到私人的利益，与国家利益没有重大的关联。我们认为，在该情形下，国家利益和私人利益是难以被截然割裂的，私人利益必然要上升为国家利益，没有离开私人利益而存在的虚幻的国家利益，两者存在着一种'一荣俱荣，一损俱损'的关系……可见，在拒绝承认和执行外国判决问题上，各国具有重要的利益，从而也就形成了各国在博弈中选择'背弃'的主导战略，'囚徒困境'便由此而生。"[2]

应当认为，外国判决承认与执行"囚徒困境"的形成，本质上是各国基于自身利益的考量而担心采取"合作"策略、他国却选择"背弃"策略，从而使自身利益受损，因而基于防范心态与报复观念而不愿先行对外国判决予以承认或执行。这种结果最终导致互惠关系无法真正启动。正是如此，虽然加强国际合作更有利于各国判决的自由流动而相互获利，保护各国司法权威和各国当事人正当期望的有效实现，但是在主权观念和

[1] M. Whincop, "The Recognition Scene: Game Theoretic Issues in the Recognition of Foreign Judgments", Melbourne U. L. R., 1999 (23), pp. 416~439.

[2] 徐崇利："承认与执行外国法院判决的博弈论分析"，载韩德培等主编：《中国国际私法与比较法年刊》（2003 年），法律出版社 2003 年版，第 405~406 页。

本国利益保护观念的影响下，外国判决承认与执行国际合作的积极情形并未真正形成。外国判决承认与执行国际合作的消极状况也现实地表明，对本国利益加以特殊保护，显然也是国际私法的一个内在价值目标。值得指出的是，外国判决的承认与执行虽然最终会涉及国家利益问题，而判决承认与执行的不对等现象[1]则导致国家利益的不均衡结果，从而使得那些处于不利地位的国家在外国判决承认与执行上不愿采取合作的策略；在重复型博弈中，这些国家的"背弃"策略最终又导致了相互"背弃"策略的形成。然而，外国判决承认与执行直接涉及的还是私人利益，涉及的是私人利益的实现问题，因而，对本国当事人利益的保护依然是外国判决承认与执行领域应当考虑的基本因素。正如有学者对美国联邦最高法院 Hilton 案[2]中提出互惠原则所做的评论：美国最高法院在 Hilton 案中提出互惠原则，主要在于两个方面的目标，即保护在国外的美国人的利益和鼓励外国承认与执行美国法院的判决。[3]虽然这种片面保护本国人利益的立场随着国际民商事关系的迅速发展而日益发生转变，不过，国际社会对互惠原则持续利用的现实，仍然表明对本国利益的保护还是国际私法的一项重要机能。

正是如此，虽然平等保护原则对于国际私法的形成与存在价值有着非常重要的意义，要求对外国人权益给予平等的保护，并对外国法给予尊重；尽管如此，对本国利益给予保护也还是

---

[1] 这种所谓判决承认与执行的不对等现象，主要是指一些国家有较多的判决需要其他国家承认或执行，另一些国家则基于经济发展或法治状况等原因而较少有法院判决请求外国予以承认或执行的情形。

[2] Hilton v. Guyot, 159 U. S. 113 (1895).

[3] 马守仁："美国对外国法院判决的承认与执行"，载中国国际法学会主办：《中国国际法年刊》(1984 年)，中国对外翻译出版公司 1984 年版，第 263 页。

国际私法的一项基本职能。

作为一个经济发展迅速、法制不断完善的发展中大国，我国日益认识到融入国际法律体系之中的重要意义，从而能够利用国际法机制来合理保护我国利益，并在国际法律体系的形成与发展的过程中发挥应有的作用。国际法律制定的参与度是国家软实力[1]高低的一个重要表现，也直接影响国家利益的有效保障问题；而且，保证国际法律体系的公平与合理，也对于整个国际法律秩序的公平与合理具有重要意义，尤其是对于广大发展中国家的利益保护有着实际的价值。因为，尽管国际法律体系的制定通常实行协商一致的方式，是各国意志共同作用的结果，不过各国由于硬实力的差异以及软实力的不同，在国际法律体系的制定中所起的实际作用并不一致，并最终导致国际法律体系的具体内容以及对各国利益的保护程度也各不相同。通常情况，国家之间软硬实力的差距使得国家在"意志"的转化过程中将遭遇不同的结果，实力更强的国家更可能利用自身软硬实力的优势来吸引、劝诱甚至威胁其他国家参与并接受他们的观念，而由此形成的国际法律规范也主要体现实力更强国家的"意志"。正如有学者指出的：在兼具利益和观念（价值

---

[1] 国家"软实力"（Soft Power）的概念首先由美国学者约瑟夫·奈（Joseph S. Nye）明确提出，他提出，软实力是通过吸引别人而不是强制他们来达到你想达到目的的能力，包括政治制度的吸引力、价值观的感召力、文化的感染力、外交的说服力、国际信誉以及国家领导人与国民形象的魅力等。约瑟夫·奈还补充认为，除了上述因素之外，国家的信誉、国家凝聚力、非政府组织以及在国际社会设定议题也是国家软实力的重要来源。因而，国家软实力本质上是一种非物质力量，是一种具有内向吸引力、感染力以及外向辐射力的综合体，但又主要依赖被指向国家自愿的接受甚至同化来发挥作用并最终得以体现出来。See Joseph S. Nye, The Paradox of American Power: Why the World's Only Superpower Can't Go It Alone, New York: Oxford University Press, 2002, pp. 8~11.

观）两大维度的国际法体系[1]中，国家的软实力和硬实力都各有不同的作用空间；体现在国际立法过程中，"哪个国家的硬实力越强，制定的国际法律规则就越能体现哪个国家的利益；哪个国家的软实力越强，制定的国际法律规则就越能体现哪个国家的观念"。[2]所以，这种情形显然对于广大发展中国家而言是不利的。那么，作为一个发展中大国，我国应当在其中发挥更加积极的作用，更合理、更有效地保障广大发展中国家的利益。在当代国际社会发展的特殊经济、政治时期，我国国家领导人提出了"人类命运共同体"建设的观念，毫无疑问，这是我国对当代国际社会所做的时代回应与积极倡议。"人类命运共同体"提倡国际社会在尊重国家主权的基础上应当有求同存异、积极合作的大局观，要有效避免与防止仅关注本国利益而忽视甚至损害其他国家乃至国际社会整体利益的"背弃"行为；并基于人类的共同命运而对国家之间的利益加以适度的平衡，从而给予广大发展中国家某些特殊的利益与保护，促进它们的经济发展与社会进步。

当然，在主权观念仍然获得认可和现代国家体制依旧存在的当代社会中，保护本国利益显然还是各个主权国家的基本利益追求。实际上，人类命运共同体是建立在尊重国家主权基础上的全人类命运的共同体，而不是要抛弃国家主权、消除各国

----

〔1〕　有关国际法利益和观念两种维度的论述，可参见 K. W. Abbott & D. Snidal, Value and Interests: International Legalization in the Fight against Corruption, Journal of Legal Studies, 2002, 31 (2), pp. 141~178. 文中指出：从利益的维度看，国际法律过程是各国之间分配利益的过程，国家以结果是否有利于己作为行为的导向；从观念的维度来看，国际法律过程是各国实现观念的过程，各国以适当与否作为自己是否行为的准则。

〔2〕　徐崇利："软硬实力与中国对国际法的影响"，载《现代法学》2012 年第 1 期，第 155 页。

文化与传统差异。正是如此，对本国利益以及国家的海外权益加以有效的保护仍然具有现实的重要价值。总体而言，当前我国理论界与实务界对于海外权益保护的国际私法机制的研究与关注还处于初步阶段，对于如何运用国际私法机制来保护海外权益的理论基础，如何运用国际私法机制来进行海外权益保护的具体方法等问题的深入了解均显不足，需要继续加强与持续性的关注。

第一章 国家软硬实力与海外权益保护

应当认为，海外权益保护问题的形成与国家软硬实力的水平之间存在一定程度的内在关联。首先，海外权益保护的问题与一国经济发展水平与跨国经济活动程度直接相关。在早期国际社会，经济发展水平的低下使得跨国经济活动不仅层次低、数量少，也导致国家缺乏对其必要的关注。事实上，只有科技进步所引发的航海大发现所导致的全球化时代开始，海外权益的保护问题才逐渐真正被国际社会发现。其次，海外权益保护也与一国实力和保护观念不可分割。某种程度上，虽然存在海外权益保护的问题，但如果国籍国缺乏必要的保护能力与保护意识，海外权益的保护问题也难以真正被接受或实现。"只有统治者认识到境外国民权益对国家整体的重要性，才会将其视为国家利益并加以保护。"[1]正是如此，虽然海外权益的保护问题一直在国际层面均有表现，但长期以来各国都鲜有海外权益保护的具体实践。

---

〔1〕〔美〕亚历山大·温特：《国际政治的社会理论》，秦亚青译，上海人民出版社 2014 年版，第 228~238 页。

第一节 海外权益的界定问题

一、海外利益与海外权益

在海外权益的保护问题上，一个需要界定的问题是如何区分海外权益与海外利益。海外权益与海外利益实际上是两个有着密切关联的不同概念，而国际社会对于二者的保护机制也存在一定程度的分离。不过，总体上看，国际社会主要关注的是海外利益及其保护问题，而较少涉及海外权益的保护事项。这种状况也相当程度表明海外权益与海外利益二者存在差异。

海外利益及其保护的观念似乎由来已久，一般认为对海外利益采取具有法律基础的有组织的保护措施，可远溯至 2500 年前的古希腊时期。[1]当然，这种保护状况并不具有常规性，也不具有延续性。客观上说，海外利益的保护是全球化时代的产物，与国家实力直接相关。事实上，正如有学者所指出的：不同类型国家对海外利益的界定呈现出一种类似于"马斯洛需求层次"的层级关系。这种差异，反映出各国对自身国家利益、国际定位的认识不同，根源在于国家实力、国际化程度和对国际事务参与深度和广度的级差。保障海外公民、驻外机构与组织等的安全与合法利益是各国都普遍认同的最为基本和最重要的海外利益；促进并保护对外贸易与投资，通过国际经济活动推动本国发展，是不可逆转的全球化时代越来越多国家努力追求的海外利益；力图塑造对本国有利的国际制度、国际体系并谋求其主导权，甚至追求在更大范围内的国际社会领导地位，则是只有

---

[1] Graham H. Stuart, *American Diplomatic and Consular Practice*, New York: D. Appleton-Century Co., 1936, p. 23.

大国才愿意并能够竞逐的海外利益。[1]全球化促进了人员与财产的国际流动，也催生了国家财富的增长与集中；在这种情形下，一些大国日益把维护本国位于境外的利益作为重大战略。

对于海外利益的理解，国际社会通常是在境外公民安全保护和新型国家利益建构两个意义上加以认识的。[2]前者认为，海外利益是境外企业、公民等实体的人身、财产免受毁损、灭失的物质利益。而后者则指出，海外利益是国际社会、国际组织、国际机制等外生变量赋予国际社会成员的结果，主要表现为国际社会认同、国际组织身份、国际制度主导权等过程性的非物质利益。国家对国际经济体系主导权的追求，表明国际规范、国际制度是一种对一国特别是大国而言具有特殊重要意义的海外利益。[3]应当认为，这两种主张的关注点存在明显的差异，某种程度上甚至有着时代的印记和国家实力强弱程度的不同。其中，强调海外利益的物质利益属性的主张更多地显现出直观的价值和原初的形态，反映出海外利益被国际社会认知的最初状况以及对海外利益加以保护的根本动因。而海外利益的非物质利益属性规则是现代社会的产物，是国家实力尤其是国家软实力迅速提升之后发展的结果。在海外利益的保护上，通常情况下存在东道国与国籍国之间实力与保护意愿差距明显的状况，东道国缺乏必要的能力或者意愿来对外国的海外利益进行保护，从而使得国籍国对海外利益遭遇风险或受损的状况担忧与不满，进而使得海外利益保护问题得以真正显现。而受制

---

〔1〕　汪段泳："海外利益实现与保护的国家差异———一项文献综述"，载《国际观察》2009年第2期，第30页。

〔2〕　刘莲莲："国家海外利益保护机制论析"，载《世界经济与政治》2017年第10期，第127页。

〔3〕　汪段泳："海外利益实现与保护的国家差异———一项文献综述"，载《国际观察》2009年第2期，第32~33页。

于国家属人管辖权与不干涉内政原则，国籍国难以在其海外利益受到影响时有太多的作为。正是如此，强调海外利益的非物质属性，有利于国籍国更合法、也更有力地对海外利益采取保护措施，通过国际组织与国际机制来突破源自于国家主权的制约，不仅行之有效，也更能够保证海外利益保护机制的延续性。

当然，学者们通常还将海外利益的界定与国家利益相关联。对此，国际社会有两种代表性观点。一种观点认为，海外利益是国家利益的组成部分，是一种位于国家领土之外的国家利益，本质上是一种境外的国家利益。正如有学者所指出的，海外利益是国家利益突破国土界限而形成的，是境外的国家利益，可区分为海外政治利益、海外经济利益、海外安全利益和海外文化利益等。[1]应当认为，这种海外利益观强调的是国家主权利益，是主权国家在领土范围之外形成效应的特殊利益。当然，对于这种特殊国家利益的形成主体范围是否仅涉及主权国家本身，国际社会也并不具有一致的认识。但随着国家利益观的发展演变以及国家利益与私人利益观的逐渐融合，海外利益作为一种特殊国家利益的主体范围也日益扩张到国家之外。有外国学者则通过进一步划分的方式对海外利益的国家性质提出了具体的内涵，认为国家海外利益涉及核心海外利益、重要海外利益和边缘海外利益。其中，核心海外利益主要包括：①国家驻外机构（使领馆）行使合法的外交活动的自由；②国家在国际组织机构中行使法定权力（代表、参与、执行）的自由；③国家出于政治与安全考虑而实行对外经济外交（经济援助、经济制裁）的自由；④国家参与国际安全合作（维和行动、人道主义干涉、国际护航、反跨国犯罪）的自由；⑤国家参与境外军

---

[1] 毕玉蓉："中国海外利益的维护与实现"，载《国防》2007年第3期，第7~8页。

事联合演习、国际军事交往的自由；⑥国家参与国际公共资源（海洋和外空）研究、开发与和平利用的自由。而国家重要的海外利益包括：①国家促进与保护海外直接投资（实体经济和资本市场）的自由；②国家促进与保护海外资产（有形与无形）的自由；③国家实行境外经济贸易活动的自由；④国家参与国际经济社会活动规范的制定与执行的自由；⑤国家参与国际经济交往的自由；⑥国家分享全球共同资源的自由。国家边缘海外利益则包括：①国家海外新闻媒体行使合法传媒活动的自由；②国家参与国际学术、教育、文化、艺术交流活动的自由；③国家保护与促进国际形象和国际尊严的自由；④国家保护与宣传世界级人类文化遗产的自由；⑤国家驻外文化机构行使合法文化交流的自由；⑥国家分享人类共同文化资源的自由。[1]

　　另一种观点认为，海外利益不同于国家利益，国家利益仅仅是国家层面的利益，而海外利益包括非国家行为体所持有的局部利益，海外利益这一概念的范畴要比国家利益中的海外部分宽广。有学者从中国海外利益的视角来界定海外利益的内涵，认为中国海外利益又可称作中国境外利益，是指在有效的中国主权管辖范围以外地域存在的中国利益，即以边境和海关为界而划分的，它的对应物是中国境内利益或中国内部利益。中国海外利益狭义的基础性概念，是指中国机构和公民在海外的生命、财产和活动的安全，其中财产是指他们在海内外所持有的外币和以外币计价的资产；更广义的理解，还包括在境外所持有与中国政府、法人和公民发生利益关系的有效协议与合约，在境外所有中国官方和民间所应公平获得的尊严、名誉和形象。海外利益同国家利益是两个既相联系又相区别的概念。国家利

---

　　〔1〕　张曙光："国家海外利益风险的外交管理"，载《世界经济与政治》2009年第8期，第12页。

益包括国家境内利益和国家海外利益两个部分。但中国海外利益同国家海外利益也还有些许差别，后者是从国家层面即中央政府视角所关注的关系到国家总体利益方面的具体利益，前者则不限于此，还包含了从社会各个层面即官方和民间、机构和个人各种视角所关注的各种局部利益方面的问题。这样，在海外利益中又有国家层面、法人层面和个人层面的利益之分，也因此，海外利益比国家利益中的海外部分有更宽的范畴。[1]这种海外利益观把本国国民（包括个人、公司和其他组织在内）的境外利益涵括其中，从而扩张了海外利益的保护范围。尽管如此，这种保护范围的扩张其实反映了国家权利观的嬗变，国家日益把本质上属于本国国民的私人利益纳入并提升到国家利益的层面。

与此同时，还有观点则并非把关注点仅放在主体层面，而更多地强调海外利益的合法性基础之上。这种观点提出，中国海外利益是指中国政府、企业、社会组织和公民通过全球联系产生的、在中国主权管辖范围以外存在的、主要以国际合约形式表现出来的中国国家利益。之所以强调海外利益的国际合约属性，目的在于突出海外利益的合法性和正当性，便于国家通过多边国际合作对海外利益进行管理。以国际合约形式表现出来的中国海外利益主要包括六个方面：第一，存在于境外的受到国际公约保护的中国外交官和驻外机构财产。第二，涉及海外中国人人身和财产安全方面的人权。第三，中国拥有的外国政府国债。第四，中国在海外拥有具备合约法律效力的巨大商品市场和原料基地。第五，对外投资迅速增长使中国在海外拥有的企业股份和合约项目显著增加，这些直接权益对于中国的海外资产增值和国内利税增长关系重大。第六，中国在公海、

---

[1] 陈伟恕："中国海外利益研究的总体视野——一种以实践为主的研究纲要"，载《国际观察》2009年第2期，第8~9页。

外太空、极地等开展的符合相关国际法的科学考察或者商业利用项目。[1]应当认为，强调海外利益国际合约属性的主张更具有内涵的性质，是全球化时代和人类命运共同体观念在新的历史时期发展的结果，从而得以改变先前通过国内法甚至以武力、战争的手段来主张本国海外利益保护的不具有国际合法性的状况，使海外利益在国际法的范围内加以确立，并在国际法允许的范围内采取保护的手段。

　　需要指出的是，无论国际社会如何界定海外利益，是否属于国家领土范围之外的国家利益、还是境外的国家利益和私人利益，国际社会都日益强调海外利益不再是一个单纯的经济、外交或政治的概念，而是被承认为整体国家利益不可分割的重要部分，并纳入了国家总体战略的视野。世界各国尤其是大国都非常关注海外利益的维护与拓展，海外利益实际上是大国崛起战略选择的核心要素，维护与拓展海外利益是关系国计民生的重大议题。[2]事实上，随着我国国家实力的不断提升，我国逐渐确立了海外利益保护的国家战略。2004 年 8 月在北京召开的第十次驻外使节会议上，胡锦涛明确指出"要增强对海外利益的保护能力"；中国共产党第十八次全国代表大会报告更是特别指出："坚定维护国家利益和我国公民、法人在海外合法权益。"由此看来，对海外利益的认识，我国坚持的是广义的观念，把境外的国家利益和私人利益均涵盖其中。这种认识与国际社会对海外利益保护的具体实践相一致。把国家管辖范围之外的私人利益纳入到海外利益的领域并加以保护，是国家主权

---

　　〔1〕　苏长和："论中国海外利益"，载《世界经济与政治》2009 年第 8 期，第 13~16 页。

　　〔2〕　门洪华、钟飞腾："中国海外利益研究的历程、现状与前瞻"，载《外交评论（外交学院学报）》2009 年第 5 期，第 57 页。

的内在要求，也符合国家利益的现实需要，有利于国家更合理、更有效地加以保护。因而，综合来看，海外利益涉及境外的国家利益和私人利益，基本包括海外经济利益，主要是对外贸易和对外投资的利益；海外资源利益，主要是对能源资源的利益；海外制度利益，主要是对国际制度设置能力和规则制定能力的利益；海外文化利益，主要是海外国家形象和海外文化权利的利益；海外安全利益，主要是海外公民安全和海外地缘政治安全的利益。

值得注意的是，与海外利益的总体观念基本一致的情形较为不同，国际社会对于海外权益的认识则存在模糊化的局面，甚至直接与海外利益相等同。究其原因，其一，国际社会对海外利益自身的内容与范围的认识并不非常清晰，大多主张宽泛的海外利益观，把各种形式的利益均纳入海外利益的范围，从而实际上把海外权益作为海外利益的一个内容与组成部分。其二，在海外利益的保护机制上，国际社会并没有统一的制度和国际实践，其中既存在国际法的机制又包含有不被国际法所认可甚至禁止的保护手段，诸如武力威胁、经济封锁等，也涉及国内法的机制。这些保护机制的多样性与不统一性影响了海外利益的内容以及对海外利益的认知。毫无疑问，这种状况也影响了对海外权益的认识。

事实上，我国学界对海外权益概念的关注应该始于李克强总理政府工作报告中所提出的"加快完善海外权益保护机制和能力建设"，这种提法改变了先前普遍主张的海外利益概念。对此，我国国内开始对海外利益与海外权益的概念和二者之间的关系问题作出了相应的阐述。如有学者提出，保护海外利益与保护海外权益这两个提法是存在一定区别的。一方面，与海外利益相比，海外权益是更强调拥有法权性质的海外利益，是一个缩小了的概念。但另一方面，这里的海外权益又与以往"保护公民、企业与机构的海外权益"的表述有所区别，不再将权益的主体局限于这些行为体，从这一角度来说又将对权益的理解予以了扩大。总体而言，权益与利益相比有一个明显的变化，就是其更为强调合法性。"与海外利益相比，海外权益这个术语的法学性质更强。……从海外利益转变为海外权益，可以理解为一种对合法性的追求，即试图将本国对某些特定利益的声索转变为受到国际法和各国共识保护的合法权利。"〔1〕按照这种观念，海外权益与海外利益间的差别本质上在于海外权益的合法性，是一种更具有法权性质的海外利益，从而使得对海外权益的保护更符合国际法制的要求；尽管如此，这种观念实际上并未与普遍主张的海外利益观相分离，也仍未严格区分海外权益与海外利益，海外权益仍是海外利益的一个部分与子概念，"是一个缩小了的（海外利益）概念"；而且，这种观念还主张海外权益与"保护公民、企业与机构的海外权益"并不一致。所以，我国学界所主张的海外权益仍属于海外利益的范畴，只是这种海外权益仅是更具国际合法性的海外利益，从而在海外权益的保护上更能够获得国际法的肯定与支持，而我国对海外权益的保护也应在国际法制的范围内进行，从而符合我国期望成为国际法律体系维护者而非破坏者或挑战者的国家战略。应当认为，这种观念不仅与我国国家实力的发展情况相一致，也与我国对海外利益保护的关注程度和研究状况直接相关。如前所述，虽然海外利益及其保护问题由来已久，但海外利益保护的实践很大程度上取决于国家的实力和保护意愿。我国长期坚持公法与私法严格区分的立场，对于私权性质的海外权益问题通常不会

---

〔1〕　于军等："海外权益/利益：定义与缘起"，载《世界知识》2017 年第 8 期，第 15 页。

运用公权力加以特殊保护；只有在海外权益上升为主权性质的海外利益之后，公权力的介入才有着现实的基础。

由此而言，笔者认为，在当前国际社会仍强调海外利益以及我国出于权利保护国际合法性考虑的情况下，严格地对海外利益与海外权益加以区分或许并不具有绝对的客观性价值。尽管如此，需要指出的是，海外权益与普遍意义上的海外利益之间还是有着一定程度差异的，虽然出于国家公权力保护的目的而可以使之具有同一性或者视海外权益为海外利益的一个组成部分。

应当明确的是，本书所涉及的海外权益是有限定的，仅指位于一国主权管辖范围之外的民事权益，而不涉及普遍意义的海外利益。那么，这种限定显然与我国学界目前对海外权益的认识存在明显的区别，并不是指我国学者所说的"更具国际合法性的海外利益"。这种限定的主要原因在于，本书仅涉及海外权益保护的国际私法机制。众所周知，国际私法所调整的对象是国际民商事关系，[1]涉及的是国际民商事关系当事人的民事权利义务关系。

有鉴于此，本书所涉海外权益[2]主要包含以下方面的内涵。第一，从主体范围看，海外权益涉及的是作为民事主体的一国自然人、法人和其他组织、国家在境外的民事权益。当然，海外利益的主体其实也广泛涉及自然人、法人、其他组织以及国家，这也是引发海外利益与海外权益概念经常不被区分的一

---

〔1〕 在国际私法领域，国际民商事关系也通常被称为涉外民商事关系。本书不对它们加以区分。

〔2〕 当然，鉴于海外利益的概念被广泛运用，而且实际上关于海外利益保护的探讨也经常性地仅涉及海外权益，或者对海外权益的保护具有直接效果或经验意义，因而，本书在有关海外权益保护的探讨上，可能会使用"海外利益"的概念，从而与学界的观念相适应。

个重要因素；不过，海外利益的基本主体是作为主权者的国家而一般意义的民事主体。事实上，虽然普遍认为海外利益也会涉及各个民事主体的权利保护问题，但是，这些主体其实只是国家权利保护的对象；而且，这些权利范围通常并非广泛意义的民事权利，而是重大的经济利益或者人身与财产安全，从而私权利上升为国家利益而获得国家的保护。在海外权益中，国家也是以民事主体的身份出现的，而不是以主权者的身份呈现出国家利益享有者与保护者的性质。第二，从具体内容看，海外权益涉及的是广泛意义的民事权益。对于民事权益所涉及的具体内容，我国《侵权责任法》有着明确的规定，该法第 2 条第 2 款规定："本法所称民事权益，包括生命权、健康权、姓名权、名誉权、荣誉权、肖像权、隐私权、婚姻自主权、监护权、所有权、用益物权、担保物权、著作权、专利权、商标专用权、发现权、股权、继承权等人身、财产权益。"从《侵权责任法》所列举的权利来看，民事权益可以分为以下几类：①人格权，包括生命权、健康权、姓名权、名誉权、荣誉权、肖像权、隐私权、婚姻自主权；②身份权，包括监护权与继承权，其中，继承权属于一种以身份为基础的财产权；③物权，包括所有权、用益物权、担保物权；④知识产权，包括著作权、专利权、商标专用权、发现权；⑤其他权利，涉及股权。[1] 当然，《侵权责任法》所列举的民事权益应该并未涵盖所有的民事权利，诸如债权（合同之债）；应当认为，这种法律规定应该与我国学界通常把合同与侵权这两种债权的产生原因加以并列的观念直接相关，因而《合同法》调整合同债权，而《侵权责任法》则规范侵权债权，从而并不表明我国立法所确认的民事权益排除了合

---

[1]　葛云松："《侵权责任法》保护的民事权益"，载《中国法学》2010 年第 3 期，第 38 页。

同债权。所以，海外权益的具体内容应当涉及一国境外的所有人身权和财产权在内。第三，从权利形式看，海外权益是符合国家法律的合法权利。需要注意的是，这种法律的标准主要是民事权益主体的国籍国法，而不是东道国的法律。在符合民事主体国籍国法律的海外合法权益受到侵害时，民事主体的本国就可能因此行使保护权加以保护。

二、海外权益保护的意义

经济全球化促进了国际民商事关系的发展，促进国际经济的飞速发展，也带来了社会的发展与进步。对于整个国际社会，全球化运动已经产生了全面性的深远影响。对此，最为直观的表现是人类社会逐渐发展成为一个日益紧密的共同体，在这个共同体中，各个主体相互牵连，一个主体的行为将会对其他主体甚至整个国际社会产生影响。"蝴蝶效应"[1]表明，国家的绝对独立很难现实地存在，一国总是处于影响或被影响的状态之中，一国的行为必然会对其他国家产生直接或间接的影响。因而，全球化运动一方面强化了国际社会的相互合作，要求各国之间相互协助、相互配合，以共同解决单个国家无法独立解决的复杂问题；另一方面弱化了国家主权，限制国家主权的适用范围。对于全球化对国家主权的侵蚀，欧美国际法学界

---

[1] "蝴蝶效应"又称非线性，是拓扑学的重要理论成就之一，其发现者为美国麻省理工学院的洛伦兹（Lorenz）教授。1979年12月，洛伦兹教授在华盛顿的美国科学促进会上发表了后被称为"蝴蝶效应"的非线性理论：一只蝴蝶在巴西扇动翅膀，有可能会在美国的得克萨斯引起一场龙卷风。其原因在于：蝴蝶翅膀的运动，导致其身边的空气系统发生变化，并引起微弱气流的产生，而微弱气流的产生又会引起它四周空气或其他系统的极大变化，由此引起连锁反应，最终导致其他系统的极大变化。"蝴蝶效应"简单地说是指：一个极微小的起因，经过一定的时间及其他因素的参与作用，可以发展成极为巨大和复杂的影响力。

的不少学者均认为，主权国家正在被政府间和非政府间国际组织以及跨国公司等逐渐掏空，全球化因而导致了国家主权的削弱。[1]他们主张，全球化的直接结果是导致了国家与非国家实体间的权力再分配，在国际事务中国家的权力逐渐流向国际组织和非政府实体。在政治主权、经济主权、文化主权以及环境主权等各个领域均已明显地显露出全球化的损耗痕迹，全球化运动对于上述领域的国家主权提出了不同程度的挑战，这也就使得国家主权的相对性特点日益显露出来。对此，戴维·赫尔德（D. Held）曾提出："全球化进程已使政治远不再是从前那种首先单纯地围绕国家和国家间事务的活动……国家运作于一个空前复杂的国际体系中，这不仅限制了它们的自主性（其方式是改变政策的成本和收益之间的平衡），而且逐步侵犯了它们的主权。任何一种把国家视为无限制的、不可分割的公共权力形式的观念都站不住脚了。在今天，人们必须认识到，主权本身已经在国家、地区、国际等机构之间进行了分割，而且主权本身的这种多元性也限制了主权。"他进而提出："任何认为主权是体现于一国之内的、不可分割的、无限制的、排他的、永恒的公共权力的观念都过时了。"[2]

全球化运动促进了国际社会的相互联系，要求各国积极合作以解决一国所日益难以单独应对的全球性问题，在这个过程中对国家主权产生了一定程度的影响效果。尽管如此，全球化并未完全损害国家主权的生存空间和适用基础，也没有侵损国家对本国（包括本国国家以及国民在内）利益加以保护的观念

---

〔1〕 See Tim Dunne, "The Spectre of Globalization", *Indiana Journal of Global Legal Studies*, 1999 (7), p. 2; David A. Smith etc., ed., *States and Sovereignty in the Global Economy*, Routledge Limited London, 1999, p. 34.

〔2〕 ［英］戴维·赫尔德:《民主的模式》，燕继荣等译，中央编译出版社 1998年版，第 434、439 页。

和意愿，某种程度上甚至呈现出相反的样态。究其原因，一是全球化促进了各国实力的巨大增长，各国（当然主要是国家实力较强的国家）有能力也意愿对本国利益加以保护，毕竟保护本国利益是国家主权的内在要求；二是全球化带来了财富与资源的巨大增加，从而促使各国加强对本国利益加以保护来获得经济利益以及国民的向心力和凝聚力。所以，即使全球化运动要求国际社会放弃独善其身的狭隘思想，也终究无法绝对地避免主权国家追求自身利益的内在冲动。有鉴于此，海外权益的保护不仅是必要的，也是现实的。

（一）海外权益保护对民事主体的意义

作为国际民商事关系的当事人，海外权益的保护首先关涉民事主体的权利实现和未来行为。全球化的不断深化，促进了国际民商事关系的日益频繁与扩张。在这个进程中，民事主体在不断获得利益的同时，也经常面对各种风险与损失。风险的种类既涉及商业性质，诸如信用风险、违约风险、侵权风险以及因经营环境等因素而引发的相关风险，也涉及非商业风险，例如来自东道国的政治风险和法律风险等。毫无疑问，这些风险与损失不仅会对当事人的权益带来直接的损害，也会影响到当事人参与国际民商事关系的能力与信心，最终损害国际民商事关系的发展。有鉴于此，海外权益的保护，对于民事主体具有重要的价值。

第一，海外权益保护是对民事主体合法利益保护的现实要求。对合法利益的保护是公平正义的基本价值目标，对于当事人具有特殊重要的意义。在国际民商事关系中，当事人的合法权益可能会因多种原因而难以得到东道国有效的保护，其中可能涉及东道国的政治原因，也可能会遭遇东道国法律与司法层面的因素，诸如司法腐败与司法不公，这使得当事人难以获得来自东道国法律救济的支持与保护。对于一国司法腐败或司法不公的问题，美国国务院经常发布的"国别人权报告"中就常常指责发展中国家的司法状况，如对尼加拉瓜的 1999 年人权报告中提出："其司法状况糟糕，法官经常面临各种生命威胁；当事人也经常受到各种威胁，并被受控制的法官关进监狱。"[1]对于危地马拉，美国的人权报告也这样指责："法官和其他法院工作人员经常受到威胁，法官经常被贿赂。缺乏效率的司法体制通常无法保证公正审判，也缺乏正当程序。"[2]其他加勒比海国家也遭到美国国务院的同样批评。毫无疑问，发达国家这种指责不仅充满了主观性与偏向性，也呈现出自以为是且忽视其他国家发展状况和法律文化传统的大国沙文主义倾向，缺失对他国主权的基本尊重。事实上，这些被美国国务院通过正式文件点名批评人权状况差、司法环境糟糕的国家，却在几个涉案人数众多、索赔金额巨大的案件中，[3]被美国被告和美国法院认为是案件审理的合适国家，这些国家的法院是案件审理的"合适替代法院"。例如，在 20 世纪 90 年代的德尔加多（Delgado）案[4]中，近 26 000 名发展中国家（其中多数是拉美国家，包括尼加拉瓜、厄瓜多尔等）的香蕉园农场工人向美国得克萨斯州法院提起多起诉讼，要求包括能源巨头壳牌石油公司（Shell Oil Company）和化工巨头陶氏化学公司（Dow Chemical

---

〔1〕　U. S. Department of State Country Conditions Report on Human Rights Practices for Nicaragua 1999, at http://www. state. gov/www. global/human_ rights/1999_ hrp_ report/nicaragua.

〔2〕　http://www. state. gov/www/global/human_rigts/1999_hrp_report/guatemala. html.

〔3〕　Dow Chemical Co. v. Castro Alfaro, 786 W. 2d 674 （Tex. 1990）; Delgado v. Shell Oil Co. , 890 F. Supp. 1324 （S. D. Tex. 1995）; Jota v. Texaco, Inc. , 157 F. 3d 153 （2d Cir. 1998）.

〔4〕　Delgado v. Shell Oil Co. , 890 F. Supp. 1324 （S. D. Tex. 1995）.

Company）在内的多家美国跨国公司承担因生产和使用一种名为
"二溴氯丙烷"（DBCP）的消毒剂而造成的人身伤亡和健康损害
的赔偿责任。结果美国被告提出的不方便法院原则的动议却获
得了美国法院的支持，美国法院声称，每一个原告住所地法院
都是"合适的替代法院"，由它们进行案件审理更为便利，而且
对私人利益因素和公共利益因素的考察也要求法院中止诉讼。[1]

当然另一方面，不可否认的是，一些发展中国家法律和司
法确实存在这样那样的缺陷与问题，从而确实会对国际民商事
关系当事人的正当利益造成侵害。在当事人的合法权益受到东
道国非法侵害时，当事人本国的保护尤其是司法保护对于当事
人权益就有着重要的意义，否则有可能导致当事人陷入求助无
门的困境之中，不仅遭遇实际的损害进而影响其参与国际民商
事关系的信心与能力，还会引发公平正义的价值实现问题。

第二，海外权益保护是国际民商事关系正常进行的关键。
国际民商事关系的顺利发展离不开民事主体的积极参与。经济
全球化的发展历程表明，科学技术的进步是经济全球化的基本
推动力，从而促进了贸易、投资的发展和人员的流动，最终促
进了国际民商事关系的顺利发展与频繁进行。在全球化的进程
中，当事人因此获得了经济交往与自由流动的巨大利益，进而
在国际民商事关系的发展中发挥了积极作用；与此同时，人员
与资本流动的走向和幅度容易受到民事主体观念与信心的影响，
从而最终对国际民商事关系产生一定程度的作用。在这种情形
下，国际民商事关系当事人合法权益的保护问题，显然将会对
当事人从事国际民商事活动尤其是参与国际贸易和国际投资的
信心带来效果。虽然这种保护不一定会对东道国的投资环境、

〔1〕 Delgado v. Shell Oil Co., 890 F. Supp. 1324（S. D. Tex. 1995），pp. 1355 ~ 1375.

法律和司法状况产生直接效果，但是，这种保护一方面对东道国有间接的作用，当事人国籍国的保护和相关措施会对东道国带来提示甚至威慑作用，另一方面有利于增强本国当事人从事国际贸易与国际投资的信心，从而都会促进国际民商事关系的顺利发展。

（二）海外权益保护对国家的意义

海外权益虽然具有私权的性质，从而使海外权益的保护效果所作用的对象主要是民事主体，因而对于海外权益的保护，主要涉及的是当事人利益的实现问题；不过，另一方面，海外权益的保护对于主权国家也有着现实的意义。

首先，对海外权益加以保护是主权国家行使主权的要求。全球化的发展确实对于国家主权及其行使产生了某种程度的消极影响，国家主权的至高无上性和绝对性受到一定程度的影响；然而，这并不意味着国家主权不再发挥效力，相反，国家主权不仅与全球化运动的进程相辅相成，也会对全球化的进程起着某种程度的推动或阻碍作用。正如有外国学者指出的："全球化是一种空间上的扩张，但因威胁国家版图内主权而陷于困境。国家或许是抵制全球化趋势的最后纽带，并成为检验全球化趋势最终效果的晴雨表……国家主权事实上是形成全球体系的主要障碍，尽管该有效体系将能解决冲突和全球体系中的问题。"[1]正是如此，国家和国家主权仍然继续发挥着现实的作用："在全球化进程中，民族国家的作用不是更小而是更大了，不是在阻碍发展而是推进进步的。"[2]因而，在全球化运动中，对本国国

---

〔1〕〔日〕星野昭吉：《全球政治学——全球化进程中的变动、冲突、治理与和平》，刘小林、张胜军译，新华出版社 2000 年版，第 109 页。

〔2〕〔英〕琳达·韦斯："全球化与国家无能的神话"，杨雪冬摘译，载《马克思主义与现实》1998 年第 3 期。

民的海外权益加以有效保护，仍是国家主权的基本职责和重要体现。对本国人的利益进行保护，主权国家能够借此表现出管辖权行使的独立性，即使在全球化进程中，国家的这种主权职责仍未受到根本性的损害。

其次，对海外权益进行保护是全球化时代实现国民向心力和凝聚力的基础。全球化运动促进了人员和资本的全球自由流动，也造成了人们与其国家间联系的松散化倾向。毫无疑问，这也是引发全球化时代国家主权受到消极影响的因素之一。在这种情形下，虽然对本国国民海外权益保护的根本动因是基于国家主权的要求，但是其结果却最终有利于国民私人权益的实现，并因此引发国民对其国籍国的肯定和认可，进而增强国民对其本国的自豪感、并增进与本国的内在密切联系程度。"保护好本国海外利益有助于增强国民对于国家的认同感和归属感。一个国家的公民、企业乃至文化在海外的权益得不到应有的保护，这个国家在国民心目中的形象就会大打折扣，使其国民缺乏对国家的认同……做好保护海外利益工作也是一个国家塑造国家形象和获得国际认同的重要途径。"[1]

最后，海外权益的保护是国家利益保护的应有之义。海外权益本质上是一种私人利益，而不直接涉及国家利益；不过，这并不意味着海外权益的保护仅涉及私人利益的保护问题。事实上，对海外权益的保护是国家利益的组成部分和应有之义。保护本国国民及其利益，是国家利益的基本内涵，正如有学者指出的："主权国家的国家利益，一般来说，至少有三项基本内容：第一，确保自身的生存，包括保护其公民的生命和维护领土完整；第二，促进其人民的经济福利与幸福；第三，保持其

---

[1] 于军等："海外权益/利益保护：意义重大"，载《世界知识》2017年第8期，第18页。

政府体系的自决与民主。这些东西构成了国家的核心价值和最基本的对外政策目标。"[1]此外，对海外权益的保护对于东道国及其国家利益的实现也具有一定的积极意义。不可否认，国籍国对其本国国民海外权益加以保护通常将会引发东道国的反对，因为这会涉及法律和司法的尊重以及国家形象的受损等问题，并最终损害东道国的人员往来、贸易和投资的发展。尽管如此，国籍国对其海外权益的保护可能会促使东道国促进法治发展与进步、改善司法环境，而这些都有利于贸易与投资环境的改善和本国国际民商事关系的顺利发展。毫无疑问，对于绝大多数迫切需要提升对外贸易和外国投资的东道国而言，这些措施所带来的提升效果显然具有至关重要的意义。

（三）海外权益保护对国际社会的意义

如前所述，海外权益保护关涉的主要是私人利益以及相应的国家利益，而通常不会对国际社会公共利益产生过多的影响，诸如增进国际社会的福利、促进国际的和平稳定；毕竟，海外权益保护的过程充斥着国籍国和东道国之间的利益博弈，从而可能引发两国间的矛盾与纷争，甚至引发主权平等原则和不干涉内政原则的适用与尊重问题。人权保护与国家主权并不存在绝对的冲突，事实上，在当前国际法体系下，人权保护主要还是在国家主权范围内进行的，正如外国学者所言："任何社会的人权状况主要依赖于国家和有赖于国家尊重、保证这些权利的程度和手段。显然，任何国家内的个人权利将取决于它对权利观念的赞同，还有赖于民族的道德观念和规范以及国家的态度、

[1] Frederic S. Pearson & J. M. Martin Rochester, *International Relations*, 4th edition, New York: McGraw-Hill, 1998, pp. 177~178.

政策及社会力量。"[1]联合国秘书长在第 46 届联大年度报告中也这样告诫整个国际社会:"维护人权时必须尽量谨慎,以免人权被用来作为侵犯各国基本国内管辖权、破坏各国主权的跳板……因为滥用这一原则是制造无政府状态最灵验的方法。"[2]所以,对海外权益的保护不应当对国家主权造成不当的损害。不过,在海外权益遭受东道国严重损害且无法获得有效救济时,国籍国也会出于国家利益的目的而对其国民的海外权益加以合理保护,从而引发人权保护与国家主权的冲突现象。这种情形对于整个国际社会显然并不具有积极的价值。尽管如此,在全球化运动的进程中,对海外权益的保护对整个国际社会也仍有现实的意义。

首先,海外权益保护是公平正义价值目标的要求。公平正义原则是国际社会普遍公认的价值准则,为国际法律制度所遵守和内化。事实上,在国际投资法领域,体现了公平正义原则的公正与公平待遇标准在经历了一段长时间的沉寂后,已经逐渐被国际投资协定和投资仲裁所认可。[3]虽然公正与公平待遇标准存在模糊性、抽象性的性质,从而引发国际社会对于它的适用所可能给东道国公共政策甚至法律制定与修改的权力带来不利影响乃至严重损害的担忧,但是它符合公平正义观念以及人们对正当权益最低限度保护的合理期待而获得日益普遍的

---

〔1〕 Louis Henkin, *The Human Rights in Contemporary China: A Comparative Perspective*, Columbia University Press, 1986. 转引自韩德培总主编:《人权的理论与实践》,武汉大学出版社 1995 年版,第 967 页。

〔2〕 转引自刘楠来主编:《发展中国家与人权》,四川人民出版社 1994 年版,第 42 页。

〔3〕 有关国际投资领域公正与公平待遇标准及其发展的论述,可参见陈辉萍、黄玉梅:"国际投资协定中公正与公平待遇标准的新发展",载《国际经济法学刊》2006 年第 3 期,第 1~29 页。

接受。

公平正义原则要求对权利加以平等保护，不得因当事人国籍、住所、性别、民族、种族等因素而采取不同的对待，对当事人合法权利的保护与救济应及时并且有效。那么，对海外权益加以合理保护，是当事人权利实现的现实要求；在东道国无法有效地对当事人的海外权益加以保护甚至东道国侵害海外权益时，由国籍国实施海外权益的保护符合国际社会平等保护的观念和人权保护的思想，符合公平正义的价值目标。

其次，海外权益保护是国际法律秩序维护与增进的结果。国际法律秩序处于不断的发展演进之中。当然，国际经济与政治作为国际法律秩序形成与推动的重要因素，会对国际法律秩序的稳定性、持续性带来积极或消极的效果，从而将使得国际法律秩序的发展呈现出某种程度的不确定性；在全球化时代，这种效果表现得更为明显。事实上，长期以来国家主权原则和不干涉内政原则作为国际法律秩序的重要基石，在全球化时代也不断遭受"人道主义干预""保护的责任"等国际观念的冲击，从而引发国家主权原则在当代国际法律秩序中的正当性地位以及不干涉内政原则的内涵逐渐因历史时期与社会情境等因素而受到修正的问题。与此同时，国民待遇原则和最惠国待遇原则作为现代国际法的重要原则，本质上是私人利益保护观念在国际法律秩序得以体现和获得尊重的结果。那么，对海外权益加以保护，不仅是国际法律秩序的内在要求，使国民待遇原则和最惠国待遇原则得以在国际法领域真正发挥效用；也有利于促进国际法律秩序更符合公平正义观念。早在19世纪，被誉为"现代国际私法之父"的萨维尼在构建其国际私法方法论上"哥白尼革命"的"法律关系本座说"理论时，就提出了"法律共同体"观念，主张整个国际社会构成一个"法律共同体"，各国法律体系无论是内国法还是外国法都是"法律共同体"中的组成部分，因而并不存在外国法的效力更低、外国法的适用是一种例外的情形，那么，"本座"所在地国的法律就是法律关系应适用的法律。虽然"法律共同体"观念在现代国际社会仍未完全获得尊重也未得到全面体现，不过给予各国当事人民事权益同等的尊重和保护却是现代国际法原则的一个基本内容，是现代国际法律秩序得以延续和发展的一个基础。

最后，海外权益保护是国际民商事关系正常发展的需要。国际民商事关系的顺利发展不仅是全球化发展的产物，是经济全球化推动社会发展和自由化的必然结果，也对推动全球化及其发展进程有着积极的意义。全球化促进了人员和资本的自由流动，从而引发了国际民商事关系的顺利发展。因而，国际民商事关系的正常发展很大程度上取决于国际社会的自由化，否则，绝对主权所导致的法律属地主义将可能构成一种非关税贸易壁垒，[1]导致人员、贸易和投资均受到不当的阻碍，进而严重损害国际民商事关系的顺利进行；与此同时，国际民商事关系的正常发展也与当事人的积极参与息息相关。缺失了当事人广泛与积极地参与，国际民商事关系的发展将会缺乏延续性。通常而言，当事人积极参与国际民商事关系有多方面的影响因素，诸如当事人逐利性的内在需求，比较优势理论就表明了人类逐利性的内在动力所导致人们利用相互间的优势不辞辛劳地进行贸易和投资而获得利益的现象，而法律的平等保护和有效的法律救济也会影响到当事人参与国际民商事关系的信心。事实上，当前国际社会的国际投资流向日益发达国家和一些法制良好国家的局面也表明了当事人的信心对国际民商事关系发展

---

〔1〕 Antonio F. Perez, "The International Recognition of Judgments: The Debate between Private and Public Law Solutions", Berkeley J. Int'l L., 2001 (19), pp. 44~51.

的重要意义。正是如此，对海外权益加以有效地保护，有利于保障当事人的正当权益，进而为他们参与国际民商事关系提供良好的基础。

第二节　海外权益保护中的私人利益与国家利益的关系问题

一、私人利益与国家利益

理论上说，私人利益和国家利益之间有着显著的不同，体现的是两种不同的观念形态和利益取向。区分私人利益和国家利益、并规定不同的保护手段和方法的观念似乎最早可上溯至古罗马法时代。著名古罗马法学家乌尔比安就以利益为标准提出了著名的公法私法划分理论，把涉及国家利益、以保护公共利益为目的的行为规则称为公法，而将涉及个人利益、以保护个人利益为目的的行为规则称为私法。公法和私法的划分观念获得了国际社会的普遍接受；当然，在形式上英美法国家并不强调公法和私法，这一定程度导致法学界通常认为公私法观念仅是大陆法国家的传统与实践，英美法国家并无公法和私法的划分。对此认识，有学者提出了不同的见解："公私法的划分是一个国家和地区分类的内部结构问题，一个国家或地区的法律不管其外在表现形式多么零乱，它的内部结构总是会分为有内在联系的不同部分，这种不同部分最基本的就是分为相互联系的两个群体：公法和私法。"[1]客观上说，公法主要是从制度上防止权力的滥用，更好地尊重和保护社会成员的权利和自

---

[1]　孙国华、杨思斌："公私法的划分与法的内在结构"，载《法制与社会发展》2004 年第 4 期，第 105 页。

由；私法则体现的是社会生活本身不受国家权力任意干涉的需要，体现社会关系参加者正当权利不受国家权力的不当甚至不法干涉。因而，虽然英美法国家缺乏公私法划分的实践与观念，但并不意味着英美法系国家就不存在公法和私法。"公私法的关系问题实质上是国家对社会主体的社会、经济、文化等生活干预的范围和方式问题，反映着政治国家和市民社会的关系，是法律发展的内在规律，是法的内部结构，从归根结底的意义上看，这种划分是不以人们的意志和立法者的愿望为转移的。"[1]

公法和私法的划分方式展现了不同性质法律所调整和保护的对象的不同；其中，公法涉及的是国家利益和社会公共利益，私法则规范的是私人利益，要求对当事人的正当权益和自由加以保护。当然，何谓私人利益和国家利益（以及社会公共利益）、两种利益的关系如何，早期的公法和私法较少有明确的界定。这种状况应该与其时法律关系较为简单以及法律制度价值目标单一却泾渭分明的状况有较大关系。不过，对于法律是对相冲突的利益进行调整，并对相冲突的利益加以平衡的观念，却得到了普遍的认可。赫克（Philip Heck）所创立的利益法学派认为，在立法问题上，法律规范中包含的原理是立法者为解决种种利益冲突而制定的，法律是冲突的人类利益合成和融合的产物。法律只表明某一社会集团的利益胜过另一集团的利益，或双方的利益都应服从第三个集团或整个社会的利益。立法者的使命是概括地表述作为原因的利益的记号。立法者必须保护利益，他要去平衡互相竞争的各种利益。在司法活动中，法官要作出正义的判决，绝不应像一台按照逻辑机械法则运行的法

---

〔1〕 孙国华、杨思斌："公私法的划分与法的内在结构"，载《法制与社会发展》2004 年第 4 期，第 104 页。

律自动售货机，也不应只是根据正义感进行判决，而必须弄清立法者通过某条特定的法律规则所要保护的利益，并找出优先的利益从而使各种利益得到合理的平衡。法官应给予被承认为在法律中占支配地位的权利以优先权。[1]利益法学要求立法和司法均需要对各种本质上存在竞争关系的利益加以平衡，并根据具体情形确定优先保护的利益以优先权；然而，无论是国家利益还是私人利益都并不具有内在的优先性。这种主张某种程度上是期望对功利主义法学所主张的个人利益优先观念加以调和。功利主义学者边沁曾经提出：法律一般的和最终的目的，不过是整个社会的最大利益而已，他不仅主张善即是一般幸福，而且主张每个人总是追求他所认为的幸福。所以，立法者的职责是在公共利益和私人利益之间进行调和。他提倡个人利益第一，虽然个人利益应与公共利益统一，但真实存在的还是个人利益。社会公共利益是许多私人利益的相加，增进个人利益，就增进了整个社会的利益。[2]

从公私法观念对私人利益和公共利益的认识来看，私人利益是与公共利益相对应的属于个人排他享有的权利与利益。有人从个人行为首要目的是实现自身利益的关系入手，提出私人利益是个人所排他占有的产品："所谓个人利益或私人利益，就是指在一定的社会关系中，单个人通过自己的活动——其中主要是生产性活动——所占有的、为其生存和发展所需的各种物质和精神的产品。这种个人利益或私人利益的基本特征是排他性，即个人对产品的占有，无论是简单的身体把握，还是作为所有权而被一定社会的法权关系所认定，都绝对地排斥了他人

---

〔1〕　转引自何勤华：《西方法学史》，中国政法大学出版社 1996 年版，第 225 页。

〔2〕　转引自付子堂："对利益问题的法律解释"，载《法学家》2001 年第 2 期，第 30 页。

对这些产品的占有。也就是说，这种利益是为特定个人所享有的，是属于个人的权利，反映的是一种非此即彼的社会关系。"〔1〕这种观点关注了私人利益的排他性特征，明确私人利益是个人对其利益的排他享有，从而与公共利益的共享性有明显的不同。此外，私人利益与私权也有一定的差异。按照通常的理解，私权是私人利益的实现方式和法律保障，而私人利益则是私权的目的和核心内容。没有特定的私人利益，私权既没有存在的社会基础，也无存在的必要性；而没有私权，特定私人利益就缺乏实现的现实可能性和法律保障性。私权的核心内容体现为私人利益。私权所包含的特定私人利益，在被私法规范确认过程中，需要私法规范予以选择和圈定。也就是说，并不是任何私人利益都能被无条件地、无选择地确定为私权，只有具有正当性基础和根据的私人利益，才能被私法规范确认为私权。〔2〕

　　相较于私人利益理解上的相对单一性而言，对国家利益的理解则显得复杂，并且国家利益还呈现出多层次与多样性的形态。一方面，国家利益可以包含作为民事主体的国家所享有的权利与利益，这种利益形态本质上应该归属于私人利益的层面。在早期社会，由于国家作为民事主体身份的情形并不常见也不受重视，而这与其时"普天之下莫非王土、率土之滨莫非王臣"思想直接相关，因而这种私权性质的国家利益显然不属于公法领域意义上的国家利益。另一方面，国家利益更明显地表现出作为主权者的国家所享有的共同利益。广义上的国家利益应当包含了作为民事主体的国家所享有的利益和作为主权者的国家

〔1〕　刘晓欣："'公共利益'与'私人利益'的概念之辨"，载《湖北社会科学》2011年第5期，第125页。

〔2〕　麻锐、李建华："私权概念的私法逻辑"，载《河南社会科学》2014年第9期，第34页。

所拥有的利益，不过，本书所指的国家利益属于后一层面。尽管如此，需要指出的是，这并不意味着本书认为国家利益仅具有单一性，相反，随着社会的细化和观念的多元性发展，国家利益被认为由兼具各种形式内涵的利益组成，私人性质的利益形态也能够纳入国家利益的范畴之内。

对于国家利益的理解，大致涉及两种方式。其一，从概念的定义来界定国家利益，例如，有学者从利益的性质本身层面来阐述国家利益："一般地讲，国家利益是指民族国家追求的主要好处、权利或受益点，反映这个国家全体国民及各种利益集团的需求与兴趣。"[1]还有学者从利益内容的物质与精神层面来定义国家利益："国家利益是一切满足民族国家全体人民物质与精神需要的东西，在物质上，是指国家需要安全与发展，在精神上，是指国家需要国际社会的尊重与承认。"[2]其二，依据内容的列举来划分国家利益，标准有三条，即优先性、特殊性和持久性。因而可以把国家利益区分出六种不同的利益：①生死攸关的利益，这种利益也称核心利益或战略利益，涉及的是国家的基本和长期的目标，诸如国家安全；②非重大利益，涉及的是国家需求的各个具体方面，国家可以对此进行谈判或作出妥协；③一般利益，涉及的是广泛的、全球性的利害关系，诸如维护地区和平、促进经济繁荣等；④特定利益，涉及的是国家明确界定的有限目标；⑤永久利益，涉及的是国家的不变目标，诸如保护领土边界；⑥可变利益，是指国家针对特殊的地理或政

---

〔1〕　王逸舟："国家利益再思考"，载《中国社会科学》2002 年第 2 期，第 161 页。

〔2〕　阎学通：《中国国家利益分析》，天津人民出版社 1997 年版，第 10~11 页。

治发展所作出的反应。[1]这种界定的方式认为主权国家的国家利益是分层的，从而体现出了国家利益不同的内容和国家利益不同的重要性。

二、海外权益保护中私人利益向国家利益的转化

如前所述，海外权益本质上是一种私人利益而非国家利益，因而，对海外权益的保护通常不应该成为国家的基本权责范围。正如有学者指出的："全球化所导致的国民跨境迁移不仅脱离了国籍国的治理范围，还削弱了国家与国民的关联性，使国家对国民的权责内容发生了变化。为此，境外国民权益并不必然构成国家的海外利益。只有国家认定为与国家需求大致一体的部分，才构成需要国家作出政策反应的海外利益。这也就解释了为什么传统国家常常将国民的跨境活动视为自负风险的行为，而不是国家利益的组成部分。"[2]应当认为，其他民事主体（包括企业和国家在内）海外利益的保护也面临相同的状况。就此看来，在海外权益的保护问题上，客观上存在一个私人利益向国家利益的转化问题，否则，纯粹个人意义的私人利益，很难获得国籍国的有效保护，国家通常不会运用国际法对私人利益实施保护。事实上，"国家海外利益首先是公民企业的法权性利益，其次才是国家基于保护责任而拟制的国家利益。只有在国民权益可以拟制成国家利益时，国家才有保护的动力。"[3]

---

〔1〕 Thomas Robinson, National Interests, in James N. Rosenau, ed., *International Politics and Foreign Policy: A Leader in Research and Theory*, New York: Free Press, 1969, pp. 184~185.

〔2〕 刘莲莲："国家海外利益保护机制论析"，载《世界经济与政治》2017年第10期，第137页。

〔3〕 刘莲莲："论国家海外利益保护机制的国际合法性：意义与路径"，载《太平洋学报》2018年第6期，第17页。

依据国家主权原则，国家享有对本国国家利益和本国人利益进行保护的权利，这种权利对于国家的生存和发展具有至关重要的价值，是保持国家对外独立性的重要基础。不过，与对本国国家利益保护权行使的义务性有明显不同，国家对本国人利益保护权的行使通常并不构成国家的一项义务。国家对本国人利益的保护被认为是国家享有的一项权利，是主权行使的一个内容。国家对其领土内的一切人和物以及领土外的本国人享有属地优越权和属人优越权，通常被认为是国家对内最高权的基本内容。当然，在"干预和国家主权国际委员会"（International Commission on Intervention and State Sovereignty）2001 年 12 月提交的报告《保护的责任》（the Responsibility to Protect）中，国家主权被认为不只是国家享有的一种权利，也是国家应当承担的义务。该报告提出，主权意味着责任，而作为责任的主权具有三重的意义：①意味着国家权力当局对保护国民的安全和生命以及增进其福利的工作负有责任；②表示国家政治当局对内向国民负责，并且通过联合国向国际社会负责；③意味着国家的代理人要对其行动负责。[1]但是，需要注意的是，国家这种"保护的责任"并不涉及一般意义的权益保护问题，而是针对大规模屠杀、强奸和免受饥饿等严重灾难。所以，对于一般意义上的私人利益保护并不是《保护的责任》报告中所涉需要加以保护的内容。因而，与对本国国家利益保护权行使的义务性不同，国家利益的保护对于国家的生存和发展具有至关重要的价值，而对本国人利益保护权的行使并不构成国家的一项义务而是国家享有的权利。事实上，传统国际法的实践表明，国家行

----

〔1〕《保护的责任》(2001 年 12 月)，中文本，第 9 页，see http://www.iciss.ca/pdf/commission-report.pdf，转引自杨泽伟：《主权论——国际法上的主权问题及其发展趋势研究》，北京大学出版社 2006 年版，第 255~256 页。

使外交保护权时是享有裁量权的，国家有权独立决定对本国人权利受外国侵犯时是否行使外交保护权，有权对权利或者赔偿数额作出相应的减少甚至予以放弃。

海外权益保护的这种状况，显然有一定的客观因素和国际背景。

第一，民事主体的跨境活动影响了国籍国对其权利保护的现实需要。在国际活动中，对本国人海外利益加以保护，是国家主权的基本要求和对外独立性的重要体现。反映在国家主权上，国家对其国民及其利益享有属人管辖权，无论其国民处于何国境内，国籍国均对其国民及其利益享有属人权利，使国家有权要求他国作出或停止某种行为。不过，当国民从事跨境活动时，国家对其国民的属人权利就会受到东道国属地权利的影响甚至限制。东道国的属地权利使得其可以对领域内的人和物行使权利，这构成国家主权的属地管辖权。虽然国际法并未明确规定属地管辖权和属人管辖权的优先顺序，然而，由于民事主体的行为对行为地具有更直接的效果，且东道国更能够对民事主体或财产采取措施，因而，东道国对其领域内的跨境主体和财产处于更优越的地位。相反，国籍国与其跨境活动的国民或财产的依存关系很大程度上来源于国民身份、利益关联或者文化传承等，在全球化时代人员自由流动的背景下，导致身份认同观念减弱，这种依存关系受到相当程度的削弱。而且，国籍国的保护权实施受到现实能力或资源等因素的影响，这也是导致大多数中小国家现实中极少实施保护权的基本原因。此外，国籍国的行为还会受到国际法中主权平等原则和不干涉内政原则的限制与约束，从而使国籍国的保护权行使遭受法理困境。基于以上原因，无论是从现实保护能力还是保护的法律依据方面，国家都难以对所有的权利行使保护权，尤其是难以合法有效地对私权性质的私人利益采取保护措施。在这种情况下，私人利益只有上升为国家利益，国家行使保护权才更有合理性基础，也更有采取保护行动的动力。

第二，民事主体的跨境活动影响了国家治权的能力范围，引发了国家属地管辖权和属人管辖权的分野与冲突问题。尽管国际法并未明确属地管辖权的优越性地位，不过，属地管辖权的优越性还是得到了国际法律制度一定程度的认可。《威斯特伐利亚和约》确立了以领土作为确定管辖权基础的原则，并在其后的国际条约和国际实践中，该原则得到了进一步的确认。"属地权利的合理性源自领土承载资源和居民的能力以及其强烈的稳定性和可分割性。领土的资源和居民承载能力决定了国家身份和利益是围绕着领土存在和发展的。其稳定、不易灭失的特征使居民的生活方式、法律文化可以随时间传承、累积，使国家身份和利益可以存续；其可分割性使得各国获得封闭互斥的治理范围，彼此的身份利益界限分明，不易引发认识上的混乱。"[1]相反，属人管辖权的行使很大程度上是基于国家利益（诸如来自投资收益、税收利益以及海外国民的向心力和凝聚力等）和文化传承等。因而，在权利的行使上需要适当地尊重东道国的属地管辖权。通常情况下，国家的属地管辖权和属人管辖权能够共存，不过，民事主体的跨境活动却使得国家的属地管辖权和属人管辖权发生冲突。两种管辖权均作用于民事主体的跨境活动，要求跨境活动应遵守东道国的属地管辖权和国籍国的属人管辖权。由于属地管辖权事实上的优越性，因而一般的观念认为，对一国海外权益保护的主要责任还是应该由东道国来承担或行使，而并非国籍国的当然权利。正因如此，私人

---

〔1〕 刘莲莲："国家海外利益保护机制论析"，载《世界经济与政治》2017 年第 10 期，第 134 页。

利益只有上升为国家利益，国籍国的保护才有更为坚实的基础。

　　毫无疑问的是，私人利益并不总是能够上升为国家利益而被国籍国不顾东道国属地管辖权的优越性加以保护。正如有学者指出的："只有统治者认识到境外国民权益对国家整体的重要性，才会将其视为国家利益并加以保护。"〔1〕对于私人利益向国家利益的转化问题，有学者曾在涉及外国判决承认与执行的"囚徒困境"问题的探讨中作出过相应的阐述。应当认为，这种论述虽然仅涉及外国判决承认与执行事项的问题，不过，其中所涉内容对于私人利益与国家利益的转化问题有一定的意义，因而具有相应的借鉴意义。

　　在温考普（Whincop）教授运用"囚徒困境"博弈模式来分析外国判决承认与执行问题时，〔2〕就有意识地区分了私人利益和国家利益，强调外国判决承认与执行通常仅涉及私人利益及其实现问题，而并不涉及国家利益问题。不过，在运用博弈理论开始分析时，温考普教授承认，各国在外国判决承认与执行问题上，将根据自己的利益行事。国家在选择"合作"（承认与执行外国判决）或"背弃"（不承认或执行外国判决）时，主要的考量是本国的利益。在对外国判决承认与执行时的主要报偿是公共利益的获得，可以增进国际社会的"集体福利"，其中涉及：①败诉方把财产转移到其他国家毫无意义，从而减少因这种财产无谓的转移而造成的社会资源浪费；②当事人将选择诉讼成本最低的国家法院，从而减少国际社会的交易成本。而对

---

〔1〕　[美] 亚历山大·温特：《国际政治的社会理论》，秦亚青译，上海人民出版社 2014 年版，第 228～238 页。

〔2〕　Michael Whincop, "The Recognition Scene: Game Theoretic Issues in the Recognition of Foreign Judgments", Melbourne U. L. Rev., 1999 (23), pp. 416～439.

外国判决选择不承认或执行时的主要利益可能涉及：①被请求国可能需要把位于本国的财产转移出去，从而花钱、耗时费力为他国利益提供帮助；②拒绝承认或执行，则当事人为了保证自己财产的安全，可能会把位于外国的财产转移到本国，从而为本国带来税收收入、资金来源等利益。因而，似乎在外国判决承认与执行领域存在着"囚徒困境"，各国的主导战略是选择"背弃"并同时期望其他国家选择"合作"。但是，温考普教授在进一步研究后，认为上述的利益分析是站不住脚的。在他看来，因为内国法院承认和执行外国判决不一定会造成对外国原告的"补贴"：内国法院就此所支出的费用，可从收取原告的诉讼费中得到补偿；此外，被告仅因担心败诉而将财产转移，这种情形也不可能经常发生。因此，内国拒绝承认和执行外国判决，也不可能会使本国成为外国人转移财产的天堂。既然如此，各国在拒绝承认和执行外国判决方面并没有多大的利益，那么，"背弃"也就不会成为各国的主导战略。

由此看来，温考普教授为了否定外国判决承认与执行中的"囚徒困境"，从而各国不应坚持"背弃"策略，而有意识地强调了外国判决承认与执行上私人利益和国家利益的分离，认为外国判决的承认与执行只关系到私人利益，而并不直接涉及国家利益。因而，在外国判决承认与执行问题上，各国的国家利益都不会因此受很大的影响：把位于本国的财产转移出去，法院可以从收取的诉讼费中获得补偿；拒绝对外国判决予以承认与执行，也不可能使本国成为外国财产的转移"天堂"，所得收获也不明显。对于温考普教授分析中所存在的缺漏，我国学者提出了不同的见解：在外国判决承认与执行上，一旦内国法院给予承认与执行，本国被执行者的财产就将转移给外国的申请者，从而造成了内国人受损、外国人得益的情形。那么，在这种情形下，国家利益和私人利益是难以被截然割裂的，私人利益必然要上升为国家利益，没有离开私人利益而存在的虚幻的国家利益，两者存在着一种"一荣俱荣，一损俱损"的关系。[1]此外，温考普教授对国家利益的理解，似乎仅涉及了主权国家的经济利益而未能全面涵盖其他利益内容，从而得出了较为片面的观点。

国家利益理论认为，国家利益主要是一个国际政治关系范畴的概念，是国际交往的一个最为基本的驱动因素，是国家对外政策行为的关键。与此同时，国家利益是一个有着复杂内容且不断发展演化的概念，是个人利益和社会公共利益矛盾发展的产物而且最终又将它们涵盖其中，是一个有着层次性划分的利益体系："主权国家的国家利益，一般来说，至少有三项基本内容：第一，确保自身的生存，包括保护其公民的生命和维护领土完整；第二，促进其人民的经济福利与幸福；第三，保持其政府体系的自决与民主。这些东西构成了国家的核心价值和最基本的对外政策目标。"[2]因而，从国家利益与个人利益、社会公共利益之间的关系角度来看，国家利益既与个人利益和社会公共利益有着明显的区别，也不是个人利益和社会利益简单相加的结果，但又必须把保护个人利益和社会公共利益作为国家利益的基本价值目标，并且赋予个人利益和社会公共利益以物质和精神需求方面的意义："国家利益是指一切满足民族国家全体人民物质与精神需要的东西，对于这种需要，在物质上，国家需要安全与发展，在精神上，国家需要国际社会的尊重与

---

〔1〕 徐崇利："承认与执行外国法院判决的博弈论分析"，载韩德培等主编：《中国国际私法与比较法年刊》（第6卷），法律出版社2003年版，第405~406页。

〔2〕 Frederic S. Pearson & J. M. Martin Rochester, International Relations, 4th edition, New York：McGraw-Hill, 1998, pp. 177~178.

承认。"[1]因而，国家利益既涉及政治稳定和军事安全，也涉及经济发展和社会进步；既包括主权国家自身的利益，也包括本国国民的利益。后来，国家利益理论逐渐运用在法律领域尤其是国际法领域，来分析国家从事法律行为背后的利益因素。尽管如此，在外国判决承认与执行领域，一般认为判决的承认与执行仅涉及当事人私人利益的实现问题，是当事人之间的财产从败诉方向胜诉方的转移问题，而基本上不涉及国家利益或社会公共利益的问题。某种程度上，这也是导致公共秩序保留原则在判决承认与执行领域较少适用的一个重要因素，因为作为国际私法的"安全阀"，公共秩序保留原则只有在国家利益或者重大的社会公共利益遭受损害时才能被予以适用。

但值得指出的是，外国判决的承认与执行并不仅仅涉及私人利益及其实现问题，也可能会引发国家利益问题，形成私人利益向国家利益的转化现象。首先，国家利益不仅包括国家政治利益和国家安全利益，也包括国家经济利益和社会发展需要，即"国家利益至少可以包括安全需求、经济需求、社会需求、文化需求和政治需求等等重大利益"。[2]所以，在外国判决的承认与执行上，本国境内的财产转移将对本国经济及其发展带来影响，显然会涉及国家利益的深层次问题。其次，国家利益不仅涉及国家自身生存和领土安全的需要，也涉及对本国国民私人利益的保护问题。因此，"国家利益和私人利益是难以被截然割裂的"，[3]完全脱离私人利益的国家利益显然只是一种空洞的

---

[1] 阎学通：《中国国家利益分析》，天津人民出版社1997年版，第10~11页。

[2] 王逸舟："国家利益再思考"，载《中国社会科学》2002年第2期，第160页。

[3] 徐崇利："承认与执行外国法院判决的博弈论分析"，载韩德培等主编：《中国国际私法与比较法年刊》（第6卷），法律出版社2003年版，第405页。

观念，应该是早期"王朝利益"的观念遗留。所谓"王朝利益"，是弗雷德·桑德曼引述查尔斯·比尔德研究成果而提出的国家利益概念演变中的一个概念，他认为国家利益概念经历了两个发展阶段，在第一阶段，国家利益涉及的是"王朝利益"，即每位君主都渴望维护并尽可能地扩大他的版图以及对土地和人民的统治。随着版图中越来越多的集团将自己的具体利益同君主的利益混为一体，王朝利益便让位给了"国家利益"这一概念。由于国家利益仍然保持着王朝利益统一的特征，还存留着强迫性的专制主义的因素，因此它仍然像"王公意志"那样至高无上和不可抗拒。[1]保护本国人利益，是国家利益的一种内在需求。最后，在国际私法领域，国家利益还涉及一国司法主权和司法权威的实现问题。作为国家主权的重要组成部分，司法主权要求其他国家对于一国管辖权给予适当的尊重。保护本国法院的司法管辖权，进而实现甚至对外扩张本国司法权威，是一国软实力发展和提升的需要，也是国家软实力向外投射进而吸引或诱使其他国家追随的重要展示方式和手段。

应当认为，不仅在外国判决承认与执行领域会涉及私人利益向国家利益的转化问题，在其他领域同样也会涉及此类的转化，从而使得表面上的私人利益发展为国家利益，引发国家利益的保护问题。究其原因，主要是因为在国家主权观念中，对本国国民及其权利进行保护是国家主权的内容，因而国家常常把私人性质的私人利益转化为国家利益加以保护。当然，私人利益向国家利益的转化，不仅存在客观的基础，诸如经济价值大、对国家的生存和发展有着一定意义等；而且还存在国家的主观意图，只有国家基于各种考量愿意把私人利益视为国家利

---

〔1〕 〔美〕威廉·奥尔森等编：《国际关系的理论与实践》，王沿等译，中国社会科学出版社 1987 年版，第 77～78 页。

益并加以保护，这种转化才有现实的价值和基础。事实上，很多私人利益受到非法侵害时，国家并不愿意采取保护性措施，而任由被侵权人通过私力方式或者国际民事诉讼或国际仲裁等途径予以救济，显然就反映出这样一种内在的倾向。毫无疑问，这也表明了海外权益保护中私人利益向国家利益的转化并不是常见的形态，毕竟，在国家主权仍被视为国家的一项基本权利，而非国家对国际社会或者本国国民的一种义务的情况下，国家无意也无法对所有的私人利益加以保护。

尽管如此，需要指出的是，私人利益并不意味着只有转化为国家利益，国家才能采取保护措施，而只是表明在海外权益的保护上，可能会导致私人利益向国家利益转化的现象，从而使这种保护上升到国际法的层面。这种状况也表明，在私人利益转化为国家利益的情形下，国家可以运用国际法允许的方式和手段来对本国国民的私人利益实施保护。不过，多数情况下私人利益并不会转化为国家利益，这使得这些私人利益的保护通常不是由国家运用国际法途径来进行，更多的情形是由民事主体通过私法的手段来实现对权利的救济。在这个过程中，国家通常并不明显地对私人利益进行保护。尽管如此，这也不意味着国家对私人利益的保护问题置之不理，而是可以通过其他途径加以实施，诸如制定保护私人利益的国际法律制度，如《华盛顿公约》设立的投资者与东道国投资争端仲裁制度。而运用国际私法机制对私人利益进行保护，则可以成为国家对私人利益加以保护的另一个合理且有效的手段。虽然主张国际主义和平等保护的国际私法并不会明确表明或宣告对本国国民的私人利益应加以特殊保护，国际私法机制却是经常性地被运用来间接地保护私人利益，这在当前国际投资环境和国际经济发展状况处于较为消极的情形下表现得尤为明显。

第三节　国家软硬实力与海外权益保护的责任问题

一、国家软硬实力

国家实力包括国家硬实力和国家软实力的观念目前在国际社会获得了较为一致的认识，从而转变了国际社会普遍只认可国家硬实力的普遍认识。对于国家软实力的观念，一般认为是约瑟夫·奈（Joseph S. Nye）最早系统提出并加以阐述的。在我国，国家软实力也经常被称为国家软力量、国家软权力等。

约瑟夫·奈提出，在国际政治中存在两种力量，一种是由军事力量和经济力量等有形的、能起到支配作用的力量组成的"硬实力"（hard power），依赖引诱（胡萝卜）或威胁（大棒）的途径来促使他人改变立场；还有一种间接使用力量的方法，这种力量——能让其他人做你想让他们做的事，就是"软实力"（soft power）。软实力的产生和发生效用，可能是因为别的国家想追随她，崇尚她的价值观，学习她的榜样，渴望达到她所达到的繁荣和开放程度，强调与人们合作而不是强迫人们服从其意志。这种不用实实在在的威胁或报酬就得到所想要的结果，也被称为"力量的第二层面"。[1] 与硬实力的表现和力量来源是有形的物质力量有明显不同，软实力则通常隐含在无形的能力之中。正如奈所指出的，国家的软实力主要来自于三种资源，即文化（在能对他国产生吸引力的地方起作用）、政治价值观（当它在海内外都能真正实践这些价值时）及外交政策（当政策被视为具有合法性及道德威信时）。对于软实力的衡量因素，奈

─────────

〔1〕〔美〕约瑟夫·奈：《软力量——世界政坛成功之道》，吴晓辉、钱程译，东方出版社2005年版，第5页。

提出了诸多的考察项目，认为对这些衡量项目的考察就大致能够判断一国软实力的状况。这些需要考察的项目主要涉及：政治制度、是否存在主权与领土争议、国内族群和谐、生活质量指数、大学世界排名、图书出版销售、发表科学及期刊文章、互联网主机数目、专利项目、研发支出、高科技出口、跨国品牌、诺贝尔奖得主、音乐销售、体育运动（明星）、电影电视出口量、公共外交、吸引外来游客、吸引海外留学生数量、吸引海外移民数量、吸引政治避难申请、海外发展援助以及是否拥有珍稀动物等。当然，值得注意的是，约瑟夫·奈所确立的这些衡量项目实际上并不是全面性的，也不是固定不变的，而且这些项目在软实力衡量中所占的比重也不具有确定性。

　　因而，按照奈的主张，一国的实力由硬实力和软实力两大部分构成，而软实力和硬实力的综合便构成该国的"巧实力"（Smart Power）。[1] 硬实力（Hard Power）通常是一国凭借其资源实力、经济实力、军事实力和科技实力等有形物质力量为基础的强制性、支配性能力而迫使其他国家服从的力量和权力；软实力则通常是统领硬实力并使其发挥特定功能的吸引力与同化力。约瑟夫·奈提出，软实力是通过吸引别人而不是强制他们来达到你想达到目的的能力，包括政治制度的吸引力、价值观的感召力、文化的感染力、外交的说服力、国际信誉以及国家领导人与国民形象的魅力等。[2] 约瑟夫·奈还补充认为，除了上述因素之外，国家的信誉、国家凝聚力、非政府组织以及在国际社会设定议题也是国家软实力的重要来源。[3] 因而，国

---

〔1〕　这种"巧实力"其实就是我国普遍使用的"综合国力"。

〔2〕　Joseph S. Nye, *The Paradox of American Power：Why the World's Only Superpower Can't Go It Alone*, New York：Oxford University Press, 2002, pp. 8～11.

〔3〕　Joseph S. Nye, *The Paradox of American Power：Why the World's Only Superpower Can't Go It Alone*, New York：Oxford University Press, 2002, pp. 8～9.

家软实力本质上是一种非物质力量，是一种具有内向吸引力、感染力以及外向辐射力的综合体，但又主要依赖被指向国家自愿的接受甚至同化来发挥作用并最终得以体现出来。

通常认为，与硬实力的有形物质性、外在强迫性或支配性不同，软实力的基本特质主要体现在内生性、内省性和内驱性。按照学者的理解，内生性是指软实力的生长来自于一个国家对自身核心价值的信仰和坚持，对政治制度的创新与完善，对文化理念的信心和发扬，对民族精神的光大和传播，并不依附于强大的硬实力而形成和提升；内省性是指软实力的价值基点奠定在既有力量的认知和反思之上，在于从不足和匮乏中拓展力量建设的内在空间而不是为了向外部世界显示力量；内驱性则是指软实力基于构成要素的互动整合而得到提升，提升软实力的动力来源于整体力量建设的要求，对外投射力的产生是客观的效应而非对于投射结果的有意识控制。[1]所以，软实力更注重内在的素质提升和精神动力，而不仅仅是外在力量的积累与展现，这也是一些经济实力和军事能力等并不绝对占优的国家在国际政治或者国际法律形成等领域上能够发挥重要影响的主要原因。

对于国家软实力在国际事务中的价值，奈这样指出，如果一个国家可以使其权力被其他国家视为合法，则她将遭受更少对其所期望的目标的抵制；如果其文化和意识形态有吸引力，其他国家将更愿意追随其后；如果该国能够建立与其社会相一致的国际规范，则她无须被迫改变；如果该国支持使得他国按照主导国家的预期采取行动或限制自身行为的制度，她可能无

---

[1] 刘杰："中国软力量建设的几个基本问题"，载上海社会科学院世界经济与政治研究院编：《国际体系与中国的软力量》，时事出版社2006年版，第103页。

须以高昂的代价运用强制性权力或硬权力。[1]软实力利用其吸引力和诱惑力吸引其他国家接受或尊重一国的利益，从而避免了强制或威胁手段所可能引发的对一国期望目标的反对与抵制；软实力还有助于一国制定有利于自身利益的国际制度和法律规则，形成国际法律体系，使国际社会遵守并维护国际体制，从而最终实现对本国利益的有效保护和期望目标的有效尊重。

对于国家软实力和硬实力二者的关系问题，约瑟夫·奈认为，硬实力和软实力相辅相成，因为它们都是以影响他人行为而达到自身目的的能力。它们之间的区别在于其行为的性质和资源的实质性存在的程度不同。支配力（改变他人行为的能力）依赖于通过强迫或引诱的方式发挥作用；吸纳力（左右他人愿望的能力）依赖于一国文化和价值的吸引力，或者依赖于通过操纵政治议程的选择，让别人感到自身的目标不切实际而放弃表达个人愿望的能力。在支配力和吸纳力两个极端之间，行为的种类涵盖了许多层面：从强迫到经济诱惑，到制订政治议程，最后到纯粹的吸引。软力量资源通常与吸纳力行为这一端相关联，而硬力量则与支配行为相关联。[2]在两种力量的互动关系上，约瑟夫·奈认为：一国经济和军事的衰落不仅使其丧失硬力量，也能使其丧失部分影响国际议程的能力，并丧失自身的部分吸引力……软力量并不依赖于硬力量……一些国家的政治影响力大于它们的军事和经济实力，这主要是因为它们在考虑国家利益时涵盖了一些具有吸引力的目标，诸如经济援助和维

---

〔1〕　[美] 约瑟夫·S. 奈：《硬权力与软权力》，门洪华译，北京大学出版社2005年版，第107页。

〔2〕　[美] 约瑟夫·奈：《软力量——世界政坛成功之道》，吴晓辉、钱程译，东方出版社2005年版，第7页。

和等。[1]毫无疑问，约瑟夫·奈的这种主张强调了软实力的价值，认为软实力在当前国际社会领域具有更为基础与有效的效用，是硬实力所难以企及的。当然，这种观念有着一定程度的合理性，显现出了软实力在现代国际社会所具有的特殊地位与价值，因而需要对国家软实力给予更大程度的提升和关注。不过，我国学者似乎仍更注重国家硬实力：虽然硬实力和软实力是相辅相成的，但软实力不可能离开硬实力基础单独发挥作用，硬实力还是第一位的，是软实力的基础，是软实力建设的前提条件。因为无论在任何时候，国家在处理具体国际事务时不是靠抽象的综合国力或者软实力，而是运用具体的实力要素，即国家在应对安全威胁时注意依赖军事实力，应对经济摩擦时注意仰仗经济实力，应对政治压力时注意依赖政治实力。[2]显然，这种主张强调了硬实力对软实力的主导作用，而软实力则属于硬实力的衍生物。

当然，我国也有学者遵从约瑟夫·奈的主张，从软实力的特殊性质视角来强调国家软实力在国家综合实力上的主导地位：人们一般会把软实力与硬实力视为相反而平行的东西，但其实它们的特点完全不同。软力量具有独特性：第一，主导性。软实力主导硬实力的发展方向和投送方向。第二，渗透性。软力量渗透于经济、政治、军事、社会、国际关系等领域。从这个意义上看，软力量是更高、更深、更广的力量。第三，隐蔽性。因为软实力是非物质姓的、抽象的，所以人们不易察觉，而是心甘情愿、潜移默化地受到影响。软实力的非强制性使它的作

---

〔1〕［美］约瑟夫·奈：《软力量——世界政坛成功之道》，吴晓辉、钱程译，东方出版社2005年版，第9页。

〔2〕王健君："软实力'升位'"，载《瞭望》2007年第11期。

用更加深远绵长。[1]还有学者认为：在全球化时代，提高硬实力，即促进经济发展、增加国家经济总量、提高人民生活水平、巩固国防力量，是增强综合国力的基本途径。但是，国家软实力变得更加重要，如国民的文化、教育、心理和身体素质，国家的科技水平，民族文化的优越性和先进性，国家的人才资源和战略人才的储备情况，政府的凝聚力，社会团结和稳定的程度，经济和社会发展的可持续性等。在全球化时代，要有效维护国家主权，增强国家实力，仅仅依靠经济和军事力量不够，还必须有政治、文化和道义力量。[2]

客观上说，作为当代综合实力的两大构成部分，国家硬实力和国家软实力都是不可或缺的，很难准确区分二者的价值与实际地位。而且，二者之间还存在相互依存或者相互转化的情形，从而使得硬实力与软实力之间并不存在绝对的界限。正如有学者指出的：军事实力在攻击他方时，是硬实力的展现，但在承担维和、救援、救灾等任务过程中，又可产生出明显的软实力效果。经济实力在进行制裁或进行威胁利诱时，是硬实力的表现，但在经济援助或抗击经济风险过程中，又能产生较大的软实力效应。[3]事实上，硬实力与软实力并非如此的泾渭分明，相反，"历史事实告诉我们：软实力必须靠硬实力做背后支撑，倘若没有硬实力，软实力就犹如建在沙滩上的房子一样没有了生存根基，不复存在是必然的结果。反过来说，硬实力也要靠

---

〔1〕 俞新天："软实力建设与中国对外战略"，载《国际问题研究》2008 年第 2 期。

〔2〕 俞可平："'中国模式'：经验与鉴戒"，载俞可平等主编：《中国模式与"北京共识"——超越"华盛顿共识"》，社会科学文献出版社 2006 年版，第 19 页。

〔3〕 刘相平："对'软实力'之再认识"，载《南京大学学报（哲学·人文科学·社会科学）》2010 年第 1 期。

软实力辅佐，没有软实力，硬实力的发展就会受到限制"。[1]

值得注意的是，在相当程度上，约瑟夫·奈提出"软实力"理论，主要是因为当今多数大国都发现，使用军事力量要比前几个世纪所付出的代价更大。核升级的危险，对弱小国家中被民族主义唤醒的人们进行统治的艰难，由于其他问题所造成的互惠关系破裂的危险，以及西方民主国家的公众对持久而耗资的军事冲突的反对均是造成这一现象的原因。[2]因为，就传统而言，作战能力往往是检验大国的标尺，而现在，权力的定义不再强调昔日极其突出的军事力量和征服。技术、教育和经济增长因素在国际权力中的作用越来越重要，而地理、人口和原材料则变得越来越不重要了。[3]在历经两次大规模的世界大战之后，单纯凭借国家硬实力以获得国际政治上的领导地位以及国家利益的有效增长的做法受到国际社会的普遍反思与质疑，并引发了中小国家的强烈反对与强力反抗；而20世纪50、60年代新兴国家的独立运动也对旧的国际秩序带来了巨大的冲击，从而促使新国际秩序得以逐渐形成。这种情形促使国际社会改变先前仅依赖国家硬实力以维护自身利益甚至谋求霸权的简单实践和片面观念，而迫切需要运用更为柔和且更具有诱惑力的国家软实力来引诱各国遵守所谓的普遍价值观和普世意识形态、遵从既定的国际法律制度和社会规则。除此之外，第二次世界大战后形成的《联合国宪章》对主权平等、禁止使用武力、不干涉内政等原则明确规定为国际法基本原则，使得和平与发展

---

〔1〕 项久雨："硬实力与软实力的关系之辨"，载《武汉大学学报（哲学社会科学版）》2010年第6期。

〔2〕 ［美］约瑟夫·奈：《美国定能领导世界吗》，何小东等译，军事译文出版社1992年版，第24页。

〔3〕 ［美］约瑟夫·S.奈：《硬权力与软权力》，门洪华译，北京大学出版社2005年版，第98~99页。

成了当代国际社会的根本目标，也使得传统的硬实力在国际政治领域的作用空间受到影响。毫无疑问，这些因素都一定程度上改变了国家硬实力在国际政治中的地位，并使更具诱惑力的国家软实力日益显现出积极的价值。鉴于此，作为国际政治中的超级大国，美国率先提出、积极提倡并充分运用国家软实力，以吸引并引诱国际社会遵从其价值观和因此形成的国际秩序，显然具有特殊的价值追求和深层意义。正是如此，对于约瑟夫·奈提出软实力的主要原因，我国学者揭示了其隐藏在表面形式之内的真正实质：约瑟夫·奈主要是针对国际关系提出软实力概念，具有强烈的"美国特色"，即对外谋求软性霸权。所以，他提出软权力论有着工具性，或者说实用主义的倾向。事实上，这一理论已被一些西方大国纳入自己的战略武器库，成为干预和控制别国的重要手段。[1]

二、国家软硬实力与海外权益的保护

（一）国家软硬实力是海外权益保护的重要基石

海外权益的保护问题是全球化发展的产物。全球化的进程促进了人员和资本的自由流动，从而可能引发国际民商事争议的广泛出现和频繁发生，进而导致海外权益的保护问题。当然，对于海外权益的保护，国家并不会经常性地通过主权权力予以解决。因为，一方面，并不是所有国家都期望通过国家的干预或运用主权权力来处理海外权益的保护问题，多数国家通常认为海外权益涉及的是私人性质的利益，因而主张由当事人通过私力救济诸如协商、谈判等方式或者诉诸诉讼途径去加以解决；另一方面，还存在国家是否有意愿和能力对其海外权益加以保

---

〔1〕 郭洁敏："当前我国软力量研究中若干难点问题及其思考"，载《社会科学》2009 年第 2 期。

护的问题。因而，对于国家来说，动用主权权力来对私人权益予以保护，不仅可能引发主权平等原则的尊重问题，还可能会涉及国家能力运用的有效性问题。后者相当程度上将涉及国家软硬实力的高低程度问题。

全球化带来了国际社会整体性的经济发展和社会进步，也导致了国家间发展程度的不均衡状态。而全球化的不均衡性又决定了海外利益保护的主要行为体往往是海外资产体量较大、综合国力较强的大国，而不是国家实力较弱的国家。

首先，国家实力更强的大国在国际经济活动中诸如对外贸易、对外投资等方面有着更为广泛的参与，从而导致海外资产体量更大。全球化在促进国际社会整体财富增长的同时，也相当程度上加速了社会财富的集中，进而导致大国与弱国在对外贸易和对外投资中所占比重的差距明显。据《世界投资报告2017》显示，2016 年全球对外投资流量为 14 500 亿美元，其中发达经济体对外投资流量为 10 439 亿美元，而发展中经济体对外投资流量仅为 3834 亿美元。其中，作为发展中经济体成员的中国对外投资流量达到了 1961.5 亿美元，中国占发展中经济体对外投资流量的 47.7%。这也从一个侧面反映了其他发展中国家在对外投资上的严重不足。

虽然总体上说仍属于发展中国家，而并非严格意义上的国家实力强大的大国，但是我国对外投资和对外贸易的发展状况还是一定程度上反映了各国在国际经济活动中的参与能力和深度的问题。因为即使是我国这样一个国家实力仍有相当大提升空间的发展中大国，也希望能够通过积极而广泛的参与来获得更多的发展机会。据商务部 2018 年发布的《中国对外贸易形势报告》（2018 年春季）显示，2017 年中国货物贸易进出口总额278 000 亿元人民币，比 2016 年增长 14.2%。其中，出口

153 300 亿元，增长 10.8%；进口 124 700 亿元，增长 18.7%。服务贸易进出口总额 46 991.1 亿元，其中出口 15 406.8 亿元，增长 10.6%，进口 31 584.3 亿元，增长 5.1%。另据商务部《2016 年度中国对外直接投资统计公报》显示，2016 年中国对外直接投资快速发展，达到 1961.5 亿美元，增长 34.7%，继续保持全球第二位，成为国际投资大国。而同期全球对外投资流量为 1.45 万亿美元，同比下降 8.9%。其中发达经济体对外投资流量为 10 439 亿美元，全球占比从 2015 年的 73.6%减少到 71.9%，发展中经济体对外投资流量 3834 亿美元，全球占比从 2015 年的 24.4%上升到 26.4%，而中国占发展中经济体对外投资流量的 47.7%，占全球对外投资流量的 12.6%。而且，2011 年以来，中国对外投资流量全球占比逐年递增，2011～2016 年全球整体占比分别为 4.8%、6.7%、8.2%、9.3%、9.9%和 12.6%。据《世界投资报告 2017》显示，截至 2016 年，全球对外直接投资存量 26.16 万亿美元，比 2015 年年末的 25 万亿美元上升了 4.5%。据《2016 年度中国对外直接投资统计公报》显示，2016 年末，中国对外投资存量为 13 573.9 亿美元，比 2015 年末的 10 979 亿美元上升了 23.6%，对外直接投资存量增加值占当年全球增加值的 23.2%。这些数据表明我国在国际经济活动中有积极参与的兴趣，并取得了良好的效果，在对外贸易与对外投资方面都有较大的增长。

值得注意的是，虽然我国仍属于一般意义的发展中国家，但与多数发展中国家有所不同的是，我国的经济总量是相当大的，因而使得我国有更多的资源和更大的能力广泛参与到国际经济活动之中并获得更多的经济利益和发展机会。所以，全球化在促进国际社会整体经济发展和社会进步的同时，也带来了对外贸易和对外投资等方面日益集中的状况。国家实力更强、经济总量更大的大国更能够利用对外贸易、对外投资来获得更多的收益。当然，与此同时，大国在海外利益的追求方面也有着更大的需求，并有更大的能力来实现这些目标追求。从当前国际社会的普遍状况看，这些大国在海外利益保护的需求上，不仅涉及海外国民的生命财产安全，还涉及对外贸易与投资利益的保障。更为重要的是，这些大国对海外利益的保护甚至还涉及有利的国际政治经济秩序和国际法律制度的制定与形成，而这些已经成为大国优先考虑的重大利益。毫无疑问，这种国际体系和国际制度所形成的海外利益的保护有利于大国经济利益的长期稳定与健康发展，并通过引诱国际社会的遵从而更有效地保护大国的海外利益。

相反，实力较弱的国家在海外利益的追求方面则普遍局限于本国国民的生命财产安全领域，其他方面则可能并不是国家需要优先考虑的利益。毕竟，对于这些弱国来说，对外经济活动不仅少而且通常都处于东道国的地位，从而使得这些国家既缺乏意愿和动机对价值较小的海外利益加以保护，甚至也没有足够的资源采取有效的保护。更为重要的是，作为国际资金和商品的流入地，经济和社会发展比较落后的弱国由于基础设施条件较差、政府管理不完善、社会安全性较低等不利因素的影响或限制，更易于引发对外直接投资和贸易的风险。此外，贸易与投资所引发的要素流动效果可能会改变东道国国内要素价格对比或变动，从而改变国内利益分配格局，引起东道国某些利益集团推动本国政府采用扭曲资源最优配置的恶性竞争或不公平竞争手段，来直接或间接损害跨国公司的经济利益和投资收益。除此之外，经济和社会发展相对落后的国家由于观念和法治状况的落后，更难以有效地对外国人合法权益给予保护。所以，尽管作为东道国的弱国承担着保护境内居民（本国和外国国民）合法权益的义务，以实现合法权益的有效保护、促进社会经济的进步和国际民商事交往的顺利，不过，对于一个国家而言，利益的保护存在实际性的轻重缓急，境内外国人的利益保护未必是其优先考虑的对象或者保护能力能够有效涵盖的实际范围。对于一个国家实力有限的弱国来说，东道国有限的保护资源可能需要作用于其他对东道国而言更具意义的领域，而难以用来对外国人的海外利益加以保护，否则可能会影响其更为重要的国家利益的有效保护。这却又使得国家实力强的大国需要对海外利益的保护给予更多的关注。

因而，虽然强国和弱国在全球化进程中都会不同程度地发挥作用，并一定程度上影响全球化的进程和方向，不过弱国由于综合国力较弱、海外资产体量较小、保护的手段和资源较少，因而在海外利益的保护方面积极性、紧迫性和效用性均相对较低。相反，强国不仅有更多的海外利益需要加以保护，也有更强大的保护能力。基于海外利益相当大的体量，大国还日益把海外利益的保护上升到国家战略的高度。强国与弱国之间的上述差异表明国家实力的不同将直接影响海外利益保护的积极性和有效性。

其次，更为重要的是，大国更愿意也能够通过建立有利的国际秩序和国际法律制度以保护国家利益和海外利益。不可否认，促进并保护对外贸易与投资，通过国际经济活动推动本国发展，是不可逆转的全球化时代越来越多国家努力追求的海外利益。不过，力图塑造对本国有利的国际制度、国际体系并谋求主导权，甚至追求在更大范围内的国际社会领导地位，从而更合法也更有效地对海外利益加以保护，则通常是只有综合国力强的大国才愿意并能够竞逐的海外利益。因而，在国际秩序和国际法律制度这些利益追求上的差异，实际上反映出强国与弱国对自身利益、国际地位的认识等方面的不同，其根源在于国家实力，以及因此形成的国际化程度和对国际事务参与深度和广度的差别。

建立和塑造有利的国际政治经济秩序和国际法律制度，是对海外利益加以保护更为有利也更具合法性的方式。确定性的国际规则体系使得国际社会遵从既定的规则和秩序，必须在限定的规则体系中进行国际政治经济活动。毫无疑问，这种规则体系虽然约束甚至束缚了各国在国际活动中的自由度和灵活性，但也为国际活动提供了可预见性。当然，值得注意的是，在国际秩序和国际法律制度的设定中能够发挥积极甚至领导作用的通常只能是国家实力尤其是国家软实力更强的大国。这些大国更能发挥重要的作用，有着更为重要的地位，而国家实力较弱的国家则更多体现出一种遵从和随附的地位。

在国际规则体系的形成上，通常来说谈判议题的选择确定具有首要的价值。因为，议题的选择确定不仅将享有某种程度上的程序优越性，谈判议题的主导国可能会直接影响到具体谈判规则的内容、方式甚至参与议题谈判的具体国家，而且可能对条约谈判内容享有实质的优越性，可以一定程度上有意识地引导谈判各国对某些议题进行优先考虑、而对某些不利的问题则有意忽略甚至根本不列入议题谈判的进程之中，这就可能使得最后形成的国际条约无论在内容的设计还是具体条文的规范上都对主导国更为有利。《与贸易有关的知识产权协定》（TRIPS）就是一个典型例子。西方发达国家利用其在世界贸易组织（WTO）的优势，把本质上并不属于贸易领域的知识产权问题作为谈判议题纳入到 WTO 谈判之中，并最终通过"一揽子协议"的方式在乌拉圭回合中形成了对广大发展中国家极为不利的TRIPS 协议。然而，议题的选择确定通常显然并不属于多数国家能力范围内的事项，相反，很大程度上取决于一国的实力、前瞻能力以及引导和劝诱的能力与水平。按照约瑟夫·奈的主张，除了文化、政治价值观和外交政策这些来源之外，"设定议题"也是国家软实力的重要来源之一。[1]一个国家在文化、政治价值观和外交政策上的优越地位，将提升它在国际社会的话语权，以及对外的吸引力和同化力，而这又进一步会使它在国际事务中所设定的议题获得更多的接受与认可。相反，软实力弱的国家不仅难以在国际事务中享有话语权，"当今世界只有'关于'弱势文化的话语，但并没有'弱势文化'的话语"，[2]也经常会因为能力的不足而无法积极、主动地设定议题。而即使设定议题，能否对其他国家产生吸引力和影响力，进而获得其他国家的认可，显然也是相当困难的。更为不利的是，这种失败所产生的挫折感将会进一步影响到它提出议题的动力，从而又阻碍它在能力培养和训练上的经验构成。

在某种程度上，国家硬实力的高低是影响各国参与国际事务广度的重要因素。对于绝大多数发展中国家而言，他们很难有能力与实力广泛参与各个会议的谈判与磋商活动。多数发展中国家受经济发展水平、教育水平和人才储备等因素的制约，常常无法派出足够而且具有相关知识的代表参与国际规则体系的谈判决策程序。而且，在国际规则体系的制定过程中，经常形成多个议题重叠进行的情况，这进一步削弱了广大发展中国家的参与能力，这些国家显然无法有效地参与其中。据相关研究发现，"65 个发展中国家在日内瓦有代表团，26 个国家通过

---

〔1〕　See Joseph S. Nye, *The Paradox of American Power：Why the World's Only Superpower Can't Go It Alone*, New York：Oxford University Press, 2002, p. 9.

〔2〕　［英］汤林森：《文化帝国主义》，冯建三译，上海人民出版社 1999 年版，第 34 页。

其在欧洲的其他代表团或使馆人员参与 WTO 的相关讨论、谈判和磋商会议。以 2000 年为例，研究发现，24 个国家在日内瓦没有常设的代表。这些国家不能反对那些所谓发生在 WTO 各机构的日常活动中所达成的共识。即使对那些在日内瓦有常驻代表的国家来说，他们的代表团也很小。发达国家代表团的平均人数是 7.38 个，发展中国家代表团的平均人数是 3.51 个。这个平均数据掩盖了在发展中国家代表团之间实际大小重要的差别，如孟加拉国 1 个，印度 6 个。这对于像 WTO 每年要处理 1200 件事情的国际组织来说是一个很重要的问题，并且会议经常重叠。许多发展中国家发现很难参加 WTO 的会议，尤其是如果他们以同样的小代表团参与所有位于日内瓦的其他国际组织。发达国家和发展中国家代表团人数的差距明显对后者不利"。[1]发展中国家代表团人数不足显然将影响到其参与 WTO 决策程序的能力，在 WTO 会议重叠进行的情况下，他们显然缺乏"分身术"，只能选择一些对其而言相对重要的会议。而且，这些国家代表在谈判能力、知识水平、教育程度、文化差异上的不足，更是严重影响其有效参与能力。另外，一些发达国家也在条约缔结实践中有意识地运用这种参与能力的差异，来形成一些对其有利的法律文件。

而国家软实力的水平则将直接影响各国参与国际事务的深度。事实上，发展中国家软实力的内在缺陷使得他们只能经常处于被动参与的地位，被动接受发达国家提出的谈判议题，也经常需要面对由少数国家（主要是发达国家）代表参与并作出

---

〔1〕 Amrita Narlikar, WTO Decision - Making and Developing Countries, http://www. southcentre. org/index. php? option = com_ conten&task = view&id = 367&Itemid = 67, 转引自余锋：《WTO 决策法律制度研究——民主的视角》，华东师范大学出版社 2010 年版，第 40~41 页。

的决议进行表决的不利局面。如一位驻 WTO 日内瓦总部的发展
中国家代表就曾如此表示："在新加坡部长会议上，很明显，一
些（发达国家）代表秘密开会，并在没有其他代表参与甚至其
他代表不知道他们在哪里开会的情况起草了部长宣言。"[1]以国
家软实力为基础的国家谈判能力和谈判水平的高低是影响国际
法律制度形成的一个重要因素。在现代国际社会，主权平等原
则已经获得了完全的肯定。由此而来的是，各国均平等地享有
参与国际会议的权利并平等地享有表决权，从而使国际条约呈
现出各国"共同意志"的显著特征。尽管如此，被隐藏的真相
却是，由于国家软实力的差距，国际法律制度形成中必需的约
文谈判程序将会因为各国谈判能力与水平的差距而有不同的结
果，并导致最终的国际法律制度更有利于实力强的国家。在约
文的谈判过程中，各国谈判能力和水平的高低就现实地在其中
发挥作用。具有更强谈判能力、更高谈判水平的国家可以在约
文的谈判中更经常地通过娴熟的技巧来灵活运用游戏规则，引
导、暗示甚至劝诱其他国家接受它们提出的方案和要求。发达
国家丰富的条约谈判经验不仅使其在表现上更显成熟和"胸有
成竹"，也更有能力应对各种突发甚至不利的状况。与此相反，
广大发展中国家则基本上缺乏这样的经验和即时应对能力。而
且，发达国家所拥有的强大话语权使得它们能够掌握权力，"话
语与权力不可分，真正的权力是通过'话语'来实现的。'话
语'不仅是施展权力的工具，还是掌握权力的关键"。[2]从而
一定程度上使它们能够通过舆论引导的力量来改变其他国家的

---

[1]　Aileen Kwa, Power Politics in the WTO: Developming Countries' Perspectives on Decision-Making Process in Trade Negotiations, p. 5. Available at http://focusweb. org/publications/2002/power%20politics_ final. pdf, 2018-11-5.

[2]　王治河：《福柯》，湖南教育出版社 1999 年版，第 160 页。

价值偏好甚至利益取向。此外，一个相关因素也不可忽视，即相当一部分参与国际条约谈判的各国代表都接受过某种程度的西方教育。这种受教育因素以及因此可能受影响的价值观都可能成为西方国家软实力发挥现实作用的潜在性条件，进而在约文的谈判中接受它们的主张甚至"游戏规则"。

应当承认，在此基础上形成的国际法律规范，很明显是实力强国家"意志"的体现、是西方价值观的体现。"国际法原则与规则是西方文明的产物，打上了欧洲中心主义、基督教意识形态以及'自由市场'观念的烙印。"〔1〕直到如今，这种状况仍未根本改变："现代国际法虽不再以纯欧洲文化之语境来理解，但作为一种秩序化机制的国际法理念仍然从主流文化中获取范畴，并没有脱离其继续控制话语权的文化语境。像维多利亚时代一样，当代国际法的辨术仍然得到主流文化（即西方文化）的支持。"〔2〕综合实力更强大的西方发达国家普遍利用自身的硬实力与软实力构建符合其需要的国际法律体系和国际秩序，以促使整个国际社会在既定的"游戏规则"中进行活动，从而既使国际秩序得到了维护，又增强了国际经济活动的可预见性，这些对于他们海外权益的保护都有着积极的意义。

因而，国际社会的一般实践表明，国家硬实力和软实力对于国家在海外权益的保护方面都起着基础性的作用。缺乏坚实的国家硬实力基础，不仅海外权益仅具有零散性的情形，国家也缺失保护的意愿和保护的实际能力，从而很难采取有效的保护。而缺乏较强的国家软实力，则国家难以在国际秩序和国际

---

〔1〕 ［意］安东尼奥·卡塞斯：《国际法》，蔡从燕等译，法律出版社 2009 年版，第 41 页。

〔2〕 A. Riles, "Aspiration and Control: International Legal Rhetoric and the Essentialization of Culture", Harv. L. R., 1993 (106), p. 738.

法律制度的形成上有强大的话语权，最终形成的国际法律制度也很难体现其意志和期望。相反，国家实力强大的大国则有无论是数量还是价值都显得庞大的海外利益需要加以有效的保护，从而有强烈的保护意愿，也有强大的硬实力采取相应的保护措施，甚至能够利用自身的软实力促使国际社会形成对其有利的国际体系和国际法律制度，从而更有效地保护其海外利益。

（二）海外权益保护是国家软硬实力提升后的必然结果

全球化进程促进了国际社会相互联系的密切状况，带来了整个国际社会的经济进步和社会发展。与此同时，也引发了海外风险和损害，从而带来海外权益保护的问题。应当认为，全球化所引发的人员和资本的自由流动、对外贸易与对外投资的快速增长对于国际社会的经济发展和社会进步意义重大，也凸显了海外权益对一国的重要性，否则将严重损害国际民商事关系的正常进行。当然，无论是人员的往来还是对外贸易或对外投资，都无法绝对地避免风险的发生。

整体而言，对于当前参与国际民商事交往的当事人来说，当前对外往来面临的风险可以大致区分为商业风险和非商业风险两大类。商业风险一般分为两类：其一是因贸易、投资交易的一方或关联方原因而导致的风险，如信用风险、违约风险、侵权风险等；其二是由于经营环境、经营决策的变化以及市场变动而导致的相关损失，其中涉及不可抗力因素所形成的自然风险以及市场及建设运营等因素而导致的违约风险、侵权风险等。一般来说，虽然商业风险存在难以预测性和不确定性的特点，但是相关主体能够采取相对有效的事前防范和事后救济的措施。

非商业风险主要是指政治风险、国家风险以及法律风险。此外，还涉及人员安全风险，诸如因为东道国的历史问题、民族矛盾、宗教冲突、恐怖主义威胁等而导致的投资者及员工的人身安全危险。政治风险主要涉及诸如传统的战争、动乱、恐怖袭击等风险，以及因政府信用、政府决策或审批、因政治或公众的原因而导致的政府干预，政府更迭等因素导致的政治不可抗事件等风险。例如，因为民众对缅甸军人政府长期执政的不满而导致中国在缅甸密松水电站项目的投资失败，是基于公众原因而引发政府干预的政治风险；因为斯里兰卡政府换届而导致的中国对斯里兰卡科隆坡港口城项目的投资波折，是政府更迭导致的政治风险；2011 年华为收购美国 3Leaf，美国政府认为华为收购 3Leaf 会对国家安全构成威胁而加以阻碍，涉及政府决策所导致的政治风险；而 2010 年中石油收购叙利亚油气开发公司 35% 股权之后，因叙利亚内战爆发而导致国内局势极为动荡，从而使得中石油被迫撤离叙利亚而遭遇政治风险，则是由于国内政局动乱导致的政治风险。这些事例均显示政治风险不仅具有相当的不确定性和难以预测性，从而使企业无法绝对有效地预防和提前防范。而且这些政治风险可能涉及各个国家，不但可能是政治关系、经济关系相对一般的国家，也可能涉及关系密切的友好国家。而这些国家可能是发展中国家或经济转型国家，也可能涉及经济进步、法治建设良好的发达国家，如 2009 年西色国际收购美国优金矿业公司（Firstgold）遭到美国外资投资委员会（CFIUS）的阻碍而失利。国家风险，主要涉及诸如东道国政府对外国人员进入实施控制、对外国贸易实行各种形式的贸易壁垒、对外国投资采取征收和国有化而导致的风险。如中国平安保险公司诉比利时政府案中，中国平安保险公司通过购买富通集团的股份成为其最大股东。由于 2008 年全球金融危机使富通集团陷入危机，比利时政府对富通集团进行强制拆分，购买了富通集团下属的盈利能力最强的富通比利时银行的

股份，并将该银行 75% 股份出售给法国巴黎银行。比利时政府
购买富通比利时银行的出价低于市场价，而转卖时获利的 16 亿
欧元也没有向富通集团的所有股东公平分配，仅对欧盟个人股
东予以了补偿，对机构股东和非欧盟股东均不予补偿，从而使
我国平安保险公司未能获得任何补偿。毫无疑问，比利时政府
的这种间接征收行为严重损害了我国对外投资者的正当利益。
法律风险主要涉及东道国法律监管体系不完善、法律变更甚至
随意变动，如有关环境法或劳工法等相关法律的针对性修改、
税法的调整，以及合同风险。值得注意的是，商业风险与非商
业风险并非绝对独立且相互隔绝。事实上，上述风险常常以合
法性的法律风险形式表现出来，不仅政治风险和商业风险经常
与法律风险相互纠缠，东道国政府经常以法律风险的方式来阻
碍甚至不当干涉外国贸易与外国投资，而且投资企业经营损失
风险也往往以法律风险的形式表现出来。例如，因为墨西哥国
内政治势力的角逐而导致中国投资墨西哥坎昆龙城项目的失败，
这自然是对外投资所遭遇的政治风险，但是，墨西哥政府却以
环境评价因素等法律问题为由赋予了表面上的合法性。东道国
这种不当转换政治风险的实践，实际上使得对外投资所面临的
风险最终难以获得有效的救济、纠正或赔偿。

　　毫无疑问，这些风险的客观存在以及不确定性，使得对外
贸易与对外投资将遭遇难以预料的消极后果。那么，国籍国作
为人员和资本的输出国，对海外权益的保护需求显然是国家追
逐利益的自然结果，也是增强国家与其海外国民联系、保障海
外国民身份认同的积极措施。社会学理论显示，人的价值观会
被环境塑造与改变。那么，国民的跨境迁移和对外活动削弱了
国民与其国家间的关联度，长期居住在境外工作或生活的国民
可能会降低对国籍国的身份认同，并可能在跨境的交往中逐渐

形成世界主义和"全球公民社会"的观念,〔1〕从而使得国民与其国籍的依存度减弱,对国籍和身份的认同削减。所以,对海外权益加以保护,对于国籍国而言显然具有现实的意义。

当然,需要指出的是,虽然各国都不同程度地存在保护海外权益的现实需求,不过海外权益的保护问题很大程度上是国家实力提升后的结果。一方面,海外权益的保护相当程度上需要上升到国家战略的高度,才能产生真正的效应并获得有效的保护效果。正如外国学者所指出的:"海外利益需要统治者的认知。只有统治者认识到境外国民权益对国家整体的重要性,才会视其为国家利益并加以保护。"〔2〕事实上,国家常常出于自身利益的考虑而将对海外利益的保护视为国家生存与发展至关重要的国家利益。如美国传统基金会会长佛纳(Edwin J. Feulner)就曾经提出了这样的主张,要求把对美国海外利益的保护作为国家生死攸关的重大利益。他提出要将保卫美国国家安全、避免其他强国威胁美国存在有重大战略利益的地区、坚持自由贸易体系、保护本国公民的安全和利益不受恐怖主义和其他国际犯罪活动之扰、保证对海外资源的自由获取列为对美国而言最为重要的"生死攸关的"(Vital)利益。〔3〕毕竟,对于私人性质的海外权益,国家通常不会给予过多的关注并采取保护的措施,而会要求当事人通过私法救济的方式与途径加以解决。那么,对于国家实力欠缺的国家,海外利益存在普遍的不足,而且也缺乏有效的保护能力与手段,因而难以把海外权益的保护

---

〔1〕 [英] 拉尔夫·达仁道夫:《现代社会冲突——自由政治随感》,林荣远译,中国社会科学出版社 2000 年版,第 246 页。

〔2〕 [美] 亚历山大·温特:《国际政治的社会理论》,秦亚青译,北京大学出版社 2005 年版,第 228~238 页。

〔3〕 转引自汪段泳:"海外利益实现与保护的国家差异——一项文献综述",载《国际观察》2009 年第 2 期。

上升到国家战略的高度。另一方面，缺乏有效的保护能力和保护手段，海外权益的保护可能只是空中楼阁。对于国籍国而言，海外权益的保护不仅需要有保护的意愿，更需要有效地保护能力与手段，才能起到真正的保护作用。那么，只有在具备了一定的国家实力之后，国家才可能会真正把海外权益的保护提上议事日程，进而提升到国家战略的层面。

国家硬实力的提升，增强了国家在海外权益保护上的经济、政治乃至军事基础，使得国家有充足的现实资源对海外权益加以保护。而且，随着国家硬实力的增长，也使更多的海外权益迫切需要国家予以关注和加以保护。正如有学者对当前我国海外权益保护急剧扩张主要因素所做的分析："1. 贸易顺差和资本输入使中国的外汇储备居世界之首，使中国掌握了对外购买资产和资源的巨大资本。2. 进出口贸易大规模扩张使中国在海外拥有具备合约法律效力的巨大商品市场和原料基地。3. 外国跨国公司的直接投资使中国制造业直接被纳入国际分工序列。4. 近年对外投资的迅速增长使中国在海外拥有的企业股份和合同项目显著增多，这些直接权益对于中国的海外资产增值和国内利税增长关系重大。5. 出入境限制的放宽，使中国公民因公务、商务、探亲、求学、旅游、移民而出境短期或长期居留的人次急速增长，海外中国人的人身和财产利益已经遍布全世界。"〔1〕这表明随着我国硬实力的发展，我国海外权益也随之迅速增长。因而，国家硬实力的提升，海外权益的保护问题就现实地呈现在国家的面前，从而为国家经济的继续稳定发展、国际民商事关系的持续顺利进行提供坚实的基础。

而国家软实力的提升，则增长了海外权益保护上的制度能

---

〔1〕　陈伟恕："中国海外利益研究的总体视野——一种以实践为主的研究纲要"，载《国际观察》2009 年第 2 期。

力，从而为海外权益的保护提供确定的体系，增进对外活动的可预见性。某种程度上，维护和发展一国的海外权益，既是国家增强自身实力和提高国际影响力的必要途径，又是提高相关国家相互依赖程度的相应基础。客观上看，改革开放极大地促进了我国国家硬实力的增长，我国的经济总量、军事实力等都获得了巨大的提升。不过，我国的软实力并未获得同步提升，尤其是在国际制度和国际法律规范形成上的能力有待提升。不可否认，中国在国际法律规范制定会议（以下简称为"国际立法会议"）的参与能力上并不存在像一般发展中国家那样的困难。相反，无论是财力，还是参与人员的人数、素质和能力等各方面都有了充分的保障，从而保证了相当广泛的参与度。尽管如此，需要看到的是，中国在国际立法会议参与的深度方面却并不显著，基本上仍处于被动参与的局面，而鲜有主动建构的情况。

第一，在议题的选择确定方面，中国在整个国际社会领域的作用仍不明显，虽然在一些区域性如东南亚国家间、泛太平洋国家间组织中经常会有提出议题的机会和能力。毋庸讳言，中国的这种状况显然与中国软实力的不足直接相关。在文化要素方面，中国传统儒家文化的内敛性质一定程度上影响了中国文化的对外影响力，进而影响了中国在国际社会话语权体系中的建构能力。

第二，谈判能力与技巧有待提高。谈判能力和技巧一直都是发展中国家在国际法律过程中的短板，而这显然也与它们在国际话语权体系建构、游戏规则确定中的地位息息相关。受制于传统文化的内敛性、文字语言国际社会可接受程度的局限性等因素的影响，中国在国际立法会议上难以起到融合与引领的作用。而融合各国观念、引领谈判方向是国际条约缔结过程中重要的能力展示。因而，在国际法律过程中简单的参与确实不会使中国遭遇复杂、疑难甚至严重冲突的局面和状况，但同时也使中国丧失了妥善处理这些复杂局面的经验形成，从而不利于中国在国际法律过程中的谈判能力与技巧的形成。而如果参与谈判的人员未能或者不注意及时总结并与其他成员交流经验，则会使谈判能力方面的缺陷更为明显。

第三，中国身份认同的困境。作为一个"发展中大国"，中国始终强调发展中国家的身份，并在国际事务中坚持发展中国家的立场，对损害广大发展中国家利益的行为与主张提出批评、进行抗争。但是，随着中国经济快速发展，及所带来的政治、军事地位等方面的迅速提升，中国"发展中国家"的身份正遭遇着困扰，无论是发达国家还是发展中国家都对中国的"发展中国家"身份多有怀疑。由此带来的后果是，不仅由于利益的非相合性招致其他发展中国家的质疑，也遭受着代表现有利益集团的发达国家有意识的抹黑与分化。所以，在国际事务中，中国将既可能失去广大发展中国家强大的传统支持力，又不能借力发达国家。毫无疑问，中国的身份困境使得中国在国际法律过程中不仅可能影响我国议题提起的能力，也可能逐渐损害我国在国际法律形成过程中的吸引力。

应当认为，中国软实力的情形具有一定独特性，但也一定意义上代表着国家软实力尚显不足的广大发展中国家的一般状况。而这也使得由此形成的国际法律规范仍然体现的主要是既有利益集团——发达国家的利益和需要。那么，随着广大发展中国家软实力的不断提升，国际法律制度乃至国际制度将日益体现发展中国家的利益需要。到了那时，广大发展中国家对其海外权益加以保护的需要也将日益呈现。

第二章

国际私法对海外权益保护的作用机理

　　虽然海外权益的平等保护问题某种程度上是国际私法得以形成的现实基础，在此基础上要求平等对待外国法和内国法，从而使得外国法的适用成为可能。但是，立基于普遍主义和平等观念之上的国际私法并不把海外权益的保护视为一个基本的问题，尤其是不绝对关注一国意义上的海外权益保护问题。正如有学者指出的：在法律选择法（即国际私法或冲突法——笔者注）诞生的巴托鲁斯时代，是以普遍主义作为内在精神的，其形式是各法域共同的法律。他在法则区别的基础上，提出"人法"应是属人性的，而且属人性应是各法域人法的普遍特性。因此，各法域应相互承认其他法域某些法则的域外效力，内域法可在外法域被适用，外域法也可在内法域得到适用，内域法和外域法在调整法律冲突时应被平等适用。巴托鲁斯试图将建立在这些观点之上的法律选择规则发展成一种超法域的普遍适用原则。[1]事实上，从巴托鲁斯、杜摩兰，到萨维尼、孟西尼，虽然各自从不同角度来构建法律适用原则，但都表达了

---

　　〔1〕 沈涓：《冲突法及其价值导向》，中国政法大学出版社 2002 年版，第 77、91 页。

类似的思想，即认为法律适用规则应体现普遍主义精神。萨维尼构建的"法律关系本座说"更是建立在所谓的"法律共同体"基础之上。而且，在我国学者看来，法律共同体显然是传统国际私法形成的基石："西方国际私法之所以能够产生并获得发展，就是因为西方在这两个极端之间维持了一种均衡：一方面是多元法律体系的并存，另一方面是在多元法律体系之上存在着一个法律共同体。"[1]那么，以普遍主义和平等思想为基础的传统国际私法显然不会把海外权益的特殊保护问题作为首要的任务，相反，却把关注点放在了因海外权益保护所因此引发的法律冲突问题之上，以寻找合适国家的法律来合理地解决法律冲突的问题。事实上，从巴托鲁斯"法则区别说"开始的传统国际私法一直注重立法管辖权的分配以及法律适用结果的一致性和可预见性，这种观念直到萨维尼都没有根本性改变。当然，萨维尼改变了先前法则区别说从法则本身性质出发来解决法律适用问题的观念，而通过寻找法律关系的本座来场所化应适用的国家法律，利用连结点把特定法律关系和特定国家法律联系起来，从而使得应适用的法律与所欲调整的法律关系之间体现出内在的关联性，进而实现法律关系的判决结果无论在哪个国家提起均能获得一致性和可预见性的期望。

　　尽管如此，传统国际私法立法管辖权分配规则只关注法律关系与场所化国家法律的关系，而并不关注甚至忽视所指定应适用国家法律的实体内容及其判决结果公平合理性的实践，其本质追求的是一种形式正义，目的就是通过寻找一个最适当的国家以获得可以适用的法律，至于这种法律内容以及法律适用结果的合理性问题就在所不问。传统国际私法仅追求形式正义

---

〔1〕　宋晓：《当代国际私法的实体取向》，武汉大学出版社2004年版，第6页。

的观念在现代社会的不断发展进步中日益呈现出合理性不足的内在缺陷，在实践中也经常会引发挑选法院和法律规避等消极现象，因而不断遭受着法律现实主义的批判。正是如此，实质正义的追求也逐渐成为国际私法的目标，要求法律适用不只是为了寻找适当国家法律以解决争议，并且最终达致一个判决结果的一致性与可预见性，而应当注重法律适用结果的公平公正。毫无疑问，这种观念的转变体现了国际私法从形式正义向实质正义的转化。当然，需要指出的是，国际私法以形式正义向实质正义的转化并不意味着实质正义对形式正义的取代，正如我国学者指出的："国际私法冲突正义和实质正义本质上是对同一事物的不同方面的诉求，实质正义并不是对冲突正义的矫正，它们有各自的内容，各自的基础和各自的追求。只要多元法律体系并存的现实存在，就需要去实现冲突正义；只要多元法律体系基础之上的法律共同体存在，就需要去实现实质正义。"[1]事实上，国际私法在继续坚守"规则"的基础上强化了"方法"的价值，从而在"规则还是方法"的抉择中选择了一条平衡的道路。国际私法对实质正义的追求使得私人利益及其实现在国际私法中的地位得以了确立，进而使得海外权益的保护能够在国际私法的层面中得到相应的认可。

综合来看，当代国际私法已经形成了一些海外权益保护的机制。合理地运用这些保护机制，可以一定程度上对海外权益进行有效的保护。

---

〔1〕 宋晓：《当代国际私法的实体取向》，武汉大学出版社 2004 年版，第18 页。

第一节　国际私法从形式正义向实质正义
发展对海外权益保护的意义

公平正义从来都是人类社会发展的价值目标，对公平正义的追求是也始终推动着整个人类社会的文明进程。正如罗尔斯在《正义论》中所明确指出的："正义是社会制度的首要价值，正像真理是思想体系的首要价值一样。"〔1〕当然，对正义内涵的认识，不同的时期有着不同的理解，从而导致了正义的不同形式和不同价值追求。其中，形式正义和实质正义作为正义的两种不同形式且体现正义的不同价值追求而受到普遍关注。对于形式正义和实质正义的内涵，古往今来有着不同的认识和主张，如罗尔斯就曾经主张：形式正义是指对法律和制度的公正和一贯的执行，而不管它们的实质原则是什么，即要求在执行法律和制度时，应平等地适用于属于它们所规定的各种各样的人；实质正义是指制度本身的正义，它取决于社会基本结构所根据的原则。虽然具体的观点并不相同，不过普遍来说，形式正义强调的是法律规则的统一适用，要求普遍性规则平等适用于所有人；而实质正义则要求调整结果的社会公正性，从而体现合理合法和正当性原则。由此看来，形式正义和实质正义不仅在内涵上有所不同，反映的是对公平正义的不同价值追求，还具有一定意义的时代特性，实质正义是建立在形式正义坚实基础之上并对形式正义价值目标批判和反思之后逐渐形成的结果。导致形式正义向实质正义转换的深刻原因在于：首先，社会经济生活条件的变化，导致作为形式正义的两个基本逻辑预设的

---

〔1〕　［美］约翰·罗尔斯：《正义论》，何怀宏等译，中国社会科学出版社1988年版，第1页。

丧失，这是实质正义取代形式正义的最深刻原因。形式正义作为近代法治的精神，强调的是法的普遍性和自治性，而这种法理念得以确定的两个基本逻辑前提是平等性和互换性。随着社会的发展和进步，法律主体之间的平等性和互换性由于社会生活的巨变或丧失殆尽或不复存在，社会出现严重的两极分化和对立。这使得以形式正义为基础的近代法治逐渐衰落。其次，在国家—社会二元结构关系中，国家日益收缩，社会不断扩张，国家优位理念正在为社会优位理念所取代。

当然，需要指出的是，这并不意味着实质正义是对形式正义的取代，当代法治仍然建立在形式正义基础之上，要求在形式正义之上实现判决结果的内在公正。

正义这一价值目标也是国际私法的基本追求，某种程度上，公平正义应是国际私法形成与发展的根本因素，从而使得外国法的适用在主权观念的严格制约下成为可能。正如博登海默所正确指出的："在冲突法领域中，有关公平和正义的一般考虑，在发展这一部门法的过程中起到了特别重大的作用。"[1]在国际私法的发展历史上，形式正义和实质正义有着并不相同的历史地位。事实上，国际社会对于国际私法形式正义的批判似乎从未停止过，认为国际私法仅关注立法管辖权的分配，从而通过固定连结点来选择国家法律以实现法律适用和判决结果的确定性、一致性和可预见性，却忽视所选择法律的具体内容以及法律适用结果的合理性。这种批判在美国"冲突法革命"时期到达了顶峰。传统国际私法中通过连结点来指引适用的某一国家法律的冲突规范不仅被斥之为"盲眼规范"，更是直接主张应被抛弃，而应代之以灵活开放且注重实体内容的"方法"，从而导

---

[1] ［美］E. 博登海默：《法理学——法律哲学与法律方法》，邓正来译，中国政法大学出版社 2004 年版，第 466 页。

致形式正义向实质正义的转化。当然，国际私法的发展演变状况并未实质性地从一个极端走向另一个极端，国际私法形式正义向实质正义的转化并不意味着实质正义应绝对地取代形式正义，而是应更多地关注个案的公正和社会的公平。当代国际私法的发展进程表明，在经历了"冲突法革命"对国际私法形式正义的严厉抨击后，形式正义的价值目标并未被绝对地放弃，而是形成了形式正义与实质正义两个价值目标适当平衡的协调局面，兼顾两个价值追求的冲突法正义已然成为国际私法的一般逻辑基础。国际私法实质正义的发展，促进了海外权益保护需求的实现。毕竟，"满足个人的合理需要和主张，并与此同时促进生产进步和提高社会内聚性的程度——这是维续文明的社会生活所必需的——就是正义的目标"。[1] 冲突法正义对实质正义的包含，要求对个案公平加以有效地实现，从而使得海外权益的保护应成为国际私法的一项内在要求。

一、国际私法的形式正义和实质正义

传统国际私法通过立法管辖权范围的确定来选择应适用的法律，并利用连结点把不同性质的案件分配给不同国家的法律管辖，以期合理地解决法律冲突问题，获得法律适用和判决结果的一致性和可预见性。传统国际私法所追求的这种价值目标，通常被称为形式正义或冲突正义。

巴托鲁斯的"法则区别说"主张从法则的性质来探讨法则的适用范围，认为物法是属地的，其适用范围只适用于制定者领域之内的物，人法是属人的，适用于制定者所属的人，无论其是在领域之内还是管辖范围之外，从而提出了法的域内效力

---

〔1〕〔美〕E. 博登海默：《法理学——法律哲学与法律方法》，邓正来译，中国政法大学出版社 2004 年版，第 261 页。

和域外效力观念。巴托鲁斯的这种观念在其他法则区别说中得到了延续。萨维尼的"法律关系本座说"改变了从法律本身的性质来探讨法律的域内效力和域外效力的主张，而从法律关系的性质来决定法律的选择。萨维尼主张通过连结点来确定法律关系的本座，本座所在地国家的法律就是法律关系应适用的法律。客观上看，虽然上述两种观念有着明显的不同，不过二者实质上强调的都是各国立法管辖权的范围界限和分配问题，并据此决定应适用的国家法律，其价值追求的是法律适用和判决结果的一致性和可预见性。不过，另一方面，上述观念却对应适用法律的内容以及法律适用的结果置之不理。因而，传统国际私法强调的是形式正义，期望法律的选择和法律的适用遵循形式上的合理性与一致性。

某种程度上，传统国际私法对形式正义的价值追求一直在延续。传统国际私法的实质都是立法管辖权的分配，力图通过寻找合适国家的法律来解决法律的冲突，进而期望实现法律适用和判决结果的一致性和可预见性，却对判决结果的个案公正缺乏关注。对于国际私法的这种正义形式，美国的西蒙尼德斯教授曾指出："传统的、古典的国际私法基于一个最基本的前提假设，那就是国际私法的基本职能在于保证适用于多边法律争议的国家的法律与争议存在最适当的联系……古典学派暗含一个前提假设，那就是在绝大多数案件中，适当的国家的法律就是适当的法律。在这种思想背景中，适当性既非依据准据法的内容来界定，也非依据准据法所提供的解决方法的质量来界定，却依据地理意义上或场所意义上的术语来界定。"[1]

---

〔1〕 ［美］西蒙尼德斯："20世纪末的国际私法——进步还是退步？"，宋晓译，载梁慧星主编：《民商法论丛》（第24卷），金桥文化出版（香港）有限公司2002年版，第395页。

因而，传统国际私法把法律关系应适用的法律与一个国家加以连结，并利用冲突规范的连结点把法律关系和应适用国家的法律联系在一起，从而将案件分配到不同的法律体系之中，目的在于实现法律适用和判决结果的一致性和可预见性，也体现对各种法律体系的平等对待。然而，需要注意的是，这种价值目标能否真正实现，显然并不是绝对确定的。对此，我国有学者就提出了怀疑：第一，判决一致性的实现要求不同法域的法院将涉外民商事纠纷划分到相同的法律关系或法律问题的范畴；但是只有在各国超越本国社会经济条件和文化传统的制约，以相同的法律理念构建私法体系并采用相同的法律关系范畴和法律概念时，才能针对纠纷事实和冲突规范中的连结点进行相同的识别。而这将产生一种悖论，即涉外法律适用的判决一致性目标要求进行相同的识别，需要各国采用统一的私法体系、制度和概念，但这样一来法律冲突将不再产生，法律冲突法存在和运作的基础将会丧失。第二，判决一致性目标未能考虑诉讼程序对冲突规范及其指向的外国法适用可能产生的影响……判决一致的目标仅仅着眼于各国涉外法律适用规则的统一，这就预设民事诉讼法并无自身的运行规律和价值取向，完全是一种纯粹技术性的规定，与准据法的适用并无关联。但其实，程序规则与实体规则枝缠蔓绕，如果缺乏统一诉讼程序的支撑，冲突法的判决一致性便有可能成为不可及的目标。第三，判决一致性不仅依赖各法域的裁判者适用相同的冲突规范，而且要求裁判者对于相同的冲突规范指定的外国法赋予相同的含义，从而要求裁判者应将自己置于外国法官相同的地位。然而，这并非现实，文本中的法律和现实中的法律存在着较大的反差，从而使得外国法在实践中被不同法域的法院赋予不同的含义，损害判决一致性的目标实现。此外，判决一致性构成了一种工具性价值，从而难以提供充分的正当性基础。[1]

传统国际私法主要关注形式正义实现的实践受到了法律现实主义的强烈抨击，在此基础上形成了所谓的美国"冲突法革命"，并引发了要"规则"还是要"方法"的时代论争。美国著名冲突法学者卡弗斯、柯里都对传统国际私法内在的机械、僵硬特性提出了严厉的批判，认为传统国际私法利用冲突规范的连结点来进行法律选择的实践是一种"盲眼规范"，认为这种先验性的"指路规则"只注重法律关系中的某些事实，因而在具体个案中可能呈现出机械与僵硬的缺陷。而且，传统法律选择规则本质上是一种立法管辖权分配规则，却根本性地忽视了所指引适用的国家法律的适当性以及对于具体个案的公平公正。法律现实主义对传统国际私法的批判引发了国际社会的共鸣和反思，促进了整个国际社会对传统国际私法内在缺陷加以改进的思考和相应实践。

总体上看，法律现实主义对传统国际私法的批判就是改变单纯利用连结点来选择法律的先验主义观念、改变冲突规范仅做立法管辖权分配的实践、改变过分考虑判决结果一致性和可预见性价值目标追求的偏好，而认为应当审查法律适用的结果以及具体个案的公平公正。这种观念符合当代社会尊重个人权利的理念，本质上是对实质正义的价值追求，从而实现了国际私法从形式正义向实质正义的转型。

因而，国际私法实质正义是形式正义发展和改进的结果，是社会发展与观念进步的产物，也是对法治反思的结果。对于国际私法的实质正义，西蒙尼德斯教授提出："第二种观点（相对于第一种观点即冲突正义的实质正义）的理论前提是，多边

---

〔1〕 徐鹏："涉外法律适用的冲突正义——以法律关系本座说为中心"，载《法学研究》2017 年第 3 期。

案件与纯国内案件没有本质上的区别，在审理含有涉外因素的案件时，法官仍然负有公平和公正地解决争议的责任。和国内法一样，在诉讼中公正地解决实质争议，也应该成为国际私法的目标。国际私法不应该只满足于独特的、较低层次的公正目标，即所谓的冲突正义，而应该追求实质正义或实体正义……第二种观点要求径直审查准据法，判断它是否真正能够产生适当的结果……除了某些最为激进的表述，第二种观点并不准备完全取代传统所持的冲突正义的观点，而是对传统观点进行全面的矫正。"[1]

二、国际私法从形式正义向实质正义的发展

国际私法的发展历史表明，形式正义向实质正义的转化历经了数百年的漫长进程。

被誉为"国际私法之父"的巴托鲁斯主张从法则本身的性质入手，把所有的法则分为物的法则、人的法则和混合法则，指出不同的法则有不同的适用范围。物的法则是属地的，其适用范围只能而且必须及于制定者领土之内的物；人的法则是属人的，不但应适用于制定者管辖领土内的属民，而且在它的属民在别的主权者管辖领土之内时也应适用；混合法则是关于行为的法则，适用于在法则制定者领土内订立的契约，是既涉及人又涉及物的。巴托鲁斯在此基础上提出了许多重要的冲突法规则，诸如关于人的权利能力和行为能力问题依属人法，关于法律行为的方式，依行为地法。其后的法则区别说依循了巴托鲁斯的观念，认为不同类别的法则按其性质具有不同的空间适

---

〔1〕［美］西蒙尼德斯："20 世纪末的国际私法——进步还是退步？"宋晓译，梁慧星主编：《民商法论丛》（第 24 卷），金桥文化出版（香港）有限公司 2002 年版，第 396~397 页。

用范围，同一类别的法则具有同样固定的空间适用范围，只要对各城邦的法则进行恰当的分类，以及对具体法则属于何类法则进行恰当的定性，那么就为同一类法则乃至每一具体法则划定了空间适用范围，法律冲突问题也由此迎刃而解。[1]毫无疑问，法则区别说关注的是法则的效力范围，并以此为基础来考察法律的域内效力和域外效力从而确定应适用的法律。从法律选择方法这个角度来看，这一理论显然是建立在依法律的性质来决定法律选择的基础之上的，实质上是一种立法管辖权的分配方法。因而，法则区别说追求的是一种形式正义。

萨维尼的"法律关系本座说"则改变了从法律效力来决定法律适用的观念，主张根据法律关系的不同性质来决定法律的选择。他从一种普遍主义观念出发，认为应适用的法律是各涉外民事关系依其本身性质有本座所在地的法律。他把涉外关系分为人、物、债、行为、程序等几大类，认为人的身份能力应以住所为本座、物权法律关系以物之所在地为本座、契约关系以履行地为本座、行为发生以行为地为本座、程序问题以法院地为本座。为此，"法律关系本座说"主张利用与法律关系有重要联系的连结点来连结法律关系和应适用的国家法律，以达到法律适用和判决结果一致性和可预见性的目的。就此看来，这种理论更明显地体现了形式正义的价值追求。

应当认为，无论是巴托鲁斯还是萨维尼，虽然他们从完全不同的角度来解决法律冲突问题，但是他们都期望通过立法管辖权范围的确定来选择合适的法律，并利用普遍适用的抽象冲突规则来解决各种法律冲突，其根本目的在于追求法律适用的明确性、一致性和可预见性。事实上，传统冲突规范力图通过

---

〔1〕　宋晓：《当代国际私法的实体取向》，武汉大学出版社2004年版，第18页。

具有指向意义的连结点来实现这种价值追求。在传统冲突规范中，固定连结点的利用使得传统规范的适用变得简单易行，因为连结点如同路标，立法者能够通过连结点把不同案件分配给不同国家的法律管辖，而法官则只需沿着相应的路标前进，就能迅速准确地找到应适用的法律。当然，对于这个应适用法律的内容，立法者和法官都无从知晓也无须知晓。正是如此，这种适用的法律并不是某个具体内容的规则，而是一个具有立法管辖权国家的法律而已。客观上看，传统冲突规范利用固定连结点以确定合适立法管辖权国家法律的实践显现出一个无法避免的缺陷，即使得传统规范陷于僵硬性和机械性的困境之中。而且，各个国家的立法者很可能对同一法律关系本座所在认识不同，从而在冲突规范中采用了不同的硬性连结点，或者所采取的连结点相同，但对连结点的解释不同，从而并不能绝对地达到法律适用的一致。更为重要的是，在纷繁复杂的现实生活中，同一类法律关系经常存在着种种差别，从而要求选择应适用法律的方法也应是灵活的，应随案件的不同而变化。传统冲突规范仅依据某一连结点来指定应适用的法律，其僵硬性、机械性的缺陷越加明显。

正是如此，传统国际私法单纯对形式正义的追求所可能引发的机械性、僵硬性缺陷，在法律现实主义者看来是难以接受的先验主义的教义，正如庞德所指出的："法律结果的确定性和一致性，这些19世纪被人们深信不疑的事物，既不存在也不可能存在。那种机械地适用一个封闭的规则体系的教义，是与现实格格不入的。"[1]因而，法律现实主义者将注意力从规则转移

---

〔1〕　Pound, "The Call for a Realist Jurisprudence", 44 Harv. L. Rev. 697（1930～1931）. See Vischer, "General Course on Private International Law", 232 *Recueil des cours* 9, 1992, p. 45.

到具体判决，他们强调法律的社会属性，将法律视为社会控制的手段，热衷于探讨对法律发现过程施加影响的各种心理因素，执着于依据社会、政治和经济的政策来解释和适用法律。正是如此，法律现实主义者拒绝从先验性的法律原则出发推演出封闭机械的规则体系。对于传统国际私法形式主义的缺陷，美国"冲突法革命"的先驱人物卡弗斯指出："目前，在冲突法案件中，法官只审查案件的部分事实，从中找到某些连结因素，据此决定是否适用冲突规则……这些连结因素的认定工作一旦完成，它们就机械地决定了法律选择的结果。"卡弗斯继续指出："传统法律选择问题中的连结因素就好比一枚硬币，嵌入理论的投币机，就能立即得到合适的立法管辖权……法律适用的结果取决于连结点所决定的法律选择，从这个角度出发，就没有必要评价连结点在具体案件中的重要意义了。"[1]卡弗斯认为，传统法律选择规则这种立法管辖权规则是在选择一个法域，而不是在选择一个具体的实体法，根本不考虑该法的实体内容。柯里同样对传统国际私法提出了严厉的批判，不仅对法律选择规则的立法管辖权分配性质而忽视实体内容与判决结果的个案公正性极为不满，更是对法律选择规则无视法律规定所隐含的立法政策大加批判。在柯里看来，在试图适用法律选择规则的时候，我们遇到了困难。这并非因为具体法律选择规则的不完善，而是我们采用法律选择规则的本身。法律选择规则并没有阐明重要的公共政策，相反却在涉外案件中使得本国谨慎形成的法律政策被放弃。因而，没有法律选择规则，我们会更好。[2]在此基

〔1〕 Cavers, "A Critique of the Choice-of-Law Problem", Harv. L. Rev., 1933 (47), pp. 185~189.

〔2〕 Brained Currie, *Selected Essays on the Conflict of Laws*, Duke University Press, 1963, 180~183.

础上，柯里提出应放弃法律选择规则这种先验与机械的形式，而采用灵活的方法来解决法律适用的问题，由法官在具体案件中考察法律背后的政府利益之后决定法律的适用。

美国"冲突法革命"对传统国际私法形式正义价值追求的批判，根本原因在于国际私法形式正义仅仅关注法律的适用问题，而对法律适用的结果却毫不在意。在法律现实主义看来，法院审理案件的目的不只是为了解决争议，也需要考虑法律适用于特定案件的结果。这种观念促进了国际私法实质正义的确立。

概括而言，国际私法对实质正义价值目标追求的主要形式有以下几个方面的体现：

第一，对法律背后的利益加以考虑，这种主张以柯里的"政府利益分析说"为典型。柯里提出，在涉外案件中是否援引外国法，应考察相应的政府利益。对于政府利益，柯里是这样界定的："利益"是两个方面的产物：（1）某项政府政策，以及（2）拥有政府政策的州和交易、当事人或诉讼之间存在适当的联系。[1]柯里认为，法官援引外国法只是审理涉外案件司法过程的需要，是为了寻找适当的判决规则，而且只有当事人提出援引外国法以取代法院地法时，法官才会考虑冲突法问题。一旦当事人提出援引外国法以取代法院地法问题时，法院首先应查明法院地法宣示的政府政策。法院接下来应探究法院地州和现有案件的联系，探究该关系是否使案件包括在州政府关注事项的范围内。当法院对政府政策作出肯定的认定后，法院接下来应探究法院地州和案件的联系是否足以认定法院适用政策具有政府利益。这一分析过程本质上接近于法律解释，从而法

[1] Brained Currie, *Selected Essays on the Conflict of Laws*, Duke University Press, 1963, p. 621.

院通过解释程序来判断法院在实现其立法政策时是否具有政府利益。对于其中所涉的政府利益，柯里提出：一般来说，"私"法中体现的政策既不是自动执行的，也不是通过公共机构强制实现的，而必须由私人自己提出。当然，这并非是指私法不体现政府政策，也不是说私法中的政府政策不重要。事实正好相反，我们只是强调需要依靠私人出于自身利益而积极地援引法律，同时实现立法政策。[1]

应当认为，对法律背后的政府利益加以考虑，一方面改变了传统国际私法只做立法管辖权分配却忽视法律适用结果的实践，另一方面也回归了法律适用的本来目的。毫无疑问，法律适用不只是为了解决法律冲突，而是通过法律的选择更合适地实现当事人利益的保护，从而实现对外国人进行平等的保护，实现公平公正的价值目标，最终维护国际民商事交往的秩序并促进国际民商事关系的顺利进行。

第二，对冲突规范进行软化，改变冲突规范的机械性和僵硬性，从而提升案件解决的个案公正性。冲突规范利用连结点来选择法律的实践，主要有以下方面的表现：

其一，增加冲突规范的连结点，以实现冲突规范所期望实现的实体结果。具体表现一是选择性冲突规范，规定两个或以上的连结点，允许法官根据具体案件选择其中一个连结点；二是重叠性冲突规范，要求同时满足两个或以上连结点指引的法律体系的规定。这两种增加连结点的实践一定程度上都有利于消除单个连结点所可能导致的机械、僵硬的不足。在选择性冲突规范中，多个连结点既可以是有条件的，也可以是无条件的。其中，有条件的选择性冲突规范直接体现了立法的保护目的和

---

[1] Brained Currie, *Selected Essays on the Conflict of Laws*, Duke University Press, 1963, pp. 55~66.

价值追求，如《委内瑞拉国际私法》第 18 条规定，根据自然人的住所地法，自然人没有行为能力，但根据法律行为的实行地的准据法，自然人有行为能力的，应被认为有行为能力。这种立法规定是期望促进民事行为的有效性。无条件的选择性冲突规范一方面可能体现了立法的倾向，如促进某些行为的有效性，《瑞士联邦国际私法》第 94 条规定，根据立遗嘱人的住所地法、惯常居所地法或本国法，立遗嘱人在进行遗嘱处分时有遗嘱处分能力的，就有遗嘱处分能力。这种立法规定就期望促进遗嘱处分的有效成立。另一方面可能相当程度上赋予了法院具体适用的裁量空间，有利于法院从中加以灵活选择从而更符合个案的公正。重叠性冲突规范则要求同时要求满足多个连结点，如1902 年海牙《离婚及别居法律冲突与管辖权冲突公约》第 2 条规定："离婚之请求，非依夫妇之本国法及法院地法均有离婚之原因者，不得为之。"毫无疑问，这种规定的主要目的在于对离婚加以限制。通常情况下，重叠性冲突规范的价值目标一方面可能是期望实现法院地国的特殊利益，当然这在一定程度上会导致法院地法优先主义的倾向，另一方面是倾向于对私人的利益进行一定程度的限制。虽然与选择性冲突规则赋予法律选择的灵活性以期望实现某种实体价值目标有明显的差异，但重叠性冲突规则所内在的限制性目的，实际的价值追求却仍是实体正义。

其二，用灵活开放的连结点代替封闭僵硬的连结点，增强冲突规范的灵活性。最主要的表现是意思自治原则和最密切联系原则的运用，以取代先前诸如合同履行地、侵权行为地等固定连结点，从而赋予当事人的选择权或法院的自由裁量权。传统国际私法为了实现被选择法律与法律关系场所化的客观性与合理性，通常运用客观标志化的场所来作为连结点，诸如住所地、物之所在地、行为地等，虽然理论上这些固定连结点与法律关系确实存在某种程度的客观联系，但在具体个案中，这些连结点有时可能仅体现出偶然性的特征，尤其是随着交通、通讯等技术的进步，这种偶然性可能表现得更为明显，从而导致所选择的法律并不能真正实现判决结果的公平。意思自治原则允许当事人自主选择对自己有利的法律。作为理性人，当事人所选择的法律不仅更能够符合当事人的利益追求与心理期望，而且也能够摆脱固定连结点所指引法律的偶然性所可能导致的价值空洞化缺陷。而最密切联系原则赋予法院裁量的空间，由法院在全面考察案件的所有事项后决定应适用的法律。最密切联系原则的这种灵活性使得法院可以避免固定连结点的机械适用却无计可施的困境。所以，尽管国际社会对于意思自治原则和最密切联系原则的灵活性抱持着一定程度的戒心，进而为此施加了相应的限制性条件，但晚近国际私法的发展历史表明，国际社会普遍承认了意思自治原则和最密切联系原则的地位，且它们的适用范围逐渐超越先前的合同或侵权领域而扩张到国际私法的诸领域之中。毫无疑问，现代国际私法用灵活开放的意思自治和最密切联系代替机械僵硬的固定连结点，其后的逻辑基础是对实质正义的价值追求，从而使得所适用的法律更能体现与具体个案的实质联系，判决结果更能实现个案的公正。

其三，规定保护性冲突规范，赋予被保护人特殊的保护。对消费者、受雇人、被保险人等所谓"弱者"进行特殊保护，是现代社会也是当代国际私法的一种发展倾向。事实上，即使在侵权领域，也出现了对被侵权人加以特殊保护的保护性冲突规范的现象，如《委内瑞拉国际私法》第32条规定："侵权行为适用侵权结果发生地法，受害人也可以要求适用侵权事由的产生地法。"应当认为，尽管私法强调当事人的法律地位平等，但现实国际民商事领域中当事人地位的不对等现象却根本性地存在。纳夫教授曾指出，虽然合同自由原则默示地认为当事人确定合同条件以及条款的现实自由的存在，但是，一般来说，这种原则却忽视了社会以及经济压力，而这种压力可能迫使一方当事人在缔结合同时被迫接受对其不利的条款。毕竟，在商品市场上处于完全平等的当事方自由地进行议价的情形极为少见。这种对等事实上相当罕见。相反，这是市场的本质：一方当事人利用对方的需要来讨价还价，并且这种情形还体现在商品交易的价格和其他诸多条件之上。[1]客观上看，在国际民商事法律关系中，某些当事人由于其固有的经济、专业知识等方面的缺陷而处于明显的弱势。因而，如果不对他们进行特殊的保护将难以实现真正意义上的正义。

　　保护性冲突规范极大地改变了冲突规范价值中立的观念，要求对实际上处于弱势地位的当事人给予特别保护。而这与国际私法中实体正义观念的发展有着直接关系，是实体正义观形成的产物。正如纳夫教授所指出的："在现代美国（冲突法）方法的影响下，已经出现了一种另外的思想，它不同程度地影响了传统的英美法与大陆法的法律选择方法。这种思想要求在法律选择时关注相竞争的法律的具体内容，并要求法院在选择时或者应建立在政府利益分析方法之上或是"较好法律"方法之上。很显然，原则上，这种方法在保护弱者的利益上更为有效，虽然它只是一个主观的过程且是以确定性和可预见性为代价的。"[2]

---

　　〔1〕　Peter Nygh, *Autonomy in International Contracts*, Oxford：Clarendon Press，1999, p. 139.

　　〔2〕　Peter Nygh, *Autonomy in International Contracts*, Oxford：Clarendon Press，1999, pp. 141~142.

保护性冲突规范在表现形式上并没有绝对的规则结构，可以是允许特定当事人（即所谓"弱者"）单方面选择法律权的冲突规范，如《瑞士联邦国际私法》第 135 条第 1 款规定，在产品责任案件中允许受害人从下列法律中选择准据法：产品责任者的营业地法或惯常居所地法，在一定条件下的产品购买地法，也可以直接表现为适用对特定当事人最有利法律的"有利原则"。在家事法领域表现得则似乎更为明显，如《德国民法施行法》第 18 条规定，在一定条件下法院可以从下列法律中选择对被扶养人最有利的法律：被扶养人的惯常居所地法、扶养人和被扶养人的共同本国法或法院地法。应当认为，虽然表现形式不一而足、规则结构多种多样，但是这些保护性冲突规范都实质性地赋予了特定当事人特殊保护的价值内涵。表面上看，保护性冲突规范违反了国际私法的平等保护观念，赋予了被保护者过多的权利，不过，对于弱者加以特殊的保护，本质上是公平正义的基本内涵，也是各国国内法向国际私法延伸与发展的结果。因而，在冲突规范上为弱者加以特殊的保护，应当是公平正义价值目标的要求，以实现实际地位不平等的当事人之间的利益平衡，符合现代社会的发展观念。

第三，意思自治原则和最密切联系原则的导入。通常认为，体现私法自治观念的意思自治原则最早可追溯到杜摩兰的"意思自治理论"。杜摩兰主张对夫妻财产制适用夫妻结婚时的共同住所地法，理由在于夫妻财产制应被视为一种默示合同，夫妇双方已经将该合同置于其婚姻住所地法的支配之下。[1]当然，杜摩兰的观念与现代国际私法的意思自治理论并不一致，并没有指明当事人明示意思表示在准据法确定过程中的作用。之后

---

〔1〕 参见［法］亨利·巴蒂福尔、保罗·拉加德：《国际私法总论》，陈洪武等译，中国对外翻译出版公司 1989 年版，第 310 页。

很多学者都对意思自治理论的发展做出了一定程度的贡献，直到孟西尼以契约自由观念为基础首先从理论上阐明了意思自治理论，并将其列为国际私法的基本原则。孟西尼认为，在合同关系中，某些事项反映了国家与自然人的关系，如缔约能力，应适用其本国法，因为当事人自主选择的法律不能凌驾于本国法之上。然而，在当事人可自行决定的其他事项中，如合同的术语和条件，当事人可以自主选择支配他们的法律。[1]孟西尼的理论不仅确立了明示意思自治在法律适用中的实际地位，而且将意思自治原则明确为国际私法的一个基本原则。尽管如此，长期以来意思自治原则的法律地位并不确定，国际社会均主张允许当事人意思自治等于是允许当事人自己立法。不过，"维他食品公司案"（Vita Food Products Inc v. Unus Shipping Co. Ltd）正式确认了意思自治原则的法律地位，该案中，赖特法官明确地指出："在我们适用意思自治选择的英国法规则时，在当事人明示表达了选择合同准据法的意思时，只要明示的意思表达是善意的与合法的，只要没有公共政策理由可以合理地使当事人的选择归于无效时，我们就很难找出有可能对意思自治所构成的限制。"[2]如今，意思自治原则获得了整个国际社会的普遍承认，而且适用范围呈现出日益扩张的态势，不仅从传统的合同领域向侵权、物权、知识产权以及家事法等领域发展，如《瑞士联邦国际私法》第 132 条允许当事人在侵权领域选择法律：侵权行为发生后，当事人可以随时协商选择适用法院地法，而且从法律适用领域发展到管辖权领域。究其原因，一是私法自治向国际私法领域自然延伸的结果。作为私法领域的基本原则，私法自治原则是保障私人利益的重要基础，因而，允许当事人

---

〔1〕　See Peter Nygh, *Autonomy in International Contracts*, Clarendon Press, 1999, p. 8.

〔2〕　See Peter Nygh, *Autonomy in International Contracts*, Clarendon Press, 1999, p. 11.

在涉及私人利益的国际私法领域作出符合自身利益需要的选择，本质上是私法自治的应然结果。二是当事人在法律领域的主体地位和自由意思的有效性获得肯定的结果，从而促进国际民商事交往的确定性与效率性。

允许当事人意思自治选择法律或管辖法院，不仅有利于争议解决的快速和有效，并避免当事人竞相冲向法院的消极状况，也有助于当事人之间国际民商事关系的维系。当事人是对自身利益和自身需要最了解和最迫切的人，允许当事人意思自治，显然最符合他们的利益。应当认为，意思自治原则是建立在理性的当事人对自己利益、对所选法律有充分了解、对选法律体系公正性与合理性有着充分信心的基础之上的，因而更利于保护他们的利益。正是如此，意思自治原则在国际私法领域获得承认，是实质正义观念发展的一个表现与实际产物。

脱胎于萨维尼"法律关系本座说"的最密切联系原则要求法院在法律选择上应寻找与法律关系存在最紧密联系的法律。最密切联系原则最初产生于合同领域，要求法院在当事人缺乏意思自治时不应仅考虑机械的连结点，而应该考虑与合同有最真实联系的法律："在英国，选择支配合同内在有效性和合同效力的法律，应基于实质意义的考虑，应优先选择与交易有最真实联系的那个国家的法律，而不是诸如合同缔结地法。"[1]后来，最密切联系原则首先在侵权领域得到了适用。在 Babcock v. Jackson[2]案件中，美国纽约上诉法院声称，案件发生在加拿大安大略省纯属偶然，因而不应适用传统侵权行为地法规则所

---

[1] Westlake, *A Treatise on Private International Law* (1922), p. 288. See Friedrich K. Juenger, *Choice of Law and Multistate Justice*, Martinus Nijhoff Publishers, 1993, p. 57, note 394.

[2] Babcock v. Jackson, 12 N. Y. 2d 473 (N. Y. 1963).

指引的法律，而应适用与案件有更密切联系的双方当事人共同住所地即纽约州的法律。后来，美国《第二次冲突法重述》完全确立了最密切联系原则的法律地位，并明确了最密切联系原则适用的标准或考虑因素。[1]当然，《第二次冲突法重述》只是把上述标准简单地加以了列举，而未能明确相互间的地位或重要性，这一定程度上影响了最密切联系原则的合理性与有效性。尽管如此，最密切联系原则已经获得了国际社会的普遍接受，《奥地利联邦国际私法》还明确规定最密切联系原则为基本原则。这种状况充分地保障了法律适用的灵活性，并有利于实现法律适用结果的正当性。

最密切联系原则要求在法律选择上应综合考虑与案件有关的所有因素，并在此基础上决定法律的选择，从而最大限度地克服了冲突规范机械和僵硬的缺陷，又实际上赋予了法官合理的裁量权，允许法院在"规则"的基础上灵活地适用"方法"，符合现代社会的客观需要和一般观念。此外，最密切联系原则要求考虑当事人的正当期望和利益保护，在法律的选择上要求注重实体正义的实现。因而，最密切联系原则在国际私法中获得法律地位，显然是国际私法实质正义发展的必然结果。

三、国际私法实质正义的发展与海外权益的保护

客观上看，对各国权益保护海外权益在内予以平等保护，是国际私法的一个内在要求。当然，早期国际私法关注的主要是外国人权益的保护问题，以符合国际社会普遍承认的公平正

---

〔1〕　美国《第二次冲突法重述》第 6 条确立了最密切联系原则适用时应遵循的 7 项原则：1. 州际及国际秩序的需要；2. 法院地的相关政策；3. 其他利害关系州的相关政策以及在决定特定问题时这些州的有关利益；4. 对正当期望的保护；5. 特定领域法律所依据的政策；6. 结果的确定性、可预见性和一致性；7. 将予适用的法律易于确定和适用。

义观念，并进而实现国际民商事关系的正常进行。某种程度上，海外权益保护在国际私法领域中地位的明确，应当是实质正义观念确立后的结果。

传统国际私法把关注的重点放在了外国人权益的平等保护之上，并期望通过对赋予外国人以权益的外国法予以承认从而实现这种目标。所以，传统国际私法注重解决的是内外国法的法律冲突问题。为了解决法律冲突问题，传统国际私法只做立法管辖权的分配，从而期望实现法律适用与判决结果的一致性和可预见性价值目标。因而，传统国际私法实质上是只关注法律冲突的解决、过于注重争议的解决，却忽视了争议解决的实际目标与公平正义的实现。更为重要的是，这种立足于解决法律冲突的法律适用结果在多数情况下不仅无法实现个案的公正，也忽视了当事人权益的保护，甚至常常无法达到判决结果一致性与可预见性的目标。因而，在各国的司法实践中，为了避免这种法律适用的消极状况，各国法院经常性地通过诸如识别、反致、法律规避以及公共秩序保留等冲突法适用制度。虽然这些制度在一定程度上起到了消除法律适用结果合理性不足的缺陷，但是，这些司法实践的状况不仅违背诚实信用观念，也使得冲突规范的适用复杂且难以预见，引发人们对国际私法适用结果的不安情绪。为此，现代国际私法力图抛弃传统国际私法形式正义价值目标的单一追求。经过了美国"冲突法革命"的剧烈冲击之后，现代国际私法最终在"要规则"还是"要方法"的抉择中选择了平衡，以避免"方法"的过度灵活性而严重损害甚至抛弃法律适用的一致性与可预见性，并防止法官自由裁量权的过度行使而使国际私法的具体适用可能完全失去效率而耗时费力，也使国际私法适用的结果可能完全取决于审理具体个案的法官能力、水平、经验等诸如此类主观性质的因素，这将进一步侵损国际私法适用的一致性与可预见性。与此同时，对先前一直受到诟病的仅以单个固定连结点来连结法律关系和加以调整的国家法律的冲突规范进行了适当的改造，增加了冲突规范的灵活性，并赋予了冲突规范实体价值，强化了冲突规范实体正义的价值追求，以实现个案的公正，保障当事人正当权益和正当期望。此外，现代国际私法还肯定了"直接适用的法"这种具有强行法性质的规范，以排除冲突规范及其指引的准据法在具体个案中的适用，而要求直接适用这种强制性规范，从而保护本国的公共利益。需要指出的是，直接适用的法所保护的公共利益并非完全意义的国家和社会重大利益，也可能包括重大的私人利益在内。正如我国学者所指出的，尽管国际强制性规范（即直接适用的法）以关涉重大公益为要件，但这并不意味着只有纯粹的公法规范才能成为国际强制性规范。某些国际强制性规范可能同时关涉公益与私益。[1]而在柯里看来，法律实际上是各个利益集团出于自身利益说服立法者采用符合其利益需要的主张的产物，是立法者综合平衡各种利益之后的产物，是公共政策的体现。这种公共政策体现了对特殊利益的保护，从而形成了一种特殊的政策，因而立法的公共政策中包含了私人群体的利益。[2]

现代国际私法的发展彰显了其对实质正义价值的追求，以实现对具体个案和当事人正当权益的有效保护。当然，现代国际私法并非建立在对形式正义完全否定或抛弃的基础上实现对实质正义的追求，而是在保持"规则"形式基础上赋予冲突规

---

　　〔1〕　肖永平、龙威狄："论中国国际私法中的强制性规范"，载《中国社会科学》2012年第10期。

　　〔2〕　Herma Hill Kay, "A Defense of Currie's Governmental Interest Analysis", 215 *Recueil des cours* 9, 1989, pp. 39~44.

范灵活性，使得法院在具体案件适用冲突规范时能够更灵活地选择准据法，甚至允许法院运用裁量权决定更合适的法律来获得积极的判决结果。现代国际私法的这种状况使得有效平衡形式正义与实质正义的冲突法正义得以形成。

现代国际私法对实质正义的追求，使得海外权益的保护成为国际私法的一个现实要求。国际私法实质正义的发展历史表明传统国际私法价值中立观念的放弃是一个关键，从而无须过多地考量国家主权以及内外国法的平等性等问题，进而获得判决结果的一致性和可预见性。实质正义要求实现具体个案的公正，虽然这种公正似乎应该不严格区分内外国人，但不可否认，这种公正的首要考虑显然是本国及本国人利益。对于这一点，柯里在对传统国际私法漠视本国利益的缺陷所做批评中阐述的比较清楚："法律选择规则实际上并没有阐明重要的公共政策，相反却主张国家对诉讼结果采取漠然无视的态度。假设在侵权或合同的纯国内案件中，州法适用于案件的结果定能促进该法所体现的社会及经济政策。现在假设加入某种惯常的涉外因素，州政策就立即失去了它的利益，一般的政府政策被忽视了，而代之于另一种不同的政策……法律选择规则优先考虑的是一般性的不同的政策，它迫使谨慎形成的具体的社会和经济政策隶属于别国（州）的相反的政策。"[1]毫无疑问，这种观念与国际私法的普遍主义和平等保护观念并不一致，这也一定程度上引发了对柯里"政府利益分析说"实际上是最大化维护本国利益的批评。不过，各国国际私法的具体实践却表明国际私法的上述观念具有先验性质，而且，晚近各国国际私法法律适用都不同程度地呈现出了一种"回家去"倾向，要求更多地适用法

---

[1] Brainerd Currie, *Selected Essays on the Conflict of Laws*, Duke University Press, 1963, pp. 52~53.

院地法。某种程度上，现代国际私法"回家去"倾向的最早提出者应该就是柯里。柯里提出，对于法律适用上的"真实冲突"，任何国际私法体系都无法有效地加以解决，因为"当数个州有不同的政策，同时在适用自己政策时存在合法利益，任何一州法院无权衡量相互冲突的利益，或评价利益的大小得失从而做出选择……州法院不应视外州利益是次要的，但它只能适用本州的法律，然而当法院在真实冲突的情形下适用外州法律，则是视本州政策和利益低于外州的政策和利益，从而选择了外州法律"。[1]正是如此，对于真实冲突的解决，柯里明确提出应当适用法院地自己的法律，"即使这种实践不利于实现判决结果的一致性"。而且柯里认为，虽然"这种结果并不能令人满意，但理想却遥不可及，适用法院地法因而是最合理、最现实的方法，总比水中捞月要强得多"。[2]

现代国际私法实质正义的发展所呈现出来的这种"回家去"倾向，本质上是对本国利益进行保护的一种表现，要求对本国及本国人利益加以有效的保护，从而实质性地导致了海外权益保护的现实需要。

首先，海外权益的保护对于国际民商事关系的正常进行有着直接的意义，与国际私法实质正义促进国际社会平等保护的一般观念相一致，并符合国际私法在全球化时期积极转向的实际需求。以科技革命为先导引发的全球化运动已经对国际社会产生了深远的影响，整个人类社会逐渐发展成为一个日益紧密的共同体，我国国家领导人向国际社会倡议的"人类命运共同

---

[1]　Brainerd Currie, *Selected Essays on the Conflict of Laws*, Duke University Press, 1963, pp. 181~182.

[2]　Brainerd Currie, *Selected Essays on the Conflict of Laws*, Duke University Press, 1963, p. 120.

体"理念显然适逢其时,为国际社会确立合作方能共赢、团结才能进步观念提供了中国的智慧与方略。习近平主席 2013 年在莫斯科国际关系学院演讲中曾指出:"这个世界,各国相互联系、相互依存的程度空前加深,人类生活在同一个地球村里,生活在历史和现实交汇的同一个时空里,越来越成为你中有我、我中有你的命运共同体。"[1]而与此同时,我们却正处在一个"世界经济增长乏力,金融危机阴云不散,发展鸿沟日益突出,兵戎相见时有发生,冷战思维和强权政治阴魂不散,恐怖主义、难民危机、重大传染性疾病、气候变化等非传统完全威胁持续蔓延"的时代;因而,"让和平的薪火代代相传,让发展的动力源源不断,让文明的光芒熠熠生辉,是各国人民的期待,也是我们这一代政治家应有的担当,中国的方案是:构建人类命运共同体,实现共赢共享"。[2]因而,在全球化不断推进的状况下应更加强调合作以促进共同福利的增长,促成国际社会的和平与发展。

海外权益的保护符合全球化运动的内在要求。全球化运动促进了国际经济的繁荣和进步,同时全球化的发展也需要各国的支持。事实上,各国只有建立在本国经济发展和社会进步的基础上,才能为整个国际社会的和平与发展以及"人类命运共同体"的建设提供充分有效的基础与保障,这已被世界历史的发展演变进程所证明。因而,对本国的海外权益进行保护,客观上有利于本国当事人,也有利于各国当事人继续从事国际民商事关系,以共同促进全球经济的稳定与发展。

---

〔1〕 习近平:"顺应时代前进潮流 促进世界和平发展——在莫斯科国际关系学院的演讲",载《人民日报》2013 年 3 月 25 日。

〔2〕 习近平:"共同构建人类命运共同体——在联合国日内瓦总部的演讲",载《人民日报》2017 年 1 月 18 日。

其次，海外权益的保护对于公平正义价值目标有着现实的价值，符合现代国际私法实质正义的价值追求。全球化的发展促进了国际民商事关系的顺利进行，进而促进了各国的经济交往与发展、社会合作与进步。同时，全球化的发展也为国际私法提供了形成的养分，是国际私法持续发展的充分源泉。全球化运动所推动的国际民商事关系的顺利发展，是国际私法形成和发展的必要基础，也是促成国际私法从形式正义向实质正义演进的现实条件。全球化引发的国际民商事关系日益频繁与复杂的情形，使得国际私法先前所日益强调的判决结果一致性和可预见性价值目标不仅逐渐变得不太可能实现，也日益显得合理性不足。因而，在法律现实主义的冲击下，传统国际私法一直苦心坚守的形式正义逐渐被放弃，实质正义日益在国际私法中获得法律地位。国际社会日益认识到适当国家的法律并不一定是适当结果的法律，个案的公正开始成为法律适用应该考虑的目标，案件审理的实体结果而不是先验的一致性与可预见性成为法院的优先对象。那么，这种情况下对本国的海外权益加以保护也在具体的司法实践中成为法院思考的内容。毕竟，主权观念内在的本国利益优先思想即使在全球化时代也并未被放弃。事实上，平等保护的要求并不绝对地否定对本国利益的特殊保护。

再次，海外权益的保护对于本国利益的特殊且有效保护具有直接的意义，符合现代国际私法法律适用"回家去"倾向。虽然"回家去"倾向与普遍主义和平等保护观念在价值取向上有着明显的差异，不过，这种倾向却在一定程度上反映了主权的要求，体现出本国利益优先主义的一般观念。此外，对海外权益予以特殊保护，也符合国际私法本质上是国内法的现实。

第二节　国际私法基本制度对海外权益的保护

一、反致制度与海外权益的保护

通常认为，广义上的反致包括直接反致、间接反致和转致，其基本含义是指，对于某一涉外民商事关系依内国冲突法规定应适用某一外国的法律，而依该外国法冲突法规定却指向适用内国法或第三国法时，法院就以内国法或第三国法作为准据法代替该外国法的制度。反致制度的源起似乎最早可追溯至 1841 年英国的 Collier 案和德国法院 1841 年的一个判决，不过真正引起国际私法学界的重视是 1878 年法国的福果案（Forgo's case）之后。Collier 案涉及的是一个英格兰国民制作的遗嘱和 6 份遗嘱修改附录的形式有效性问题。立遗嘱人死亡时从英格兰法上在比利时有住所，而依据比利时法则在英格兰有住所，遗嘱和其中两份附录是以比利时法的形式制作的，且在英格兰无争议地通过检验。争论的焦点在于，另外 4 份以英格兰法形式制作的附录的效力问题。审理案件的詹恩纳法官提出："在这里开庭决定这个问题的法院，必须把自己看作是在该案的特定情况下在比利时开庭审理。而根据比利时的冲突法，'在比利时没有合法注册的外国人制作的遗嘱的效力，受他们本国法律的支配'，所以，英国法院依英国法进行判决。"[1]应当注意的是，英国的反致制度具有某种独特性，它要求英国法院在适用时应把自己视为外国法院且在外国审理案件，然后以外国法院的身份考察该外国法对反致的立场，因而被称为"外国法院说"。法国的福果

[1]　参见［英］J. H. C. 莫里斯主编：《戴西和莫里斯论冲突法》（上），李双元等译，中国大百科全书出版社 1998 年版，第 92 页。

案则涉及的无人继承遗产的归属问题。福果是一个具有巴伐利亚国籍的非婚生子，5岁时随母亲移居法国直至去世。福果去世时没有遗嘱，也无其他直系亲属。对于他在法国的动产，福果母亲在巴伐利亚的旁系血亲就福果遗产的继承诉至法国法院。依据法国冲突规范，涉外继承关系依被继承人原始住所地法即巴伐利亚法。巴伐利亚实体法规定非婚生子的旁系血亲可以继承遗产；而巴伐利亚冲突法则规定继承依被继承人事实上的住所地法即法国法，而法国实体法规定非婚生子的旁系血亲除同胞兄弟姐妹外均无继承权。最终，法国法院根据巴伐利亚冲突法的规定适用了法国实体法，判决福果的旁系血亲无权继承其在法国的动产，该动产是无人继承遗产收归国库。在福果案后，反致开始获得国际社会的关注并在一些国家的立法中得到了确认。

对于反致，有的国家或地区采取普遍接受的立场，既接受反致也接受转致，对反致的范围也没有限制，如奥地利、波兰、委内瑞拉等；有的只在有限的范围内接受反致和转致，如英国、法国、德国；有的只接受反致而不接受转致，如日本、瑞士、匈牙利等；有的则对反致持完全的否定，如希腊、埃及、印度等。国际社会对反致立场上的明显差异，可能有对反致理解和认识上的不同因素，也可能对反致的本质看法不一，甚至反致的适用对法院司法能力的严格要求也影响各国在反致制度上的不同实践。反致制度的适用对于法官而言有着相当程度的苛刻要求，这显然将为适用反致的法官带来严重的不利，进而对司法经济产生消极后果。英国大法官帕里（Wynn-Parry J.）曾在一个案件中如此抱怨："很难想象会有比我面临的工作更难的事：无论是在我国还是在西班牙，要首次对本应由西班牙最高法院解释的相关法律（关于是否接受反致，尤其是从本国法向要继承的土地所在地西班牙法反致的规定）作出解释，而到目前为止，西班牙最高法院还未有任何公告；而且，对该法律的解释还必须令人满意。我面对的是：在西班牙，人们对该问题有着深刻的意见分歧、下级法院还作出了两个相互抵触的判例。"[1]正是如此，反致制度适用上对法官能力的这种高水平要求，无疑会形成反致在具体适用上的多样化，也可能导致法院拒绝适用反致，进而对各国立法的态度产生一定影响。

赞成反致的人通常的一个理由是反致制度能带来判决的一致性，从而使得案件无论在哪个国家法院提起均能获得相同的判决结果。这种判决结果的一致性不仅有利于判决的承认与执行，也符合传统国际私法的形式正义价值目标。因而，毫无疑问，反致制度的这种优势相当具有积极意义。不过，需要指出的是，反致制度适用结果的上述良好情形并非总是如此。实际上，反致制度适用结果的一致性很大程度是一种偶然因素的结果，并取决于法院的观念。莫里斯在分析反致制度运行效果时发现，在许多情况下，只要一些国家采用本国法，另一些国家采用住所地法，就不可能实现遗产分割的统一。比如，在下述情况下，无论运用何种理论，均不会得到遗产分割相同的结果，即假设一个定居英国的意大利人未留遗嘱去世，英国和意大利的法院均会依据本国法对各自控制的财产进行分割。因而，在莫里斯看来，反致的适用要达到一致判决结果的情形有相当大的偶然性，需要符合一定的条件。[2]不过，值得注意的是，尽管反对反致的观念占据现实的优势，然而国际社会的立法与司法实践却在一定程度上肯定了反致制度。

---

〔1〕　See Peter Stone, *The Conflict of Laws*, Longman, 1995, p. 396.

〔2〕　J. H. C. Morris, *Dicey and Morris on the Conflict of Laws*, 12th ed., Sweet & Maxwell, 1993 p. 83.

可以说，反致制度的产生有相当程度的偶然性，如戴西指出的："英格兰法中反致学说的历史，就是一连串意外事件的历史。该学说是作为有关遗嘱形式有效性的、僵硬的英格兰冲突规则的软化器而产生的。"[1]尽管如此，反致制度的形成也具有历史的必然性。一个重要的原因在于，反致制度的适用，有利于增强合适法律尤其是法院地法的适用，进而对本国利益予以有效的保护。法院在冲突规范指引外国法时，如果认为该外国法适用的结果无法实现法院所期望达到的某种实体结果，甚至可能导致一定意义的不公平结果，但同时发现该被指定的外国冲突规范却指向法院地法或第三国法（该第三国法符合期望的实体结果），则运用反致制度最终适用了法院地或第三国的实体法。所以，虽然反致制度的适用程序复杂且对法官有更高能力的要求，也并没有妨碍法官对反致的适用。正如有学者所指出的：为何 Collier 案英国法院不直接依据英国冲突法进行审理，却偏要徒增纷扰地适用反致。如果英国法院不采用反致，则将导致比利时法的适用；如果英国法院采用全部反致而非"半吊子"反致，其结果是哪怕比利时法只承认直接反致，都将导致比利时实体法的适用。所以，英国法院的目的是为了最终适用英国的实体法。[2]而法国福果案的情形表现得更加明显，在该案中，法国法院显然不愿意把福果的遗产转移给与被继承人无直系血亲关系或者旁系血亲关系极为薄弱的外国人，而期望适用法国法，从而将"无人"继承遗产收归国有以实现对本国利益的保护。正是如此，反致制度的形成以及国际社会对其的接

---

〔1〕　［英］J. H. C. 莫里斯主编：《戴西和莫里斯论冲突法》，李双元等译，中国大百科全书出版社 1998 年版，第 96 页。

〔2〕　金彭年、汪江莲："从反致制度的本质看我国关于反致制度的取舍"，载《浙江大学学报（人文社会科学版）》2004 年第 2 期，第 47 页。

受，显然不是由于法官为了显示能力的超群和法律知识的渊博而有意卖弄的结果，也不是因为认为被冲突规范援引的外国法应包括实体法和冲突法因而必须考虑反致。相反，是法院地利益考量的产物。

反致制度的适用，首先的考虑应当是扩大本国法的适用。无论是早期国际私法时期，还是现代国际私法时代，外国法的适用和外国法的查明一直都是困扰各国法院的一个复杂问题，各国法院都不愿意承担外国法查明的责任，也不愿意适用外国法。毕竟，法官无法真正知晓各国法律，限于语言、技术等因素，法官可能难以有效地查明外国法；而且，各国法律文化传统、立法政策、立法技术甚至语言都有明显差异，法院在外国法的适用上也缺乏必要的自信。正如我国学者指出的："在法律选择法实践中，各国普遍存在愿意适用内国实体法的心理倾向，一方面，法官对内国法最为熟悉，适用内国法可以避免因适用不熟悉的外国法而发生的法律适用上的错误，减少当事人利益的损害；另一方面，各国都希望在调整超国家关系中扩大内国法的适用范围。"[1]所以，在涉外案件中尽可能地适用法官最熟悉的法院地法，显然是法官的内心需求。不过，值得注意的是，反致制度适用的结果通常是代替以法院地法，从而使法院无须在外国法查明上费心耗力，并且不需要适用可能很不熟悉的外国实体法，这对于法院的司法利益确实有着积极意义。然而，反致制度的适用不一定导致法院地法的适用，而且反致制度的适用也需要对外国冲突规范的内容加以查明、予以了解，这对于法院而言也是相当困难的。反致制度适用的另一个考虑，是尽可能地对本国利益加以保护。正如有学者所指出的："采用反

---

〔1〕 沈涓：《冲突法及其价值导向》，中国政法大学出版社 2002 年版，第 176 页。

致原则处理案件，可使法院在根据本国冲突规范的指定适用某外国法，而该外国实体法的相关规定不利于法院作出足以保护本国利益的判决的情况下，通过一种并不令人反感的办法（即适用该外国的冲突规范去援引对己有利的法律），以达到维护本国和当事人正当合法权益的目的。"[1]事实上，无论是英国的Collier案还是法国的"福果案"，都是想达到维护本国利益的内在目的。值得指出的是，在普通法国家中，由于把外国法视为"事实"，因而外国法查明的责任通常由当事人承担，如果当事人不愿提供外国法，则适用法院地法。因而，普通法国家法院在外国法查明上显然是消极和被动的，不会主动去查明外国法甚至会排斥外国法的查明；那么，在当事人提供了外国实体法的情况下，法院通常是适用该外国实体法作出判决，然而法院却在某种程度上违背其司法惯例不厌其烦地去了解外国冲突法的内容，这种实践显然是反常的。所以，普通法国家法院对反致制度的适用，显然隐藏着某种内在的本质。正如有学者指出的：反致制度是维护国家利益的有力工具……作为国际私法的特有制度，反致可以发挥起在维护国家利益方面的积极作用。各国在选择法律时，可以以其为盾牌，适用本国的实体法或所希望适用的实体法来实现自己的利益。在大多数情况下，反致对于法院地国总是有利的。[2]

在笔者看来，反致制度的本质在于，法院力图寻找一个有利法律尽可能地对本国利益加以保护。事实上，综观各国的实践，反致制度主要存在于婚姻家事领域，而在其他领域尤其是合同领域却通常不允许反致的适用。一方面是因为婚姻家事领

---

〔1〕 周黎明："论反致问题"，载《河南大学学报（社会科学版）》2002 年第6 期，第84 页。

〔2〕 于飞："反致制度反思与展望"，载《政法论坛》2001 年第5 期。

域各国的法律差异较大且难以统一，从而使得反致的适用有着坚实的存在基础；另一方面，更为重要的是，反致制度的适用符合国际私法实质正义的价值追求，避免出现"跛足"的现象从而导致不公平不正义的结果，并对其他关系人乃至社会的利益带来消极后果。那么，适用反致则允许法院在具体个案中寻找最合适的法律，从而对本国及本国人利益予以有效的保护。相反，合同领域通常仅涉及当事人双方的利益而较少关涉其他人利益问题；更为重要的是，在合同领域，当事人意思自治原则获得了完全的尊重，而通常认为当事人所选择的法律应该最符合他们的利益，因而如果允许反致的适用显然会与当事人的期望不符，从而不利于当事人利益的保护。

应当认为，反致制度的这种本质，有利于起到保护海外权益的作用。反致制度对本国利益的保护，首先保护的是本国国民的利益，毕竟，国际私法所调整的涉外民商事关系本质上属于私法性质。而且，反致制度适用上形成的本国利益以及司法利益，并不是每个案件中都可能存在，像福果案中出现的无人继承财产收归国有的情形实践中极为罕见。在涉及海外权益的涉外案件中，如果冲突规范指引的外国法对于海外权益的保护有消极意义，法院可以利用反致以排除该外国实体法的适用，而选择一个更合适的法律，从而起到对海外权益保护的目的。当然，如果在涉外合同领域，海外权益的保护通常就无法利用反致制度了，因为各国的一般实践都拒绝反致制度。

二、法律规避与海外权益的保护

法律规避是指跨国民商事关系中的有关当事人通过故意制造或改变连结点因素，以逃避本应适用的内国法或外国法中的强制性规则，而使对自己有利的另一种法律得以适用的行为。

国际社会对法律规避的关注，最早是 1878 年法国最高法院的"鲍富莱蒙案"。该案中，法国王子鲍富莱蒙之妻为了达到与丈夫离婚而与罗马尼亚比贝斯哥王子结婚的目的，首先从法国取得了"别居"判决（其时法国不准离婚而只能"别居"），然后依据德国法规定在德国居住后归化为德国国籍，并在德国最终取得一个离婚判决后与比贝斯哥结婚。鲍富莱蒙王子向法国法院提起诉讼，要求确认王妃归化德国国籍以及再婚无效。最终，法国最高法院作出判决认定，由于王妃改变连结点的目的是以欺诈手段规避本应适用的准据法——法国法，因而"欺诈使一切无效"，王妃取得德国国籍和再婚均无效。该案引发了国际社会对法律规避的广泛关注，毕竟，法律规避既强调了当事人的主观意思，这在私法领域有可能导致道德化的倾向，也会对当事人的意思自治产生限制性效果，而这种限制的界限究竟在哪里、是什么都不易确定。不过，与此同时，该案也促使了法律规避制度在一些大陆法国家法律地位的确认。

　　通常认为，法律规避的构成有两个重大方面的因素，即一是当事人存在规避法律的故意，正如有学者指出的：在法律规避情形下，当事人具有逃避强制性规则适用的故意，这种故意因素是这种制度的关键。[1]当然，这种故意因素的认定对于法院而言是一个相当大的难题，这也一定程度上导致了法院经常在法律规避制度适用上有意忽视故意因素的认定，以减轻法院的司法负担，并避免因难以认定而导致法律规避制度无法适用的困境。正是如此，反对法律规避制度的人提出，法律规避制度的主要问题在于其主观要件，因为既然各国冲突法都认同当事人意思自治原则，而规避法律以实现自己的利益是当事人选

---

　　〔1〕〔法〕亨利·巴蒂福尔、保罗·拉加德：《国际私法总论》，陈洪武等译，中国对外翻译出版公司 1989 年版，第 509 页。

法自由的一种表现，则应承认当事人的避法选择行为是适法的；否则，追究当事人规避法律的"道德罪恶"，无异于将冲突法"泛道德化"。[1]正如有外国学者所指出的，对意图的探索是对人的内心意识的侵入，法律只涉及外部行为，而人的意图属于道德范畴。关于意图是不能得到可靠结论的，这样就会使法官作出不可接受的专断结论。[2]而且，当事人改变连结点的行为本身是各国国际私法所允许的。由于冲突规范自身的结构以及其援引法律的功能导致连结点的变化必然造成法律适用本身的变化，其责任并不应由当事人承担。同时，当事人对某些连结点的变动，并不违背冲突规范的原意，其最终适用的法律依旧是该国冲突规范援引的结果。正如霍姆斯法官在一个案件中所言："我们不考虑法律规避问题。法律划定了是非界限，一起案件要么合法要么非法。若当事人的行为合乎法律，则其充分利用法律赋予的权利在法律上就无懈可击。"[3]事实上，法律规避实质上是在不受某个法域法律约束的动机驱使下，当事人所实施的两个行为的结合，而这两个行为本身并无违法的情况。如在鲍富莱蒙案中，鲍富莱蒙王妃的动机是为了不受法国法关于禁止离婚规定的约束，她所实施的两个行为即取得德国国籍和在德国提起离婚之诉都不违反各国法律的规定。所以，法律规避制度意欲以捍卫法律的威严为己任，结果却是国家违反了自己制定的法律，导致了对法律威严的更大损害。这种初衷与效果的矛盾，正是由法律规避制度本身产生的。显然，在承认这

---

〔1〕 刘铁铮、陈荣传：《国际私法》，三民书局2004年版，第540页。

〔2〕 ［法］亨利·巴蒂福尔、保罗·拉加德：《国际私法总论》，陈洪武等译，中国对外翻译出版公司1989年版，第512页。

〔3〕 Bullen v. State of Wisconsin, 240 U. S. 625 (1916).

种制度的前提下，这个矛盾也是根本无法解决的。[1]

法律规避另一个构成要素是当事人所规避的是一种强制性规则，这使得法律规避具有极强的非法性。当然，强制性规则的具体内涵是什么，国际社会似乎并没有一定的判断标准，这也就导致各国在法律规避制度的适用上存在现实的差异，也使得各国在具体的适用上较为谨慎。而随着社会发展和观念的进步，国际社会对于强制性规则的观念有了更加深入的理解，这也使得法律规避制度的存在合理性以及具体适用变得更为复杂。现代观念认为，强制性规则可以分为"国内意义上的强制性规则"和"国际意义上的强制性规则"[2]两个层次。前者反映的公共秩序强度有限，并不一定具有排除冲突规范绝对强制适用的效果；后者反映的公共秩序强度足够大，具有绝对强制适用的效力。那么，法律规避中当事人所规避的强制性规则应该是国内意义上的，而不是"国际意义上的强制性规则"，即这种强制性规则是国内民商事关系的当事人不能排除适用而具有强行性的，但在跨国民商事关系中可以依内国冲突规范所排除适用，且其本身也有赖于一般冲突规范的指引才能得到适用，而不能直接适用于跨国民商事关系。[3]对于强制性规则的这种性质以及相应的主要内容，我国还有学者也具体加以了明确：在比较法上，法律规避是否成立，很大程度上取决于被规避规范的重要性。某一避法行为是否构成法律规避，对法院而言是一个价

---

〔1〕　周江："国际私法中法律规避问题的再思考"，载《法律科学（西北政法学院学报）》2007 年第 4 期，第 156 页。

〔2〕　有关这两个术语的相关阐述，可参见徐崇利："法律规避制度可否缺位于中国冲突法？——从与强制性规则适用制度之关系的角度分析"，载《清华法学》2011 年第 6 期，第 124 页。

〔3〕　徐崇利："法律规避制度可否缺位于中国冲突法？——从与强制性规则适用制度之关系的角度分析"，载《清华法学》2011 年第 6 期，第 124 页。

值判断问题，而实际中判断当事人是否存在规避"过错"的标准，实际上是被规避的法律规范的重要程度……促使法院援引法律规避的情形大体有三：第一，在合同领域，某些关涉一国重大公益的实体法强制性规范（即直接适用的法）有适用的必要；第二，在合同领域，某些无关一国重大公益的实体法强制性规范在特定情形下有适用的必要；第三，在非合同领域，某些实体法强制性规范在特定情形下有适用的必要。[1]

应当认为，法律规避制度强调当事人规避法律的主观故意以及一国国内性质的强行法规则，前者既使法官依据客观后果主观推定结果，从而可能导致道德化问题，又使法官背负查证的沉重负担，从而使得法官在私法性质的民商事案件中需要同时承担起控诉和审判的职能；后者则使法律规避的可接受程度受到影响。事实上，国际社会日益认识到，在国际私法领域，一国国内强行法规则并不能排除冲突规范的适用，这已被公共秩序保留理论所确认。尽管如此，法律规避制度强调了当事人对强行法的避法的主观恶意，而这种强行法对国家而言有着重大的意义，"欺诈使一切无效"的法谚使得避法行为的苛责性获得确认；而且，从司法实践来看，法律规避制度的适用都相当谨慎，通常是在直接适用的法和公共秩序保留都难以发挥效用时才会被法院予以实际运用。所以，虽然对于法律规避制度存在各种批评，但是，一些大陆法系国家还是确认了这种制度的法律地位。

从法律规避制度的构成要素来看，法律规避要求当事人规避的是强行性规则，因而法律规避注重的是对一国公共利益的保护，而不会直接涉及私人利益的保护问题。毕竟，通常情况

---

[1] 肖永平、龙威狄："论中国国际私法中的强制性规范"，载《中国社会科学》2012年第10期，第121页。

下，私人利益的保护很难上升到公共利益层面。而且，法律允许当事人自由处分个人权利，予以转让甚至放弃，法律也允许当事人意思自治选择法律，这种自由权利使得法律规避制度中所要求的规避意图难以形成。因而，在私法性质的民事权益一般难以上升到强制性规则调整对象的情况下，法律规避制度在海外权益保护上能够发挥现实作用的可能性应该非常小。尽管如此，实际的情况并非绝对如此，法律规避制度的适用也对当事人利益包括其海外权益的保护有着一定的意义。

首先，在当前国家主权观念依然存在的情形下，海外权益可能会成为国家主权保护的对象从而受到法律规避制度效力的影响。国家主权观念认为，国家对本国利益以及本国人利益的保护被认为是国家主权的一个内容；与此同时，国家利益与私人利益之间并不存在绝对的割裂，从主权国家层面看，国家利益既与个人利益和社会公共利益有着明显的区别，也不是个人利益和社会利益简单相加的结果，但又必须把保护个人利益和社会公共利益作为国家利益的基本价值目标。在如今国际经济发展趋缓、国际贸易与投资环境恶化的状况下，对本国国民的海外利益加以有效的保护，从而促进国民的经济利益和对外经济往来的持续性顺利进行，这不仅符合国家利益的实际需要，也是国家主权的现实要求，最终有利于本国经济的发展和社会的进步。由此，防止当事人通过法律规避行为损害本国的海外利益，显然是国家主权的一个基本内涵。

其次，法律规避制度适用的结果一方面避免了行为人从规避行为中获益，另一方面也客观上保护了另一当事人的正当权益，避免他因避法行为而受到权益的损害。法律规避侵犯的是国家的强行性规则，通常损害的是国家的公共利益；不过，在一方当事人规避强行法规则的结果损害另一方当事人权益时，运用法律规避制度拒绝避法行为的有效性，虽然总体上的衡量是国家的公共利益及其保护，但实际的结果却有利于另一方当事人权益的保护。因此，如果本国国民的海外权益因另一方当事人的法律规避行为受到损害，法院适用法律规避制度可以否定避法行为的有效性，从而使得他期望适用的法律以及期望获得的结果不能最终实现，进而导致对正当海外权益的侵害无从发生。当然，需要注意的是，国际社会在法律规避制度的适用范围上有较大的差异。有的国家主要限制在家事法领域，正如德国学者凯格尔（Kegel）所注意到的："法律规避出现的主要领域是结婚和离婚"，[1]这会影响到法律规避制度对海外权益保护的效力范围；有的国家未做这种限制，这使得法律规避制度能够对海外权益加以保护的范围更为广泛，如我国"中银香港公司诉宏业公司等担保合同纠纷案"[2]涉及对外担保的效力问题、"北京京皇国际大厦有限公司诉中国人寿保险（海外）股份有限公司香港分公司借款合同纠纷案"[3]则涉及对外借款合同的效力问题。毫无疑问，法律规避制度适用范围越广，对海外权益保护的有效性就越大。

三、公共秩序保留与海外权益的保护

被誉为国际私法"安全阀"的公共秩序保留（公共政策）[4]是国际私法的一种特殊制度，其基本含义是指一国法院依其冲突规范本应适用外国法时，因其适用会与法院地国家的重大利

---

〔1〕 转引自许庆坤："国际私法中的法律规避制度：再生还是消亡"，载《法学研究》2013年第5期，第200页。

〔2〕 最高人民法院〔2002〕民四终字第6号。

〔3〕 最高人民法院〔2005〕民四终字第7号。

〔4〕 公共政策与公共秩序保留这两个术语的内容是一致的，只是在英美法国家与大陆法国家在表述上各不相同而已。本书出于习惯，把二者混合在一起加以运用。

益、基本政策、道德的基本原则相抵触因而排除该外国法的适用。此外，在国际民商事司法协助领域中，公共秩序保留还指，如果民商事司法协助事项与被请求国的公共秩序相抵触，则被请求国有权拒绝提供相关司法协助。一般认为，公共秩序保留具有两个方面的作用：一是消极的否定作用，即排除按冲突规范本应适用的外国法，从而使该外国法在该国被拒绝适用；二是积极的肯定作用，即内国法的某些规定具有直接适用的性质，根本不考虑外国法的适用，从而排除了外国法适用的可能性。

虽然公共秩序保留作为国际私法的一个基本制度得到了世界各国的认同，并作为各国保护自己基本利益的"安全阀"，不过，"公共秩序保留"本身在各国并没有一个一致的认识。德国称之为"保留条款"或"排除条款"，法国则称作"公共秩序"，而普通法系国家则称为"公共政策""法律政策"或"法律秩序"等。我国则一般把它表述为"社会公共利益"。对于公共政策的内在含义，各国也没有统一的解释，正如英国国际私法学者莫里斯所说：在法律冲突法案件中，公共政策是必要的，但是为了规定这个保留的界限所做的尝试从来没有成功过。[1] 所以，模糊性与灵活性一直是该制度的显著特点，其具体内涵取决于各国立法的规定以及法院的自由裁量权。对于公共秩序保留的内涵及其复杂性，《元照英美法辞典》做过详细的说明：public order：公共政策；公共利益准则。该词的含义并不十分明确，在英国"理查森诉梅利什案"［Richardson v. Mellish（1824）2 Bing, 252］曾被比喻为"一匹十分难以驾驭的烈马"（a very unruly horse）。一般而言，它是指被立法机关或法院视为与整个国家和社会根本利益相关的原则和标准，该原则要求将一般公共利

---

〔1〕［英］莫里斯：《法律冲突法》，李东来等译，中国对外翻译出版公司1990年版，第46页。

益（general public interest）与社会福祉（good of community）纳入考虑的范围，从而可以使法院有理由拒绝承认当事人某些交易或其他行为的法律效力……在狭义上，这一原则是指不允许实施任何可能给一般公共利益造成损害的行为。该词亦作"policy of law"，而在大陆法系，与之相对应的则为公共秩序或称公序良俗。[1]

由于公共秩序保留作为国际私法的"安全阀"能够排除冲突规范所指定法律的适用，这会一定程度上导致法律适用可预见性的缺失；而且，公共秩序保留适用的结果通常是法院地法最终得到适用，从而符合法院（法官）的内心期望，因而可能会引发公共秩序保留的滥用现象。这种情况下，公共秩序保留确定的内涵以及适用范围的界限就具有直接的意义；否则，如果存在这种缺漏（即公共秩序保留适用范围缺乏明确、公认的界定——笔者注），其直接的后果显然是给法官留下了适用公共秩序保留的广泛自由裁量权，法官将因此利用公共秩序保留的模糊性与灵活性滥用公共秩序保留排除外国法的适用。沃尔夫就曾表达了这样的忧虑："萨维尼大多表示的希望——'随着各国法律的自然发展，这些例外情形可望逐渐消除'——是太乐观了。相反，目光短浅的现代民族主义大大地增加了这些'例外情形'的数目，从而严重地损害了国际私法作为倾向于国际规定的一个法律体系的价值。"[2]

毫无疑问，公共秩序保留自身的特点以及法院自利的本性，将会极大地增加滥用的风险。正是如此，晚近国际社会出现了对公共秩序保留适用严格限制的倾向，导致公共秩序保留的适

---

〔1〕 薛波主编：《元照英美法辞典》，法律出版社 2003 年版，第 1117 页。

〔2〕 ［英］马丁·沃尔夫：《国际私法》，李浩培、汤宗舜译，法律出版社 1988 年版，第 273 页注⑥。

用从强势逐渐走向式微。英国著名冲突法学者如此指出："在英格兰内国法中，现已很好地确立了这样的原则：公共政策学说仅应当在那些对于社会造成了实质性的确凿的伤害的案件中援引，而不依赖于几个司法者的特异推断。法院不可以随法官们的意愿自由地拒绝执行一项基于外国法的权利，去适合个人的有关便利或公正的概念。他们不会关上大门，除非协助会违反公正的某项基本原则、良好道德的某项普遍观点、共同幸福的某项根深蒂固的传统。而且，公共政策学说在英格兰冲突法中，远不如某些相应学说在一些外国（如法国和德国）法中表现得那么显著。"[1]而卡多佐法官也曾在一个案件中提出："我们不能如此心胸狭隘地认为别人对同一个问题的处理方法因与我们自己的不同而认为他们不对……法官不得以自己的喜恶，顺着法官心中关于对公正的概念而随意拒绝执行一个外国权利，除非执行该外国权利会产生违背正义的基本原则、道德的良好准则以及根深蒂固的普通法传统，才可以援引公共政策。"[2]国际社会对公共秩序保留适用上的严格限制，具体表现主要有以下方面：第一，在程度上，基本上各国法律及国际条约都强调"明显违反"。近年来，许多国家在运用公共秩序保留时一般都强调"显然违反"或"明显违反"，程度上更加的严格。尽管这种"明显违反"仍然是一个模糊的概念，并依赖于各国法院的理解，但不可否认，这种措辞的本身就体现了一种发展态势，国际社会的关注将迫使各国在运用公共秩序保留时持慎重的态度。第二，在效果上一般都强调"结果说"，主张外国法适用的结果将违背内国的公共秩序，而非外国法的内容与本国的公共

---

〔1〕 ［英］J. H. C. 莫里斯主编：《戴西和莫里斯论冲突法》，李双元等译，中国大百科全书出版社1998年版，第116页。

〔2〕 Loucks v. Standard Oil Co. of New York, 224 NY 99（1918），p. 111.

政策不相容。当然，对于"结果说"的这种主张，我国有学者似乎并不赞同，认为公共秩序保留的真实目的是排除内在道德不符合国内法最低要求的外国法本身，而不是排除外国法的适用结果，法官不满意外国法的适用结果，并不表明该外国法本身违反了本国的公共秩序，如果在外国法的适用结果不同于法院地法的适用结果时，就轻率地援引公共秩序保留制度，那么法律选择程序还有多少意义呢？[1]

虽然国际社会对于公共秩序保留以及其适用有较大的争议，不过，公共秩序保留的法律地位及其具体适用却仍然得到了确认，以合理保护国家利益免受严重的损害。当然，需要注意的是，公共秩序保留适用的基础是一国的公共秩序，防止外国法适用的结果对国家的公共秩序造成损害。因此，当事人私人权利的保护问题通常并不能直接成为公共秩序保留的关注对象，从而使得公共秩序保留的适用不会直接考量海外权益的保护问题。不过，这并不表明公共秩序保留在海外权益保护上无能为力、无所作为。

一方面，公共秩序保留的本质是维护法院地国的国家利益，而海外权益与国家利益之间的密切关联性使得海外权益的保护可能成为公共秩序保留适用的一个因素。作为国际私法的"安全阀"，公共秩序保留的本质是维护法院地国的国家利益。在国际私法已经解决了为何需要适用外国法的问题之后，各国面临的主要问题是如何适用外国法。这种情况下，如果适用外国法的结果将对本国的国家利益产生严重的消极后果，法院则面临着适用外国法与维护本国利益的抉择。正如李浩培先生所指出的："国际私法的存在，原以下述假定为基础：关于含有涉外因

---

〔1〕 宋晓：《当代国际私法的实体取向》，武汉大学出版社2004年版，第336页。

素的私法案件，为执行当事人间的公平起见，应于表面上似有数法律秩序的法律均可适用时，择一最适当的法秩序的法律适用之；但此最适当法序的法律，常非法院地法（lex fori），而系其他法序的法律……但世上任何国家，必有某种集体利益，依该国见解，认为特殊重要，不能因适用外国法律而牺牲，故如外国法的适用，将妨碍此种特殊重要的内国集体利益时，法院即得利用公共秩序的概念，谓原则上应适用的外国法，有妨内国的公共秩序，故例外的仍不适用。公共秩序观念，构成一种例外的并救济的规则，以禁止适用依内国国际私法原则上应适用的外国法，期达保护内国利益的目的。"[1]事实上，国际社会在公共秩序保留适用上坚持的"结果说"，实质是维护本国的国家利益，而非注重外国法形式上的非道德性或者缺失公平正义。波尔（de Boer）也曾如此提出：在一些情况下，公共秩序保留适用的真实动机，并非为了排除内在道德邪恶或者明显违反公平正义的外国法，而是为了追求更适当的实体结果；而这种"更适当"实体结果通常是适用法院地法的产物。那么，在公共秩序保留适用的整个分析过程中，因此对外国法的道德或者公平正义方面的评价并不处于中心的位置。[2]

在司法实践中，大陆法系国家就经常运用公共秩序保留拒绝承认或执行外国法院尤其是美国法院的惩罚性损害赔偿判决。如日本东京高等法院于1993年拒绝了一项涉及惩罚性损害赔偿的美国加利福尼亚州法院作出的判决。在该案中，日本东京地方法院声称："依据日本侵权法的规定，赔偿仅限于实际损失，日本拒绝承认超出实际损失范围的惩罚性赔偿金。"在上诉时，

---

〔1〕 李浩培：《李浩培法学文集》，法律出版社2006年版，第50页。
〔2〕 转引自宋晓：《当代国际私法的实体取向》，武汉大学出版社2004年版，第335~336页。

日本东京高等法院也以美国惩罚性损害赔偿判决具有刑罚性、超出了日本《民事诉讼法》第 24 条民事性质的"外国判决"的范围为由，认为不能予以执行。最终该美国判决的惩罚性赔偿部分被认为损害了日本的公共秩序而被拒绝执行。[1]在英美法国家，与通常不愿意运用公共秩序保留的立场不相一致，在外国判决承认与执行方面，他们也把公共政策作为拒绝外国判决的一个主要事由。如英国 1933 年《外国判决（互惠执行）法》中规定，如果登记法院认为，判决的执行违反登记法院国的公共政策，则该登记就应撤销。在 Bachchan v. India Abroad Publications Inc. 案[2]中，美国法院认为，美国宪法第一修正案事关重大，涉及对基本人权和民主制度的保护。依据美国法律，控告媒体诽谤的原告负举证责任，须证明被告所公布的内容是虚假的；如不对原告课以此种举证责任，就会侵害言论自由，这样的后果"令人寒战"。但英国伦敦高等法院并没有要求本案原告履行举证责任。因此，如果执行该判决，就会使美国法律所载明的言论与出版自由受到严重威胁。于是，美国法院以公共政策为由拒绝了原告要求承认和执行判决的请求。[3]虽然上述公共秩序保留的实践强调了国家的公共政策，但是，不可否认，公共秩序保留的实践却反映了对本国利益的保护意图，以避免外国法（判决）对本国（人）利益给予过分的侵损。在私人利益经常被纳入到国家利益的情况下（这在国际贸易和国际投资

---

〔1〕 李广辉："外国惩罚性损害赔偿判决的承认与执行研究"，载《比较法研究》2005 年第 2 期，第 75 页。

〔2〕 Bachchan v. India Abroad Publications Inc., 585 N. Y. S. 2nd edn., 661 (Supp. Ct. 1992).

〔3〕 转引自肖永平等："美国、德国和澳大利亚适用公共秩序保留制度之观察"，载万鄂湘主编：《涉外商事海事审判指导》，人民法院出版社 2005 年报，第130 页。

领域较为普遍），公共秩序保留的适用也会顾及本国的海外权益，把对国家具有重要意义的海外权益上升为国家的利益加以适当的保护，这在当前国际经济环境较差的情形下更可能被国家认可与接受；而公共秩序保留的模糊性和灵活性以及具体适用上法官裁量权的广泛性使得法院的保护意图更加能够得以实现。

另一方面，公共秩序保留适用的结果最终可能有利于当事人海外权益的保护。随着全球化运动的推进，国际社会对于国际合作的需要与期望日益突出，从而通过国际合作以解决单个或少数几个国家无法有效解决的全球性问题。这种全球合作的需要对各国的立法与司法都提出了相应的要求，要求各国应适当限制自己的司法主权。反映在公共秩序保留之上，则是对公共秩序保留的适用呈现出日渐严格的倾向，不仅要求"结果说"而非外国法或外国判决形式上的不可接受性与不道德性，而且有"明显违反"的程度性要求，甚至要求损害的是"国际意义的公共秩序"而非"国内意义的公共秩序"。尽管如此，公共秩序保留适用的基础仍然是国家的重大利益。所谓"国际意义的公共秩序"主要是指即使在国际案件中也具有强制适用效力是公共秩序，而不是仅仅在国内民事案件中才得以适用。所以，在具体案件中，一些具有特殊意义的海外权益可能成为公共秩序保留适用的原因被法院裁量时加以考虑，那么，这种适用的结果对于海外权益就具有间接的保护作用，以避免不利的外国法或者外国判决对海外权益造成不公正的结果。事实上，国际社会公共秩序保留适用的实践都相当程度上表现出了这一点：引发公共秩序保留的适用以及适用的最终结果都对国民的海外权益有某种程度的直接效果。

四、直接适用的法与海外权益的保护

直接适用的法也经常被称为"警察法""优先适用规则"

"强制性规则""空间受调节的法"等，通常是指在所有法律体系中，有某些具有强制性的实体规则，要求不管冲突规范选择哪个国家的法律均得直接予以适用。《罗马条例 I》把直接适用的法称为"优先适用的强制性条款"，将其定义为：被一国认为对维护该国的公共利益，尤其是对维护其政治、社会、经济组织的利益至关重要，而必须遵守的强制规范，它们适用于其管辖范围内的任何情况，而不管依据本条例应适用于合同的是何种法律。对于直接适用的法，许多国家立法中都加以了规定，例如《比利时国际私法》第 20 条：不论冲突规范指定的法律为何，本法的规定不影响其自身规定或特殊目的而旨在调整国际事项的比利时强制性规则或公共秩序规则的适用。直接适用的法理论最早是由法国学者弗朗西斯卡基斯（Francescakis）在研究法国司法判决的基础上提出并进行系统研究的，他认为随着国家职能的转变及其在经济生活中作用的增强，国家对经济的干预不断增强。为了使法律在涉外经济和民事交往中更好地维护国家利益和社会利益，国家制定了一系列具有强制力的法律规范，以调整某些特殊的涉外法律关系。这种具有强制力的法律就是直接适用的法，这种强制法是那些为保护一国政治、社会和经济秩序而必须适用的法律规范，这类法律规范无须经过冲突规范的指引就可以直接适用于涉外民商事关系，本质上是一种自我确定空间适用范围的法。

就此可以看出，弗朗西斯卡基斯所提出的直接适用的法具有两个基本特征，即内容上的重要性与适用上的直接性。这使得直接适用的法与萨维尼所提出的"强行法"相符。[1]萨维尼认为每个法律体系中都存在两类强行法，第一类强行法只是为

---

〔1〕 李双元、杨华："论国际私法上直接适用法的重新界定"，载《河北法学》2016 年第 5 期，第 36~37 页。

了保护所有者利益的法律规范，这类强行法在涉外民商事案件中并不绝对地排除外国法的适用；第二类强行法并非纯粹为了保护所有者利益而制定的，还具有自己的道德基础或者是建立在公共利益的理由之上，这类强行法不受冲突规范的制约而具有强制适用的性质。当然，需要说明的是，从现今看来，萨维尼提到的强行法例外实际上既包含了国际私法上的直接适用的法，也包含了公共秩序的例外。

直接适用的法的形成，某种程度上应当是国家对社会经济生活干预的产物，是自由经济遭遇危机后的自然结果。对于国家干预社会、经济等领域的合理性，德国国际私法学者贝斯多（Basedow）曾经这样指出："在国内市场，自由竞争和经济自由不得不受到许多限制。自由经济面临自我毁灭的危险，已变得越来越明显。私营经济……利用他们的自由权来缩小自己和竞争对手的契约自由权。在这种情况下，为阻止市场经济的自行解体，就有必要制定竞争保护法。由于存在自然垄断、外部影响、当事人信息不对称等市场失败因素，竞争不能产生预期效果。基于这种情况，国家制定了特定经济部门法规。而且，人身依附的废除，农村人口外流以及由此产生的城市劳务市场的失衡，对国家干预经济事务产生了深远影响……同时，高涨的民族主义思想也影响到经济政策。"[1]而国家的干预一定程度上导致了直接适用的法规则的形成。正如有学者所言：随着西欧"福利国家"的兴起、国家干预的有形之手伸向社会经济生活的各个领域，强制性规范在国际民商事案件中的运用日益频繁，

---

〔1〕 Jurgen Basedow, "Conflicts of Economic Regulation", Am. J. Comp. L. , 1994 (42), p. 427.

有关强制性规范的专门理论才在欧洲大陆破茧而出。[1]此外，私法的公法化倾向也促成了直接适用的法的形成。公法私法的划分一直是大陆法系国家的传统，他们认为二者有着明显不同的调整对象，正是如此，有着显著私法性质的国际私法显然不应该涵盖公法的内容。事实上，传统国际私法学者一直都在小心翼翼地避免法律适用上的国家主权问题，以避开一个主权国家为何以及如何适用另一个主权国家法律的复杂问题。实际上，无论是巴托鲁斯的域内效力和域外效力观念、还是萨维尼的法律关系的本座所在地思想，都在竭力躲开法律适用所牵涉的国家主权问题。不过，随着全球化的发展和社会经济的演进，公法私法的界限日益模糊，这一定程度上导致了直接适用的法在国际私法领域的确立。正如学者所指出的：私法公法化与公法私法化使大陆法系国际私法逐渐丧失中立性与纯粹性。一方面，传统的多边法域选择规则融入了结果选择因素，以实现特定领域的利益衡平诉求；另一方面，由于多边选法体系不能满足某些体现一国重大公益的实体法强制性规范的适用需要，单边选法方法被引入以维护此类规范的有效运行，从而促成当代大陆法系国际私法的方法多元格局。[2]

由于直接适用的法排除了外国法的适用，当法院认为国内某些法律规则具有特殊重要性时，就会诉诸公共秩序保留直接适用内国的强制规则而排除外国法的适用，这就使得早期国际社会通常认为直接适用的法是依附于公共秩序保留的。不过，后来由于国内强制规则数量的扩张，以及国际社会对于公共秩

[1]　肖永平、龙威狄："论中国国际私法中的强制性规范"，载《中国社会科学》2012年第10期，第108页。

[2]　肖永平、龙威狄："论中国国际私法中的强制性规范"，载《中国社会科学》2012年第10期，第110页。

序保留的适用越来越严格，直接适用法规则的目的便与公共秩序保留不再完全吻合，从而开始以独立形式获得国际社会的承认。当然，就如公共秩序保留那样的模糊性，国际社会对于直接适用的法的具体内涵以及表现形式一直缺乏有效的认识，在具体的适用上也缺乏统一的实践甚至不存在一个相对确定的标准；而且，直接适用的法与公共秩序保留二者的关系也依然含混不清，更多的是理论层面的探讨而非实践层面反映出来的实际问题。例如，我国学者提出："决定强制性规则之强制或直接适用的有两个要素：一是此类规则反映一国公共秩序的强度……一国强制性规则反映的该国公共秩序越强烈，其得到强制或直接适用的可能性就越大；反之，其得到强制或直接适用的可能性就越小。二是强制性规则所属国与跨国民商事关系在空间上联系的紧密程度，强制性规则所属国与跨国民商事关系在空间上的联系越紧密，其得到强制或直接适用的可能性就越大，反之则越小。"[1]由此看来，理论探讨似乎仍未真正揭示直接适用的法的实质内涵与外在界限，直接适用的法与公共秩序保留的关系并没有完全清晰。

尽管如此，直接适用的法的这种现状并不妨碍它在司法实践中的运用，借以实现对国家而言具有重大意义的国家利益和公共秩序的保护。综观各国立法与司法实践，直接适用的法涉及的是国家的重大利益或者国家的基本法律原则，因而，私人性质的个人利益并不会直接成为直接适用的法的调整范围，从而导致直接适用的法通常不会关注海外权益的保护问题。毕竟，在当前国家利益与私人利益二分法仍是主流观念与一般实践的情况下，具有排除冲突规范而强制适用的直接适用的法显然不

---

〔1〕 徐崇利："法律规避制度可否缺位于中国冲突法？——从与强制性规则适用制度之关系的角度分析"，载《清华法学》2011 年第 6 期，第 124 页。

应以本国当事人利益的保护作为适用基础，否则不仅会与国际私法的平等保护观念相违，也会根本性地损害冲突规范的存在价值。当然，另一方面，直接适用的法并非绝对性地排除了海外权益的保护。某种程度上，直接适用的法可能会因为海外权益的保护而引发适用的问题，正如有学者指出的：尽管国际强制性规范以关涉重大公益为要件，但这并不意味着只有纯粹的公法规范才能成为国际强制性规范。某些国际强制性规范可能同时关涉公益与私益……而且，某些实体法强制性规范通过向弱势当事人倾斜而实现双方利益的平衡，构成保护性实体法规范，这类规范不应一律排除在强制性规范的范畴之外。某一保护性规范是否具有国际私法上的强制性，在个案中需由法官立足本国政策具体判断。[1] 在当前主权观念之下，海外权益的保护可能会被赋予国家利益的性质，尤其是在海外投资领域，这种倾向已经成为现实并因此形成了国际条约与国际机构，如 MIGA。海外投资在为投资者和所属国带来投资利益的同时，也经常面临来自东道国及其国民的各种风险，其中可能涉及政治风险和商业风险，这些风险最终对投资利益带来消极后果，并最终影响投资者所属国的经济发展甚至国家经济战略。所以，虽然海外投资本质上属于私人性质，但难以避免国家将其上升为国家利益而加以有效的保护从而促进国家经济和社会的发展进步。而直接适用的法的不确定性以及法院适用上的灵活裁量空间也可能会使海外权益成为直接适用的法的规范对象，获得直接适用的法的保护。

此外，法院在考虑是否适用直接适用的法时，通常并不只是考察国家的公益或者基本的法律原则，虽然这些因素是直接

---

〔1〕 肖永平、龙威狄："论中国国际私法中的强制性规范"，载《中国社会科学》2012 年第 10 期，第 111 页。

适用的法适用的重要基础。正如学者指出的：法院地强制性规范是否适用，应考虑的因素包括但不限于强制性规范对法院地国利益、涉案当事人利益以及系争民事关系所处交易链的影响。[1]在涉及某些对国家而言具有重大意义的海外权益诸如海外投资遭受东道国严重不公正侵害时，法院可能将这种海外权益视为国家的公益而适用直接适用的法加以保护。这种结果显然最终有利于海外权益的有效保护。

第三节　国际管辖权规则对海外权益保护的意义

一、涉外协议管辖与海外权益的保护

通常认为，协议管辖以私法自治和当事人意思自治原则为其理论基础。建立在私法自治基础之上的当事人意思自治原则，似乎可以追溯到古罗马法时代甚至古希腊时期。据有关学者的研究，早在公元前 120 年至公元前 118 年间，古希腊颁布的有关希腊和埃及法庭管辖权的法令，就允许埃及人在埃及的法庭以埃及文字订立的合同对希腊人提起诉讼。"这个法令暗含了一项法律选择规则，即在管辖权事项上把合同所使用的语言作为连结点，通过使用某些惯常用语，当事人能够挑选合同并进而选择准据法（即埃及法）。"[2]但在很长一段时间里，当事人意思自治原则都未能在各国法律中获得相应的法律地位。随着私法自治原则和当事人意思自治原则逐渐获得相应的法律地位，长期被视为具有主权性质的司法管辖权领域也开始为私人及私人

---

〔1〕　肖永平、龙威狄："论中国国际私法中的强制性规范"，载《中国社会科学》2012 年第 10 期，第 114 页。

〔2〕　肖永平：《肖永平论冲突法》，武汉大学出版社 2002 年版，第 186 页。

权利提供适度的空间。当然，这个过程是相当艰难的。因为，长期以来，司法管辖权都被看作是一国国家主权的重要组成部分，不允许当事人通过私人协议而加以更改，而当事人协议变更一国法院管辖权的行为将对该国管辖权构成排除效果。这种被称为"不容剥夺原则"（也称"排除理论"）的管辖权行使规则无论是在英美法系国家还是大陆法系国家都占据着绝对的地位。在一个早期的案例中，美国联邦最高法院就如此声称："每一个公民都有权求助于这一国家的所有法院，并利用所有法律和所有法院可提供给他的保护措施。一个人不能以他的自由或者实体权利来做交换……排除由法律所授予的该国法院管辖权的事前协议是无效的和非法的。"[1]而彼得·尼格教授也曾经这样指出："当事人意思自治原则对一国法院管辖权产生了影响，因而被认为是对国家主权更直接的威胁。"[2]

协议管辖制度所具有的赋予管辖权和丧失管辖权的法律效果使得一国管辖权制度受到了当事人私人协议的影响，其结果可能是原本并不享有管辖权的法院获得了案件的管辖权，而能够行使管辖权的法院则被限制甚至被剥夺了管辖权（在排他性协议管辖的情形）。那么，从主权者角度看，这不仅是私人协议渗入司法主权的问题，而且还是司法管辖权的分配和行使陷入不确定乃至混乱局面的实际问题。毫无疑问，这是主权者难以接受的状况。事实上，如今认可协议管辖法律效力的国家都采取了一定的措施来对协议管辖的这种赋予管辖权、丧失管辖权特别是丧失管辖权的效果进行相应的规范。当然，需要指出的是，在国际社会承认了协议管辖的法律效力之后，基本上都要

---

〔1〕 Home Insurance Co. v. Morse, 87 U. S. 445（1874），p. 451.

〔2〕 Peter Nygh, *Autonomy in International Contract*, Oxford：Clarendon Press, 1999, p. 15.

求对当事人的协议管辖给予更大的尊重。毫无疑问，这相当程度上体现了各国立法和司法对私法自治和当事人意思自治的尊重，或许也是表明当事人意思自治原则的发展给了各国实际的压力。在这种情形下，协议管辖逐渐渗入到主权性质的管辖权领域，应该是历史发展的产物。

此外，司法理论对于正义标准的发展演变，也一定程度上促成了私人的管辖协议在司法层面的认可立场，进而促进了协议管辖制度的形成。长期以来，司法理论一般都强调司法的目标就在于追求正义，防止作出荒谬的非正义判决。所以，无论是对于法院、还是对于法官而言，正义成为司法必须始终追逐的最终目标；如果法律无法在具体案件中实现这个目标，则需要做出相应的调整。对此，英国著名法官丹宁勋爵曾在"诺萨姆诉尼巴特委员会"一案中就如此宣称："在明显的不公正面前，法官是无能为力的、没有资格的和不该有所建树的，这对本法院不适用……不管对法律进行严格的解释在什么时候造成了荒谬和不公正的情况，法官们可以，也应该以他们的善意去弥补它，如果需要，就在法律的文句中加进公正的解释，去做国会本来会做的事，想到他们本来要想到的情况。"[1]毫无疑问，这种传统司法哲学注重正义价值目标，基本的缘由都在于人们对正义和公正价值目标的孜孜追求，而为了回应这种需求，法院可以调整法律以促成社会对于正义价值目标的追求。

不过，需要注意的是，法院为了正义的追求而做出调整的权力并非是绝对和无限的，而基本上是相反的。因为，在正义的评价标准上，传统司法哲学一直都是停留在正确性之上的，即强调正义就是正确，要求法院作出正确的裁判结果，而非荒

---

〔1〕［英］丹宁勋爵：《法律的训诫》，杨百揆等译，法律出版社1999年版，第18~19页。

谬和明显的不公正。对于这种观念的基本成因，即使是强调自由主义的哈耶克也曾经有所印证："法官肯定是保守的，当然这只是在下述意义上而言的，即他不能致力于任何一种不是由个人行为规则决定的而是由权力机构特定目的决定的秩序。法官不能关注特定的人或特定的群体的需求，不能关注'国家理由'或'政府的意志'，也不能关注一种行动秩序可能应予服务的特定目的。在任何一个必须根据个人行动对组织所旨在实现的特定目的的助益性来判断个人行动的组织内部，法官是没有存在余地的。"[1]按照这种观点，法院（法官）并不具有绝对的自由裁量权，相反，必须遵守权力机构所制定的法律来作出裁判，而这种法律体现的是一种为了实现特定目的的秩序，有着"助益性"的价值。所以，司法应该依照法律的规定作出正确的判决结果，而非任意性地运用司法裁量权。客观上看，在经济、社会并不十分发达的时代，传统司法哲学有关正确性评价标准的观念并不会有实质性的缺陷；事实上，在一定程度上应是契合当时的社会环境和法律需求的。

然而，随着经济的扩张化所带来的社会的复杂化，这种单一标准显然难以匹配正义的现实需求了。因为，一方面，当事人既有正确性的需求，也需要快速的裁判，从而尽快地解决纠纷、稳定社会关系；另一方面，法院也面临着审判任务所带来的更大压力，而审判程序的冗长严重地影响法院的工作效率，使得审判任务的繁重性变得更加显眼，并最终难以达致实质公正，正所谓"迟到的正义是不正义的"。如此看来，传统司法哲学在正义标准上主要、甚至仅仅追求正确性的观念在高度发达同时也在过分复杂的现代社会中也就日益凸显出局限性，难以

---

〔1〕［英］弗里德利希·冯·哈耶克：《法律、立法与自由》（第1卷），邓正来等译，中国大百科全书出版社2000年版，第187页。

真正实现社会对正义的时代需求。正是如此，传统司法哲学逐渐向新的司法哲学演进，应该是时代进步的必然要求。与传统司法哲学相比，新司法哲学更强调司法的能动性价值，主张法院拥有基于理性精神的司法主动功能。而在正义的评价标准上，新司法哲学也由先前的正确性（真实维度）这个一维评价体系逐渐转变为正确性+效率性（时间维度）+适宜性（成本维度）三维评价体系。[1]新司法哲学要求，如果当事人选择将争议提交给第三方（主要是法院）来处理，则法院不仅有义务作出正确的裁判结果，而且必须在合理的时间内、并以适宜的成本作出裁判。否则，法院对争议的解决就难以符合现代社会的需求，成本过高既不符合资源节约（司法资源的紧张性将会日益严峻）的要求，也会直接损害当事人的利益并可能对以后的相同诉求带来阻碍性后果；而效率不足则在社会分工越来越细、社会节奏越来越强的时代里也会带来一定的消极影响，难以起到及时补救的良好效果。那么，如果当事人基于理性来选择处理其争议的管辖法院，则受诉法院能够在管辖权的行使问题上更加确定，因而更为便利，也更加便捷。事实上，从各国司法实践来看，管辖权行使上的合理性问题经常是诉讼过程中首先需要解决的特殊问题，从而最终影响到司法的效率。所以，允许当事人基于意思自治来选择处理其争议的管辖法院，显然更易于体现效率性和适宜性价值，司法的结果更能够达到正义标准的时代要求。

协议管辖以当事人意思自治原则为基础，体现了对当事人意思自治的尊重，这使得协议管辖可能为海外权益的保护提供基础。某种程度上，适用协议管辖对海外权益加以保护是与新

---

〔1〕　［英］阿德里安、A. S. 朱克曼主编：《危机中的民事司法——民事诉讼程序的比较视角》，傅郁林等译，中国政法大学出版社 2005 年版，第 4 页。

司法哲学观念相符的，毕竟海外权益的保护涉及当事人正当权利的有效实现问题，允许当事人事先选择一个管辖法院，可以有效地避免管辖法院确定上的复杂状况，并且可以有效避免判决承认与执行阶段的管辖权审查问题。作为理性人，当事人通常会选择一个对自己有利的法院来管辖他们之间已经发生或可能发生的争议。当然，在选择法院时，可能需要考虑多种因素，诸如国家的法治状况、法官的素养和经验，还可能会考虑诉讼的便利因素、法律因素等。此外，在缺乏有效判决承认与执行国际合作机制时，可能还要考虑判决承认与执行因素。毫无疑问，这些多种因素的考虑显然会对当事人的能力有较高的要求。不过，当事人自己选择的法院不仅有利于争议解决的效率性和可预见性，这对于当事人具有重要的意义，毕竟对于多数国际民商事关系当事人而言，争议的快速解决有利于国际民商事交往的继续，当事人自己选择的合适法院也有利于获得一个公平正义的判决。这种结果显然对于海外权益的保护有着积极的意义，使得当事人能够通过选择管辖法院来确立一个更公平合理的法院，并最终获得一个对自己更为有利的判决。当然，在涉外协议管辖上，当事人对法院的选择一定程度上受制于他们的实际地位，强势方通常具有选择法院的优势地位，而弱势方则可能处于被动接受的情形，从而使得被选择的法院更有利于强势方。那么，在涉及海外权益保护的一方当事人并不具有强势地位时，似乎协议管辖对海外权益的保护并无助益。毫无疑问，这种情况确实如此，尽管如此，这并不意味着协议管辖无法对海外权益加以保护。

　　一方面，在国际民商事领域，当事人之间的强势弱势之分并非绝对和常态，而且在法院选择方面也并非强势方就具有天然的优势。那么，当事人法院选择的结果通常是一个双方均能接受且较为公平合理的第三国法院，而这个法院一般是国家法治程度较高、法官素养和经验较为丰富的法院，因而这样的中立法院有时更能够得到一个公正的判决，从而保护当事人的海外权益。另一方面，各国立法都对协议管辖加以了限制，以防止当事人自由权利的滥用对他人及社会利益造成消极影响："这种观点逐渐获得认可：即使当事人缔结合同是他们自愿行为的结果，当事人因而所享有的权利与承担的义务在很大程度上也是法律的产物，而非当事人'真实意志'的产物。"[1]由于当事人的协议管辖所具有的赋予管辖权和剥夺管辖权效果对国家管辖权制度的确定性、可预见性带来了影响，各国立法均对协议管辖规定了程度不一的限制性条件，诸如当事人选择的法院必须与案件存在某种"实际联系"、不得违反专属管辖、欺诈例外等。那么，非被选择法院可以否定当事人协议管辖的效力，使得强势方的不当目的难以实现，从而间接保护弱势方的利益。而且，如果当事人之间强弱地位分明且强势方在选择法院时利用强势地位对弱势方明显不利，则可能会导致弱者保护原则的适用而形成保护性管辖权对协议管辖的限制。利用上述限制性条件，法院可以借此拒绝协议管辖的效力。应当认为，这种状况对于处于弱势地位的当事人的海外权益的保护是有益的。

二、保护性管辖权对海外权益的保护

国际私法对实体正义价值目标的追求，使得当事人实际地位不平等所引发的弱者保护观念相应获得了各国法律的肯定："国际私法上保护弱者原则的发展很大程度上是受到美国冲突法革命的影响……原则上说，显然这个革命所带来的人们思维方

---

〔1〕　P. S. Atiyah, *The Rise and Fall of Freedom of Contract*, Oxford：Clarendon Press, 1979, p. 734.

式的转变更有利于保护弱者的利益，虽然这是一个极具主观性质的过程，并且是以确定性与可预见性为代价的。"〔1〕这种弱者保护观念首先在法律适用层面获得了相应的肯定，如在消费者领域，1964年《国际货物买卖合同成立统一公约》第5条第2款中首次提出对消费者特殊保护："统一法"不影响国内法强制规则的适用，如果该国内法是要保护分期付款买卖合同中的买方。可以说这是对消费者进行保护的雏形，而后来的一些国内立法与国际条约把对消费者进行保护的范围扩展到几乎所有合同领域。如1980年的《合同义务法律适用公约》（1980年《罗马公约》）第5条，1978年《澳大利亚国际私法法典》第41条，1987年《瑞士联邦国际私法法典》第120条等。而在保险合同及个人雇佣合同领域，法律适用中实行特殊的保护也得到相当多国内立法和国际条约的肯定。对弱者进行特殊保护的另一个重要领域则是发生在管辖权领域之中，此类管辖权也被称为"保护性管辖权"。在国际民商事领域，一般认为，由于原告具有在两个以上法院进行挑选的先天优势，所以，为了平衡原被告双方的权利，各国基本上不允许原告享有更多的挑选法院的权利；不过，由于国际私法实体正义的发展，在某些领域，允许原告享有更多的选择法院的权利在各国立法与司法实践中得到了不同程度的认可。

首次对保护性管辖权进行比较全面规定的当属欧共体（以及后来的欧盟）的《布鲁塞尔公约》。该公约对当今世界已有基本共识的三大保护性管辖权——保险事项的管辖权、消费合同管辖权、个人雇佣合同管辖权——都有相当完整的法律规定。

对于保险事项管辖权，《布鲁塞尔公约》第7条至第10条

---

〔1〕 Peter Nygh, *Autonomy in International Contract*, Oxford: Clarendon Press, 1999, pp. 141~142.

对保单持有人、被保险人和受益人等弱者做出了灵活的、有利的规定。第 7 条首先明确地规定，有关保险事项的管辖权，以不妨碍第 4 条及第 5 条第 5 款的规定为限。该条事实上赋予了作为原告的有关保单持有人、被保险人或者受益人广泛的选择管辖权的空间，即原告既可以根据第 4 条的基础管辖权原则在被告保险人的住所地法院起诉，还可以根据第 5 条第 5 款的规定，如果保险纠纷是由于保险人的分支、代理或其他机构经营业务而引起的，上述该原告还可以在这些分支、代理或其他机构所在地法院提起诉讼。从表面上看，《布鲁塞尔公约》第 7 条赋予原告诸多的可选择法院提起诉讼，本身难以视为是对保险合同的保单持有人、被保险人和受益人等弱者进行特殊规定的保护性管辖权，不过，就该条款而言，这种广泛的法院选择权显然只是赋予作为弱者一方的消费者，因为第 11 条规定，保险人只能在被告住所地的缔约国法院提起诉讼，不论被告是保单持有人、被保险人或受益人。保险人原告在提起诉讼时，他的选择法院的权利受到严格的限制。所以，显然该条规定实际上就是对保单持有人等原告而言的，是对保单持有人等原告所赋予的法院选择权。应当说，这种保护的倾向性是极为明显的：这既直接表明了二者之间权利行使的差异，也与其他条款不同，因为其他一些条款对选择法院提起诉讼的原告身份并没有明确的限制。此外，为了实现对弱者的保护，《布鲁塞尔公约》还规定了与公约精神所格格不入的一些管辖权规定。《布鲁塞尔公约》为了达到统一欧共体（欧盟）成员国的司法管辖权，进而实现其成员国法院所作出的判决能够自由流动的目的，为此不惜对成员国的一些习惯管辖权依据进行改革甚至要求禁止对成员国居民适用，而坚持使用了"双重公约模式"，即使用"白色清单"（允许使用的管辖权依据）与"黑色清单"（禁止使用的管辖权依据），并规定使用"黑色清单"中的管辖权依据而作出的判决在各成员国之间不能得到承认与执行。根据《布鲁塞尔公约》第 3 条规定，包括原告的住所或居所、原告的国籍、被告的国籍、被告的暂时出现以及与争议无关的财产的出现或扣押等一直为相关成员国国内法所肯定的管辖权依据都被公约所禁止使用。但是，在保险事项管辖权中，《布鲁塞尔公约》第 8 条甚至允许保单持有人等原告使用公约所禁止的管辖权依据，即在一个缔约国有住所的保险人，可以在该国法院或在保单持有人住所地的其他缔约国法院被诉。因此，如果原告是保单持有人的话，这实际上是允许采用"原告住所地"这个禁止性的管辖权依据的。

对于消费者与个人雇佣合同管辖权，《布鲁塞尔公约》也对消费者和受雇人作出了片面有利的规定，明确赋予他们广泛的法院选择权，并对处于强势地位的卖方或雇主的起诉选择权进行了限制。所以，正如对保险合同一样，公约对消费者和个人雇佣合同也规定了保护性管辖权，从而保护作为弱者一方的消费者和受雇人。

《布鲁塞尔公约》对上述三种合同的特殊规定，已经基本形成了保护性管辖权的一般构架。除此之外，该公约还进一步完善了此类保护性管辖权的规定。它是通过对当事人协议管辖进行限制来实现的。

在保险事项管辖权方面，《布鲁塞尔公约》第 12 条对协议管辖作出了限制性的规定：①协议是在争端发生之后订立的；或②协议允许保单持有人、被保险人或受益人在本节规定以外的法院提起诉讼；或③协议是在同一缔约国有住所的保单持有人和保险人之间订立的；除非协议与该国法律相抵触，否则，即使侵害事件发生在该国之外，该协议仍具有授予该国法院以管辖权的效力。在公约的上述限制性规定中，第 1 项有关协议管辖时间上的限制的主要目的是希望防止保险人利用自己的优势在签订保险合同时通过格式合同或其他形式强迫被保险人接受协议管辖，以避免被保险人处于"要么全部接受要么离开"（take it or leave it）的不利境地而被迫接受管辖协议。第 2 项对协议管辖范围上的限制要求协议选择的法院可以是被保险人在上述诸多可选择的法院之外另择法院，这一规定既对被保险人选择法院的范围进行了扩张，从而使被保护人所享有的被保护性特征更加明显地表露出来，又对保险人选择法院进行了限制。

而对于消费者和个人雇佣合同管辖权，《布鲁塞尔公约》也对当事人的协议管辖权作了与第 12 条关于保险合同管辖权大致相同的限制，不仅对当事人协议管辖的时间进行了限制，也对不同当事人的协议管辖权作出了不同规定。如前所述，这些对消费者和受雇人协议管辖方面的限制同样是要保护弱者一方的消费者和受雇人的。

应当认为，《布鲁塞尔公约》规定的保护性管辖权制度，本质上是国际私法实体正义发展的产物，从而对国际民商事关系中的弱势方加以特殊的保护。这种实践在海牙国际私法会议通过的 2005 年海牙《选择法院协议公约》中也得到了一定程度的肯定，表明国际社会对于保护性管辖权合理性的确认。保护性管辖权体现了对权利保护的倾向性，是对权利进行平衡以保护处于弱者地位民事权利的结果。受经济实力、参与国际民商事关系经验、法律文化传统，甚至谈判能力以及语言文字等因素的影响，国际民商事关系当事人存在客观性的强弱之分。那么，虽然不能也无法对所有的强弱地位加以调整，但是国际社会仍然对强弱实力差异明显的一些领域进行了保护性规定，以适当保护弱势方的正当权利。因而，在涉及有关诸如消费者、保险或个人雇佣合同事项问题时，法院可以采取一定措施对其中的弱势一方加以保护。那么，如果一国海外权益保护问题涉及上述事项，法院就可以运用保护性管辖权对其海外权益进行有效保护。

客观上看，海外权益保护问题的形成既有事实上的原因，本国国民的权益遭受各种风险而受到实际的侵损，因而对海外权益加以保护是客观的需要和公平正义的要求；也有所属国主权观念的因素，是主权国家基于主权保护思想而对本国国民加以特殊保护的结果。其中，后者在海外权益保护问题上可能基于主导地位，从而使得主权国家把本国国民视为弱势方，愿意对海外权益给予特殊保护。适用保护性管辖权允许本国弱势方进行独自的法院选择并限制另一方当事人的法院选择权，甚至对当事人之间的协议管辖拒绝承认其效力，有利于对本国海外权益进行程序性保障。协议管辖已经获得国际社会的普遍认可，被认为是私法自治和当事人意思自治的产物，并被看作是日益严重的管辖权国际冲突的有利协调工具。因而，保护性管辖权对协议管辖的限制，不只是对当事人自由权利的一种制约，更主要的是对某种权利的特殊保护。在涉及海外权益的保护问题时，所属国法院可能基于主权保护观念而运用保护性管辖权制度对本国国民加以特殊保护，承认本国当事人单独法院选择的有效性，或者对不利于本国当事人的协议管辖的效力拒绝予以确认。毫无疑问，所属国法院的这些程序性保障对于海外权益的保护均有着积极的意义，并可能最终导致一个有利的法院判决。事实上，挑选法院现象虽然因为法律因素而有着国际合法性，使得国际民商事关系当事人有两个甚至以上法院的选择，但是这种法院的挑选无疑增加了另一方当事人的诉讼风险，所以，允许弱者挑选法院，显然是对弱者权利的一种保护。而在国际社会普遍认可协议管辖效力的情况下，当事人尤其是强势方经常运用优越地位引诱甚至迫使对方缔结片面有利于己甚至对弱势方极为不利的管辖协议，从而损害弱势方的利益甚至司法救济权。有鉴于此，对涉及明显强弱双方的协议管辖进行限制，也是对弱者权利的实质性保护。而且，在保护性管辖权的适用上，法院也有一定的裁量空间，这也使得海外权益的保护变得可能。

当然，保护性管辖权适用范围的有限性，使得它在海外权益保护上的价值将受到相当程度的限制。尽管如此，合理地利用保护性管辖权制度，还是有利于海外权益的保护的。

三、不方便法院原则与海外权益的保护

普遍适用于普通法国家的不方便法院原则的基本含义是指，当一国法院在审理一项具有管辖权的涉外民商事案件时，如果该法院认为由他对案件行使管辖权将会不便利或不公平，则该法院可拒绝行使管辖权。一般而言，虽然不方便法院原则在英美法国家的采用主要是基于公平正义原则的考虑，防止原告滥用法院挑选权而对被告产生不合理的结果，但是后来的发展却也是与各国过度管辖权的不断扩张相配适的。不断扩张的管辖权使管辖权的国际冲突现象日益严重，从而既极大地便利了原告挑选法院的机会，也使得一些国家法院日益面临案件拥塞的不利局面。在这种情形下，不方便法院原则也就逐渐发展成为英美法系国家对国际民商事案件管辖权甄选的手段或工具，通过对私人利益因素和公共利益因素的考查而对法院不愿行使管辖权的一些案件予以拒绝，以适当消除本国管辖权扩张所导致的法院讼累的消极局面。当然，应当承认，即使出现了新情形，公平正义原则仍然是各国不方便法院原则适用所遵循的基本

准则。

不过，公平正义标准的主观性和多样性以及国家政策目标复杂度的增强，不方便法院原则的适用基础逐渐有了转变，从严格的公平正义标准发展为利益平衡工具甚至是本国利益保护的"适当法院"标准。美国联邦最高法院 1947 年 Gilbert 案〔1〕确立了联邦普通法的不方便法院原则。在该案中，联邦最高法院认为应当平衡与案件所有相关的私人利益和公共利益因素，然后综合决定是否以不方便法院为由拒绝行使管辖权。〔2〕不可否认，这些审查因素的综合平衡仍然相当程度上体现了公平正义的价值标准，不过，对本国利益（本国司法利益和当事人利益）的偏向已经较为明显地显现出来。而在 1981 年的 Reyno 案〔3〕中，美国联邦最高法院进一步发展了不方便法院原则，其作为本国利益保护工具的特征更加显著。在该案中，首先，美国法院评价不方便法院的标准从原来较为严格的"滥用程序"标准转变为更为灵活的"适当法院"标准；其次，当原告为外国人时，其法院选择将给予较少的尊重，从而减少美国法院对外国当事人的吸引力，减少外国人过分的选择法院；再次，仅仅是替代法院的法律对原告更少有利的因素不能阻碍法院拒绝

---

〔1〕 Gulf Oil Corp. v. Gilbert, 330 US 501 (1947).

〔2〕 其中，应平衡的私人利益因素有：①当事人获取证据途径的方便性；②对于非自愿出庭的证人实行强制出庭的可行性程度；③支付愿意出庭作证的证人的相关费用；④如果需要现场勘察，则现场勘察的可能性；⑤其他所有使案件审理容易、快捷、节省的现实因素；⑥判决的强制执行程度。应当平衡的公共利益因素则包括：①因法院拥塞而产生的管理困难；②法院处理具有地方化争议中的公共利益；③适用外国法的困难；④适用法院地法律的相关利益；⑤审理与地方法院没有多大联系的诉讼，法院地居民承担纳税义务以及提供陪审员义务的不合理性。可参阅 Gulf Oil Corp. v. Gilbert, 330 US 501, pp. 508~509.

〔3〕 Piper Aircraft Co. v. Reyno, 454 US 235 (1981).

行使管辖权。[1]从 1987 年 Spiliada 案[2]开始，英国法院正式承认不方便法院原则成为英国法的一部分。在该案中，戈夫（Goff）勋爵对不方便法院原则的适用作出了说明：①当且仅当存在另一个有管辖权且对审理本案而言是一个适当的法院时，英国法院才作出中止诉讼的命令；②通常说服法院行使其自由裁量权作出中止诉讼命令的证明责任应由被告承担，但是，一旦被告已提出初步证据证明存在另一个适当法院后，证明责任即落在原告一方，由他证明公正要求案件应在英国法院审理；③如果管辖权是以在英国的权利为依据而非由经允许的向管辖范围之外的被告的送达而成立的，则被告必须证明存在另一个较英国法院更为适当的管辖法院……⑤如果没有明显更为适当的法院存在，则不得作出中止令。[3]英国法院"适当法院"的要求表明英国不方便法院原则适用标准也发生了一定程度的改变。

当然，不方便法院原则适用上对本国利益加以保护的观念变化显然并不十分明显，不过，随着国际经济环境日渐呈现紧张的态势，各国对本国利益尤其是海外利益保护的需求也随之增长。在这种情形下，不方便法院原则作为本国利益保护工具的特征日益明显。不方便法院原则的上述特征从 20 世纪 90 年代开始逐渐显现。在 20 世纪 90 年代 Delgado 案[4]中，近 26 000 名发展中国家（其中多数是拉美国家）的香蕉园农场工人向美国得克萨斯州法院提起多起诉讼，要求包括能源巨头壳牌石油公司（Shell Oil Company）和化工巨头陶氏化学公司（Dow

---

　[1]　Piper Aircraft Co. v. Reyno, 454 US 235（1981），pp. 241~245.

　[2]　Spiliada Maritime Corp. v. Cansulex Ltd. , A. C. 460（1987）.

　[3]　Spiliada Maritime Corp. v. Cansulex Ltd. , A. C. 460（1987）pp. 466~480.

　[4]　Delgado v. Shell Oil Co. , 890 F. Supp. 1324（S. D. Tex. 1995）.

Chemical Company）在内的多家美国跨国公司承担因生产和使用一种名为"二溴氯丙烷"（DBCP）的消毒剂而造成的人身伤亡和健康损害的赔偿责任。由于美国法律禁止使用"二溴氯丙烷"，所以美国跨国公司被告的这些生产、使用或销售行为预计将被施加惩罚性损害赔偿。正是如此，美国被告在美国法院的诉讼中提出了不方便法院原则的动议。这种动议获得了美国法院的支持。美国法院声称，每一个原告住所地法院都是合适的替代法院，由他们进行案件的审理更为便利，而且私人利益因素和公共利益因素的考查也要求法院中止诉讼。[1]美国法院适用不方便法院原则的结果是，不仅诉讼不得不分散在数十个发展中国家的数百个法院重新提起，而且大多数受害人被迫作出了放弃诉讼、接受和解的选择，最终的赔偿数额平均为 2000 美元。这与美国类似诉讼动辄数十万甚至数百万美元的赔偿额之间形成了巨大的反差。这种结果引发了国际社会对美国不方便法院原则适用的强烈关注。事实上，在之前的一起类似诉讼中，得克萨斯州法院就明确拒绝了美国被告所提出的适用不方便法院原则的动议。在 Alfaro 案[2]中，哥斯达黎加众多香蕉园农场工人向包括壳牌石油公司和陶氏化学公司在内的美国跨国公司提起诉讼，要求这些公司对因生产、销售或使用"二溴氯丙烷"而给他们造成的人身伤亡和财产损失进行赔偿。得克萨斯州最高法院拒绝了被告适用不方便法院原则的动议。在随附的同意意见书中，多格特法官（Doggett）如此指出："第三世界国家越来越注意到，他们已成为工业国家的垃圾箱，成为工业国家未有效检测产品的试验场和集散地，他们的民众也成为检测化学

---

〔1〕 Delgado v. Shell Oil Co., 890 F. Supp. 1324（S. D. Tex. 1995），pp. 1355 ~ 1375.

〔2〕 Dow Chemical Co. v. Castro Alfaro, 786 S. W. 2d 674（Tex. 1990）.

品安全性的实验鼠（guinea pigs）。……在全球市场时代和更注意保护全人类生态安全的社会中，不方便法院原则显得过时了，因为该原则使跨国公司逃避了法律的监控……不方便法院原则的考虑其实并非出于方便与否，相反是避免公司责任的姑息养奸行为（connivance）。其结果是诉讼就此结束，从而使被告公司因此获利数十亿美元，无辜受害者则孤苦无助。"[1]

在随后的另外一个所涉原告人数更多的案件中，美国法院继续坚持其有关不方便法院原则的既有立场。在 Jota 案[2]中，超过 30 000 名来自厄瓜多尔和秘鲁等国的受害人在美国法院提起诉讼，要求美国德士古石油公司（Texaco）对他在亚马孙丛林 30 多年开采过程中造成的大规模环境灾难所导致的严重人身伤亡和健康损害承担赔偿责任。结果，在经过了长达 9 年反复变化的诉讼程序后，受案的美国法院最终还是适用了不方便法院原则拒绝对案件行使管辖权。这种拒绝的后果是，那些拉美国家原告又不得不像先前 Delgado 案的众多原告一样，重新回到其权利保护法制落后的本国寻求或许根本无法实现的权利救济。

从美国不方便法院原则的最新发展所体现的实质目的来看，不方便法院原则某种程度上已然成为本国利益（可能尤其包括海外权益在内）的保护性工具。事实上，不方便法院原则的适用不仅否定了外国原告期望获得较有利赔偿的诉讼请求从而对本国被告海外权益的保护有着直接的意义；而且，不方便法院原则适用之后，原告在替代法院寻求救济可能存在实际的困难，这也间接地保护了被告的海外权益。正如美国的一项调查所发现的那样：在美国法院以不方便法院原则为由拒绝行使管辖权的 55 个人身侵权案件中，只有 1 起在外国法院重新提起了诉

---

〔1〕　Dow Chemical Co. v. Castro Alfaro, 786 S. W. 2d 674 (Tex. 1990), pp. 680~689.

〔2〕　Jota v. Texaco, Inc., 157 F. 3d 153 (2d Cir. 1998).

讼，其他案件要么是被迫与被告进行和解，要么就是放弃了诉讼。[1]而在 Alfaro 案中，多格特法官也曾这样指出："数据表明，在适用了不方便法院原则的案件中，只有不超过 4% 的原告会在替代法院重新提起诉讼。"[2]应当认为，导致上述状况的原因应该是多方面的，其中既可能有法律方面的因素诸如诉讼时效的限制或者法律制度方面的不利，也可能有现实的原因，诸如资金不足甚至原告死亡。那么，不方便法院原则的适用客观上有利于本国海外权益的保护，从而避免本国国民在海外的行为因承担国内严格法律制度所规定的法律责任而遭受严重的损害赔偿。

当然，在海外权益的保护上，不方便法院原则的作用显然是有限的。主要原因在于不方便法院原则自身有着一定的适用条件而非绝对地受制于法官的自由裁量权，公平正义原则的内在基础要求不方便法院原则的适用需要适当权衡各种利益的合理保护。

第四节　外国判决承认与执行对海外权益保护的意义

一、外国判决承认与执行的意义

从国家主权观念的角度来看，一国法院判决在其他国家并不具有当然的法律效力："判决为一国司法权之实施。而主权之行使，除有条约规定外仅限于本国境内，故判决当无域外效力，

---

　　[1]　See H. Ismail, "Forum Non Conveniens, United States Multinational Corporations, and Personal Inquires in the Third World: Your Place or Mine?", *B. C. Third World L. J.*, 1991 (11), p. 250.

　　[2]　Dow Chemical Co. v. Castro Alfaro, 786 S. W. 2d 674 (Tex. 1990), p. 687.

不能强求他国认有既判力。"〔1〕因而，一国法院判决如果需要发生真正的效力，起到确定当事人权利义务关系的实际效果，则需要请求其他国家法院进行承认与执行。不过，囿于主权的保护主义特征，国际社会在外国判决承认与执行上的相互合作并不顺畅；相反，各国都程度不一地设置了一定的限制性条件，诸如间接管辖权、公共秩序、判决终局性以及互惠条件等要求，从而使得外国判决的承认与执行面临着现实的困境。这种状况显然有着消极的后果："当今世界交通频繁，私人间涉外法律关系，往往发生于本国境外，若一国判决在外国毫无效力，则败诉债务人只需携产逃往他国，债权人即无法追偿，殊非良策。"〔2〕这种情形在全球化时代似乎也未能有效减少，正如美国学者所指出的："在解决纠纷过程中赢得诉讼仅仅是走完了整个程序的第一小步，等待他的还有更加复杂和漫长的工作。因为一方面胜诉方试图执行判决，另一方面败诉方又力图阻止判决的执行。在经济全球化的今天，一项判决又经常因为介入了两个或更多的法律体系而使得其执行更加困难。实践表明，在不同国家间的判决承认与执行过程中，不同的价值观，不同的法律文化，历史背景乃至不同的实体规则，不同的管辖权原则以及不同救济制度都是引起判决难以获得承认与执行的重要因素。"〔3〕国际社会对外国判决承认与执行的消极态度，不仅使当事人的合法权益受到严重的影响，也最终会损害到国际民商事关系的正常进行，"判决作出后如果得不到承认或执行，就如同没有判决一

---

〔1〕　卢峻：《国际私法之理论与实际》，中国政法大学出版社 1997 年版，第 327 页。

〔2〕　卢峻：《国际私法之理论与实际》，中国政法大学出版社 1997 年版，第 327 页。

〔3〕　Maryellen Fullerton, *Enforcing Judgments Abroad: the Global Challenge*, Brooklyn J. Int'l L., 1988 (24), p. 1.

样，当事人的权益不能获得保护，交易安全自然没有保障"。[1]

因而，加强判决承认与执行的国际合作有助于实现判决在国际社会的自由流动，从而消除外国判决承认与执行上的"囚徒困境"现象，并最终使当事人的正当权益获得保护、法院的司法权威得以实现。具体来说，判决的相互承认与执行具有下述方面的积极意义。

其一，有利于保护胜诉方的合法权益。与国内民事诉讼不同，外国法院所作出的判决在内国并不具有当然的法律效力，因而不能得到内国法院的自然承认或执行。这实际上使得一国法院判决没有实际的效力，胜诉方所获得的胜诉判决缺乏现实的执行力，从而无法保护胜诉方的权益。而在法制不统一国家中，即使是对于外法域法院所作出的判决也需要得到宪法的特别规定或者特别机制的认可，才能获得内法域的承认与执行。通过外国判决承认与执行制度，可以使当事人获得的胜诉判决获得其他国家的认可，从而避免胜诉方的合法权益难以得到有效保障的困境。当然，在一些国家中，在外国判决的承认与执行上坚持重新起诉的做法，这表面上似乎是外国判决的法律效力没有得到应有的确认，当事人的合法权益未能获得有效的尊重，但是这种重新起诉制度把外国判决视为有力的甚至是绝对的证据，败诉方基本上不能用实体方面的证据来加以推翻，而内国法院也不对该外国判决进行实质审查。故而，当事人的合法权利能够得到有效的保障。

其二，有利于节约各国的司法资源。在当前国际社会不断扩张本国管辖权，并缺乏有效的国际合作机制的状况下，当事人挑选法院现象无法避免。与此相关，国际的重复诉讼也无法

---

[1] Celia Wasserstein Fassberg, *Rule and Reason in the Common Law of Foreign Judgments*, Can. J. L. & Juris., 1999 (12), p. 193.

绝对的避免。国际重复诉讼的存在，不仅总体上对于当事人是不利的，虽然通过平行诉讼或者对抗诉讼原告或者被告可能获得对己有利的判决结果，但这两个诉讼的同时并存对于各方当事人而言都是极为不便的，是对其精力与金钱的浪费；而且对于各国有限的司法资源也是相当不利的，是对各国司法资源的浪费。通过外国判决承认与执行制度，虽然无法完全避免国际重复诉讼的发生，因为消除国际重复诉讼现象还需要其他有效机制如先受理法院原则、禁诉令等制度的配合，却可以在相当程度上减少这种现象的存在。一国法院对于其他国家法院的合法判决加以承认与执行，可以有力地减损当事人在不同国家提起重复诉讼的动力与激励，从而节约各国的司法资源。

其三，有利于维护各国的利益。这方面的体现是全方位的，而不仅仅局限于某一个领域或方面。首先，对外国判决承认与执行有助于维护各国法律的权威，增强各国法律的强制力。对外国判决的承认与执行，对于该外国法院判决的权威的维护是主要的。不过，这种效果是相互的，一国对外国判决的承认与执行可以促使其他国家对内国法院判决的承认与执行，这在当前互惠原则被广泛运用的情况下尤其如此。各国间相互承认与执行其他国家的法院判决，可以形成国际的良性效果，最终有利于使各国法院判决的法律效力得到有效保障，维护该国法律的权威。其次，对外国判决加以承认与执行有利于促进国际民商事关系的正常进行，促进国际人员、经济的交往。这种效果几乎是不言自明的。对外国法院判决进行承认与执行，使国际民商事关系当事人无须过多地考虑法院判决的国际性因素，在争议产生之后，当事人可以从便利诉讼、便利当事人的角度出发选择在何地法院提起诉讼。这对于国际民商事交往的正常进行无疑具有重要意义。而这必然会对各国的国家利益产生积极效果。再次，对外国判决承认与执行，有利于形成积极的国际司法合作机制，从而在全球化不断深化的时代中深化各国的相互合作并使各国在深化的合作中获得积极成果。

二、外国判决承认与执行制度与海外权益的保护

（一）外国判决的承认与执行对于海外权益保护的积极意义

客观上看，外国判决的承认与执行并不直接关涉海外权益的保护问题，因为外国判决所涉及的当事人与法律关系可能与海外权益无直接的关联。当然，这也不意味着外国判决承认与执行制度不能在海外权益保护上发挥作用。某种程度上，对外国合适法院判决予以承认与执行或者对于不合适的外国判决加以拒绝，可能都对于海外权益的保护具有积极意义，从而使有利于海外权益的胜诉判决获得真正的效果、使得损害海外权益的不合适败诉判决无以取得成效。

目前来看，受主权因素的影响，国际社会在外国判决的承认与执行上普遍存在着"囚徒困境"的现象，各国都在期望对方"合作"承认与执行本国法院判决的同时将"背弃"（拒绝承认与执行外国法院判决）作为自己的主导战略，从而获得最优的结果。毫无疑问，这种期望所最终获得的是一种"相互背弃"的最差结局，外国判决承认与执行的国际合作无法形成。不过，同时也要注意的是，在外国判决承认与执行领域，各国所进行的并非是单一博弈，即只进行一次或有限的判决承认与执行活动，而更普遍的是多次的合作即重复型博弈。那么，如果各方均偏好己方"背弃"而他方"合作"，则会不可避免地出现"相互背弃"而导致最差的结局。在重复型博弈中，各国如果不断地实施"投桃报李，以牙还牙"（Tit-Tat）的应时性策略，即对选择"合作"的当事人给予报偿，而对选择"背弃"

的当事人施加惩罚,那么,就可能逐步建立起双方之间的信任,从而最终实现"共同合作"的良好结果。而且,外国判决承认与执行问题还可能是"捕鹿游戏"的博弈类型,从而使各国均能在相互合作中获得更多的收益。美国的普兰德(Brand)教授认为,既然"比较优势"等理论表明,自由贸易并非"零和博弈",而是"正和博弈",各国间"共同合作",实行贸易自由化能够促进整个世界贸易量的扩大,而不仅仅是对现有利益的再分配,那么,国际贸易就有可能成为一种"捕鹿游戏"。正因为对外国法院判决的承认和执行也是自由贸易的问题,故将国际贸易交往定位为"捕鹿游戏",可为各国"相互合作"共同实现判决在国际的自由流动提供比较强有力的博弈理论支持。那么,各国在外国判决承认与执行上的个体利益和集体利益是一致的,把"蛋糕做大"即共同合作是对各方都将产生最优结局的战略。[1]那么,各国相互加强判决承认与执行的合作,其结果最终对于各国来说都是有利的,对于实现国际判决的自由流动乃至最终的国际民商事交往的顺利进行都是有利的。

尽管如此,国际社会目前尚未真正形成外国判决承认与执行国际合作的良好局面,外国判决承认与执行的国际合作仍面临实际的困境。这种状况对于司法权威和当事人正当权利的实现都会产生消极的后果。对于海外权益的保护来说,外国判决承认与执行当前国际合作的不利局面也是消极的,不利于保护海外权益的有效实现。在海外权益受到侵害时,当事人通常至少有两个以上国家的法院可以选择,从而使得当事人可以在一个更有利的法院提起诉讼来保护其海外权益。作为理性人,原

〔1〕 Ronald A. Brand, "Recognition of Foreign Judgments as a Trade Law Issue: the Economics of Private International Law", in Jagdeep S. Bhandari & Alan O. Sykes, ed., *Economics Dimensions in International Law*, Cambridge University Press, 1997, pp. 592~626.

告所选择的法院显然对自己是更有利的，那么就有可能获得一个更有利的法院判决。尽管如此，无论在哪个国家的法院提起诉讼，在获得胜诉判决后均可能面临判决的承认与执行问题；这在当前通讯交通便利、资本管制日渐宽松的情形下更是如此，败诉方能够更迅速地获知判决结果、可以更快捷地把资产加以转移，从而使得胜诉方无法在作出判决的原审法院所在地国获得财产的执行。这种结果有可能使胜诉方的胜诉判决难以得到承认与执行，使自己的海外权益无法得到有效的保护。那么，通过判决承认与执行的国际合作，无论是本国法院作出的还是外国法院作出的胜诉判决都能够得到其他国家法院有效地执行，从而在实现判决自由流动的同时也有助于海外权益保护的真正实现。在 2017 年 6 月 30 日武汉市中级人民法院作出的"刘某与陶某等申请承认与执行外国法院民事判决纠纷案"〔1〕中，湖北省武汉市中级人民法院承认和执行了美国加利福尼亚州洛杉矶县高等法院于 2015 年 7 月 24 日作出的编号 EC062608 号判决，裁定被申请人陶某等履行美国法院作出的要求被申请人返还申请人股权转让款及利息等款项。此案应当是我国第一个涉及财产履行的涉外商事判决的承认与执行案，符合最高人民法院有关加强司法协助、提升司法协助便利化的原则精神，从而可能对我国其他法院的司法实践带来指导性意义。值得注意的是，本案涉及我国国民之间的海外权益保护问题，被申请人在收取申请人股权转让款后携款潜逃，严重损害申请人的权益。武汉市中级人民法院对美国法院所做判决予以承认与执行，实际上使得我国国民的海外权益得到了有效的保护；相反，如果

---

〔1〕 ［2015］鄂武汉中民商外初字第 00026 号。案件详情可参见"深圳前海合作区人民法院'一带一路'法律公共服务平台"，载 http：//www. ydylflggfwpt. gov. cn/web/content/472-？ lmdm＝1031，访问日期：2018 年 12 月 7 日。

法院以中美两国之间不存在实际的互惠为由拒绝认可美国法院判决，则申请人的海外权益将因此得不到保护。

（二）对外国判决承认与执行的限制性条件对于海外权益保护的意义

出于各方面因素的考虑，如对本国司法主权的保护、公平公正观念的影响或者甚至出于一国私利，各国立法以及国际立法中都还是无一例外地规定了外国判决承认与执行上应当遵循的各种条件，其中涉及应当具备的肯定性条件如管辖权因素、外国判决的终局性因素、互惠原则等，以及必须排除的禁止性条件如欺诈例外、公共政策例外等。一般情况下，只有上述条件均齐备时，判决才可以在其他国家获得承认与执行。因而，这些条件也就相应地成为了外国判决承认与执行的前提与基础。而由于各国在这些条件的理解上存在现实的差异，这一定程度上演变成了外国判决承认与执行的限制性条件。毫无疑问，这些限制性条件将极大地影响外国判决的承认与执行。

从当前国际社会的普遍状况来看，互惠原则已经超过其他限制性条件而实际上成为外国判决承认与执行的一个基本限制条件，并强调以此为基本依据来对外国判决进行审查。对此，我国学者曾经指出："在承认与执行外国判决的各项条件中，互惠要求居于首要地位，这是因为：首先，各国立法对是否承认与执行外国判决设置互惠要求看法不一，而对于其他有关承认与执行外国判决的条件，各国的法律与实践虽也存有差异，但产生争议的往往不是这些条件有无的问题，而是应如何设计的问题；其次，在对承认与执行外国判决设置互惠要求的国家，如内外国之间不存在互惠关系，则该外国判决自始就不能得到承认与执行，其他条件满足与否根本无须考虑；再次，互惠原则的实施需要对内外国相互承认与执行对方判决的各项条件是否对等进行评估，从这个角度来说，互惠的内容涵括了其他各项条件。此外，外国判决承认与执行的互惠原则不但规定在各国国内法之中，而且签订有关判决承认与执行国际条约本身实际上也就是各缔约国间实现互惠关系的过程。"[1]应当认为，互惠原则在外国判决承认与执行上基础地位的形成，显然是与国际社会对外国判决承认与执行的国家利益性质观念直接相关的。正如外国学者所指出的："就外国判决的承认与执行而言，其政策基础有维护'国家利益'和实现'私人利益'之分：前者是指，外国判决的承认与执行问题虽然出现在国际民商事领域，但是应当从关乎国家利益的角度加以考量；后者是指，外国判决的承认与执行主要涉及跨国私人权益的实现问题，与国家利益不存在重点关联。这两种政策基础实际上代表了研究外国判决承认与执行制度的两种不同范式。"[2]在主权观念盛行的时代，虽然外国判决的承认与执行所涉及的是私人的利益关系问题，但是，一方面，各国普遍认为在国际关系领域中，私人利益和国家利益并非绝对地相互分割，相反，对本国国民利益的维护总体上是与国家利益相连的；另一方面，国家认为判决的承认与执行涉及司法管辖权。因而，在外国判决承认与执行上，既需要考虑当事人的正当权益，也需要对本国国民利益以及本国的司法主权进行保护，同时防止外国司法主权在本国境内发生效力。这种情况下，互惠原则的适用也就具有了一定意义上的时代正当性。

不过，以互惠原则作为审查外国判决的可承认与执行性的基

---

〔1〕 徐崇利："经济全球化与外国判决承认和执行的互惠原则，"载《厦门大学法律评论》2005年第1期。

〔2〕 P. Barnett, *Res Judicata*, *Estoppel*, *and Foreign Judgments*, Oxford University Press, 2001, p. 9.

本依据是否具有实质的合理性，在全球化程度日益增强的当代社会就显得相当可疑。事实上，即使在早期的美国 Hilton 案[1]中，针对美国联邦最高法院适用互惠原则的多数意见，首席大法官富勒（Chief Justice Fuller）就提出了强烈的反对意见："（1）引入互惠原则将赋予联邦法院不可审查的自由裁量权……（4）以互惠原则来拒绝外国判决，也会损害美国的分权原则，因为断定互惠关系是否存在以及是否应适用报复主义来惩罚另一个国家，这是由政府而非法院进行衡量的事，法院并不是合适的审查主体。除此之外，他还认为，以互惠关系的存在与否而非外国判决本身的因素来决定外国判决的可执行性，这将使公平原则根本丧失。"[2]我国著名国际法学者李浩培先生也曾对互惠原则提出了严厉的批评，认为互惠原则实质是报复原则，而且报复的对象也完全错误，因为报复结果的承受者不是裁判作出国，而是外国判决的胜诉人。[3]除此之外，互惠原则适用上的形式多样性，也使得互惠原则在外国判决的承认与执行上形成了极为复杂的局面，[4]这些都使得互惠原则在阻碍着外国判决的承认与执行，从而使胜诉方的权益难以实现。事实上，其他限制性条件也都程度不同地具有阻碍外国判决承认与执行的情形。德国学者贝尔（Behr）就曾经提出："事实上，不是要不要互惠要求的问题，而是如何适用该要求的问题，后者被证明乃当事人

---

〔1〕　Hilton v. Guyot, 159 U. S. 113 (1895).

〔2〕　159 U. S. 113 (1895), pp. 229~234.

〔3〕　李浩培：《国际民事程序法概论》，法律出版社 1996 年版，第 140~141 页。

〔4〕　有关互惠原则适用的形式多样性及其对外国判决的承认与执行带来不利影响的相关阐述，可参见王吉文：《外国判决承认与执行的国际合作机制研究》，中国政法大学出版社 2014 年版，第 46~55 页。

的一项负担和国际合作的一个障碍。"〔1〕

应当认为，这些限制性条件所具有的阻碍判决承认与执行的内在性质对于海外权益的保护是不利的，将使得胜诉方无法从胜诉判决中获得真正的利益。不过，另一方面，限制性条件对外国判决承认与执行的阻碍，却又可能使其成为海外权益保护的现实手段，使损害海外权益的法院判决不能得到认可。限制性条件的这种效果无疑又在互惠原则上表现得更为明显。某种程度上，互惠原则在外国判决承认与执行领域的适用，一个重要的考虑因素就在于海外权益的保护，在主权观念盛行的时代里尤其如此。其实，学界一直普遍认为，美国联邦最高法院在 Hilton 案中提出互惠原则，主要是出于两个方面的目标，即保护在国外的美国人的利益和鼓励外国承认与执行美国法院的判决。〔2〕前一个目标是直接的和潜在性的，后一个目标则是间接地与显性的。在该案中，虽然美国联邦最高法院未明确声称要保护美国当事方的海外权益，但它没有采取对州际法院判决同等的态度依据"完全诚信和尊重条款"来加以认可，也没有遵守普通法的禁反言原则来对外国判决的效力加以承认；相反，它明确区分了外国人之间的诉讼判决、有利于美国当事方的外国判决以及应严格适用互惠原则的对美国当事方不利的外国判决，认为互惠原则只应适用于保护美国人在国外被诉且败诉的情形，"因而，Hilton 案中的互惠原则具有目的上的狭隘性，即只保护在国外被诉的美国人"。〔3〕而互惠原则适用上的形式多样

---

〔1〕 Volker Behr, "Enforcement of United States Money Judgments in Germany", *The Journal of Law and Commercial*, 1994 (13), p. 222.

〔2〕 马守仁："美国对外国法院判决的承认与执行"，载中国国际法学会主办：《中国国际法年刊》，中国对外翻译出版公司1984年版，第263页。

〔3〕 Willis L. M. Reese, "The Status in this Country of Judgments Rendered Abroad", Colum. L. Rev., 1950 (50), p. 783.

性所产生的复杂局面，则进一步强化了这种保护效果。互惠原则适用上的形式多样性不仅赋予了被请求法院过多的自由裁量权空间，也给当事人提供证明强加了过多的责任，这些都可以一定程度上为海外权益的保护提供可行性基础。其他的限制性条件诸如管辖权条件、公共秩序例外、欺诈例外等也具有对海外权益加以保护的效果，使那些不合适的外国判决或者过于严厉的外国判决（例如涉及明显不符合比例原则的惩罚性判决）不能得到完全的认可，从而实现对海外权益的保护。

当然，需要注意的是，国际社会对限制性条件规定的基本目的本质上在于保证合适的法院判决获得认可，而不是为了对本国国民的海外权益进行保护。正是如此，外国判决承认与执行上的限制性条件在海外权益保护上的作用是有限的。各国对于限制性条件的适用应当主要基于公平正义原则，以保护当事人正当且合法的权益的实现，而不应片面强调对本国国民权益（包括海外权益在内）的特殊保护。

第三章

我国海外权益保护的国际私法问题

海外权益的保护问题并非现代社会特有的，也不是某个国家或某些国家的专有现象；实质上，随着全球化的发展所导致的国际民商事交往的频繁出现，国际社会日益呈现出国内利益国际化和国际利益国内化的趋势，进而使得海外权益的保护问题逐渐形成。各国都程度不同地面临着对外部资源和外部市场的依赖、对外部投资需求的加强和吸引外资的需要以及对对外贸易的迫切要求，这些都会导致海外权益保护问题以前所未有的深度和广度加以呈现。在国际民商事交往过程中，各国当事人都可能因为各种诸如政治、商业等风险的原因而面临着海外权益遭到损害的现象，从而导致海外权益的保护问题。不过，长期以来，海外权益的保护问题属于私法性质的问题，由当事人自身通过相关途径来加以保护，各国通常不会关注并采取积极措施来实施海外权益的保护。应当认为，这种情形一方面是受到公法私法不同的影响，另一方面是与国家实力有关。实际上，海外权益的保护问题真正得到国家的关注并采取积极措施加以实施，应该是国家实力提升的产物。当然，长期以来，国际社会在海外权益保护上通常采用的是国际法机制，诸如外交保护、签订双边贸易投资等协定，而较少关注并运用国际私法机制来保护海外权益。国家运用国际私法机制来保护海外权益的实践形成较晚，并且更容易受到批评与指责，主要的原因在于国际私法的国际主义和平等保护观念。

总体上看，我国有关海外权益保护的国际私法机制还存在相当程度的欠缺。应当认为，无论是在观念方面还是具体的制度设置方面，我国国际私法在海外权益的保护上仍有一定改进空间，从而事实上将影响对海外权益的有效保护。

第一节　我国海外权益保护的现状与形成的原因

一、我国海外权益保护的一般现状

（一）国际社会海外权益保护的一般状况

国际社会海外权益保护的发展历史表明，海外权益的保护与国家实力之间有着一定程度的直接关系。客观上看，国家海外权益保护问题的形成是全球化的产物。全球化的发展不仅促进了各国经济交往的频繁和人员流动的自由，从而导致了国际社会的相互联系和依存；也引发了各国对资源和市场的抢占所导致的利益冲突现象。后者带来了国际发展的不均衡状态，使得各国在全球化进程中所获得的收益明显不同。那些经济基础更好与实力更强、政治实力更大、资源能力更广、科技水平更高的发达国家更懂得并能够利用自身的优势获得更大的发展、取得更多的收益。

全球化的不均衡发展导致进行海外权益保护的主要国家往往是综合国力较强、海外资产体量较大的大国。从时间维度来看，全球人员、货物和资本流动是科学发展和技术革命的产物，各国随着时代的发展都面临着海外权益的保护问题。尽管如此，在海外权益的保护上，不仅需要行使保护的国籍国有所需的物质基础和保护实力，还常常需要东道国的支持与协助；此外，还需要国家有保护的意愿和观念，愿意对海外权益实施保护。毕竟在海外权益的保护方面，可能要面对如何协调国家关系、如何解决各国法律制度差异等复杂问题，这对于许多国家而言都可能是一个不易处理的困难，从而会影响国家在海外权益保护上的意愿。从国际社会海外权益保护的实践来看，国家对于海外权益的保护需要有必需的物质基础和经济实力，通常情况下，这些物质基础包括但不限于这些方面的资源：经济资源、公共管理资源（诸如政府提供各种信息和协助等以及法院与军队）、信息资源（诸如关于自然人和企业的身份背景、语言习惯等）。应当认为，虽然各国无论国家实力如何，都对于本国海外权益的保护有一定的物质基础和保护意愿，毕竟在当前主权林立的国际社会中，各国都面临着保护本国国民的人身安全和财产利益的责任，而这有利于保护国家的经济政治利益、也有助于提升国家的凝聚力和国民对国家的认同感；但是，对于实力较弱的国家，其关注的重点通常会在国内事务而非国际事务之上，从而影响国家对海外权益保护的积极性。那么，对于海外利益体量较小、保护资源较少且保护意愿有所欠缺的弱国，东道国常常具有更强的保护能力和保护水平，因而弱国在海外权益保护上的紧迫性就可能更低；相反，对于国际经济交往频繁、海外利益体量较大的大国，在东道国缺乏保护能力和保护意愿的情况下，可能会有更大的保护紧迫性。正如有学者指出的：不同类型国家对海外利益的界定和保护呈现出一种类似于"马斯洛需求层次"的层级关系。这种差异反映出各国对自身国家利益、国际定位的认识不同，根源在于国家实力、国际化程度和对国际事务参与深度和广度的级差。[1]

因而，在海外权益的保护上，国家坚实的经济实力和强大的政治基础都具有重大的意义，使得国家不仅能够提供充实的保护能力，而且更易于获得国内的强力支持和国际社会的承认和接受。事实上，历史上强国常常是推动海外权益保护手段创新的主力军。作为当今世界海外投资总量最大的国家，美国就常常将保护海外利益作为制定对外战略的出发点，不断发展和提升海外利益保护的方式与手段。[2]依据约瑟夫·奈的观点，国家实力包括国家硬实力和国家软实力，各自有不同的资源基础和功能价值。在二者关系上，硬实力和软实力二者相辅相成，都属于以影响他人行为来达到自身目的的能力。它们的区别在于行为的性质和资源的实质性存在程度的不同。其中，支配力作为改变他人行为的能力，依赖于通过强迫或引诱的方式发挥作用；吸纳力作为左右他人愿望的能力，依赖于通过操纵政治议程而使他人感到自身目标不切实际而放弃表达个人愿望，或者依赖于一国文化和价值的吸引力来诱使或阻止他国进行某些行为。在支配力和吸纳力两个极端之间，行为的种类涵盖了许多层面：从强迫到经济诱惑，到制定政治议程，最后到纯粹的吸引。软实力资源通常与吸纳力行为相关联，而硬实力则与支配行为相关联。[3]因而，硬实力更具有功能表现的直接性和明显性，而软实力则表现出间接性与潜在性，其对他人行为作用的发挥需要更长的时间，但可能会在效果的作用上更为有效与

---

[1]　汪段泳："海外利益实现与保护的国家差异——一项文献综述"，载《国际观察》2009年第2期，第30页。

[2]　王发龙："美国海外利益维护机制及其对中国的启示"，载《理论月刊》2015年第3期，第179~183页。

[3]　[美]约瑟夫·奈：《软力量——世界政坛成功之道》，吴晓辉、钱程译，东方出版社2005年版，第221页。

长久。正因如此，在全球化时代，提高硬实力，即促进经济发展、增加国家经济总量、提高人民生活水平、巩固国防力量，是增强综合国力的基本途径。但是，国家软实力变得更加重要，如国民的文化、教育、心理和身体素质，国家的科技水平，民族文化的优越性和先进性，国家的人才资源和战略人才的储备情况，政府的凝聚力，社会团结和稳定的程度，经济和社会发展的可持续性等。在全球化时代，要有效维护国家主权，增强国家实力，仅仅依靠经济和军事实力不够，还必须有政治、文化和道义力量。[1]在全球化不断深化、同时全球经济环境渐趋紧张的情况下，软实力有着更加重要的意义，利用文化交流与传输、价值观念引导与提倡、外交政策宣扬与执行、国际制度形成与遵守等多种方式来影响他国，使得他国愿意接受并尊重本国的观念和利益。

需要指出的是，软实力并非强国与大国的专属，世界各国都有能力拥有并展现自己的软实力，进而提升自身的国际地位和国际形象；不过，世界历史表明，软实力必须有硬实力作为支撑，倘若没有足够的硬实力，软实力就将缺乏生存根基，从而导致软实力难以发挥有效作用。所以，软实力更强的国家通常是国家硬实力更大的国家尤其是发达国家。而且，软实力的作用发挥通常需要更长的时间，而不能立竿见影，这也使得软实力作用的有效发挥需要国家有相应坚实的物质基础。与硬实力可以在短期内显现效果有较大差异，软实力的实施效果见效慢。国家强大的政治实力、经济实力和军事实力能够在短时间内发挥直接效果，对其他国家产生现实的引领意义或威慑作用，

---

〔1〕 俞可平："'中国模式'：经验与借鉴"，载俞可平等主编：《中国模式与"北京共识"——超越"华盛顿共识"》，社会科学文献出版社 2006 年版，第 19 页。

但软实力的作用发挥和建设周期则可能需要相当长的时间，而且实施起来也可能难度更大且效果不显著。因为，"软力量的众多重要资源均非政府所能掌控，其效果极大地依赖于受方的接受度，此外，软力量往往通过塑造政策环境间接地运作，有时要花数年的时间才能产生预期结果"。[1]因而，通常只有国家硬实力强的发达国家才有足够的物质基础和持续坚持的动力。

正是如此，国际社会海外权益保护的实践表明，国家的硬实力决定着国家对于海外权益的保护能力和一定程度上的保护意愿；如果缺乏必要的经济政治等方面的物质基础，国家难以提供有效的保护手段，从而可能挫伤国家的保护观念，也会影响国家关于海外权益保护的紧迫性观念。另一方面，国家的软实力也会影响国家的保护观念和保护能力，同时还将影响着国家海外权益保护的有效性，从而在海外权益的保护上可能具有更重要的价值和更深远的意义。在海外权益的保护上，通常不仅需要国籍国的积极行为，还经常需要东道国的合理措施甚至对国籍国保护行为的协助与支持，否则国籍国的保护行为可能难以真正发挥效用。这就要求国籍国有必要的说服力和吸纳力，从而要求国籍国有相当高水平的软实力。因此，对于软实力不足的广大发展中国家来说，普遍难以利用国际制度和国际体系这些相对行之有效的方式来实现对本国海外权益的保护。

（二）我国海外权益保护的现状

我国在海外权益保护方面在某些方面存在观念不足甚至欠缺的情形，导致我国海外权益的保护有呈现不彰的局面。客观上看，这种局面的形成与我国经济发展水平的状况有直接关系，同时也与我国国家实力的状况息息相关。随着我国经济发展水

---

〔1〕 ［美］约瑟夫·奈：《软力量——世界政坛成功之道》，吴晓辉、钱程译，东方出版社 2005 年版，第 110 页。

平的提升、国际经济活动参与程度的增强，我国海外权益的保护问题也逐渐获得关注。有学者就提出我国海外利益的形成和发展实质上是一个在取得利益、保护利益和调整利益三者之间不断互动演进的动态过程：没有有目的地、有计划地取得海外利益的持久努力，单谈保护利益是消极的、无意义的；没有积极有效的保护，已取得的利益就会丧失，取得利益的行为也就毫无意义；而究竟哪些利益值得采用什么方法、手段去争取和保护，哪些利益在特定条件下需要或可以放弃，则必须经过适当的调整予以解决。[1]因而，我国海外权益保护问题的形成是改革开放带来经济迅速发展进步、国家实力不断提升增强所导致的结果。

总体上看，我国经济发展水平持续进步的态势一直在延续，即使在当前国际经济环境渐趋下滑的情形下也是如此。根据商务部2018年春季发布的《中国对外贸易形势报告》，2017年中国货物贸易进出口总额达27.80万亿元人民币，比2016年增长14.2%。其中，出口15.33万亿元，增长10.8%；进口12.47万亿元，增长18.7%。而随着我国"一带一路"建设的持续推进，我国对外经济继续呈现向好的局面，这与当前国际经济环境日益紧张的态势形成了一定程度的对比。"一带一路"建设更是使我国对外投资呈现出投资规模不断扩大、投资领域不断扩张、投资理性日渐显现的良好局面。首先，在投资规模上，根据商务部《中国对外直接投资统计公报》，2016年中国对外直接投资快速发展，对外投资流量达到1961.5亿美元，增长34.7%，占全球对外投资流量的12.6%，占发展中经济体对外投资流量的47.7%，而这是在全球对外直接投资整体呈现下降趋势的情

---

[1] 陈伟恕："中国海外利益研究的总体视野———一种以实践为主的研究纲要"，载《国际观察》2009年第2期，第9页。

况下呈现出来的。根据联合国贸发组织（UNCTAD）发布的《世界投资报告 2017》的数据，2016 年全球对外投资流量为1.45 万亿美元，同比下降 8.9%。而且，自 2011 年以来，中国对外投资流量全球占比逐年递增，2011 年至 2016 年全球整体占比分别为 4.8%、6.7%、8.2%、9.3%、9.9% 和 12.6%。这些都体现出我国对外投资规模不断扩大。其次，在对外投资领域方面，截至 2016 年，中国对外直接投资覆盖了国民经济所有行业类别。其中，租赁和商务服务业为 4739.9 亿美元，占中国对外直接投资存量的 34.9%；金融业 1773.4 亿美元，占 13.1%；批发和零售业 1691.7 亿美元，占 12.5%；采矿业 1523.7 亿美元，占 11.2%；制造业 1081.1 亿美元，占 8%；信息传输/软件和信息技术服务业 648 亿美元，占 4.8%；房地产业 461.1 亿美元，占 3.4%；交通运输/仓储和邮政业 414.2 亿美元，占3.1%；建筑业 324.2 亿美元，占 2.4%；电力/热力/燃气及水的生产和供应业 228.2 亿美元，占 1.7%；科学研究和技术服务业197.2 亿美元，占 1.4%。这些数据表明我国对外投资在投资领域上呈现出合理扩张的良好态势。再次，在投资理性层面，中国对外投资与全球资本流向一致，加快流向美洲和欧洲，从而体现了良好的投资理性。2016 年流向美国、开曼群岛、英属维尔京群岛、澳大利亚、新加坡、加拿大、德国的投资共计1696.3 亿美元，占当年流量总额的 86.5%。发达经济体成为中国对外直接投资热点市场，流向发达经济体的投资 368.4 亿美元，较 2015 年大幅增长了 94%。而且我国对外投资还日益注重国际产能和装备的合作。2016 年，中国对外直接投资中流向制造业的金额达 290.5 亿美元，同比增长 45.3%，占当年对外投资流量总额的 14.8%。其中，流向装备制造业对外直接投资存量达 470.4 亿美元，占制造业投资存量的 43.5%。中国企业对汽车制造、计算机/通信及其他电子设备制造、专用设备制造领域的投资均超过 100 亿美元。从而表明我国对外投资理性不断增强，更加注重战略部署和产业升级。

当然，另一方面，我国经济发展和地位的提升也伴随着各种风险的增加以及因此形成的海外权益保护问题。正如学者所观察的，中国海外利益的拓展与安全风险同步增加，中国海外利益的敏感性和脆弱性日渐显现，其维护和拓展面临着巨大挑战。这些挑战既来源于细微之处，也来源于战略层面。从细微之处说，随着对外贸易和投资的增加，许多企业遭遇海外利益侵害，中国公民遭遇安全威胁的事件屡有发生，中国公民的海外人身财产安全已成为中国海外利益的重要部分。从战略层面上看，中国海外资产的规模在扩张，海外资源的分量和重要性在迅速上升，但相关保护手段和能力略显不足，中国与西方发达国家的经济利益、地缘政治利益的冲突在上升，利益协调的难度在加大，与其他国家的经济摩擦也在加剧。[1]

受国家利益、法律因素、企业自身原因等各种因素的影响，对外贸易与投资不可避免地遭遇风险成为国家与投资企业必须严肃考虑的重要问题。某种程度上，鉴于我国发展中大国和对外贸易与投资"新成员"的身份，我国更需要重视各种风险及其防范问题，否则，我国对外投资不仅可能面临投资失败而遭受严重损失，还可能因此对国家投资战略和"一带一路"建设造成不利的局面。事实上，仅仅是从 2016 年 1 月至 2017 年 3 月短短一年多的时间内，针对中国企业或可能对中国企业产生影响的贸易救济调查就高达 215 起，包括反倾销、反补贴、双反、反规避、保障措施；其他因素导致的中国对外投资失败所造成

---

[1] 门洪华、钟飞腾："中国海外利益研究的历程、现状与前瞻"，载《外交评论（外交学院学报）》2009 年第 5 期，第 58 页。

的损失更是严重，如 2010 年中石油收购叙利亚油气开发公司35% 股权之后，因叙利亚内战爆发而导致国内局势极为动荡，从而使得中石油被迫撤离叙利亚而遭受了重大损失。在那些会给我国海外投资带来风险的国家中既有西方发达国家，也有发展中国家，也包括与我国关系较好的国家。如 2003 年中石油获得美国 Getty 家族出售的俄罗斯斯基姆尔（Stimul）公司 61.8%股份的收购权，但受到来自俄罗斯石油寡头俄罗斯天然气工业股份公司的阻挠，并最终未能获得俄罗斯反垄断当局的批准而遭遇了失败。

　　某种程度上，在我国提出"一带一路"倡议之后，我国面临的各种风险可能并未减少，从而要求我们需要更加重视我国海外权益的保护问题。一方面，"一带一路"沿线国家存在较大的风险。根据《2017 年中国海外投资风险评级报告》所给出的"一带一路"沿线主要 35 个国家的投资风险评估结果，"一带一路"沿线地区的投资风险较高，其中政治风险为最大潜在风险。沿线国家多为经济新兴体或发展中国家，经济基础薄弱且结构单一，政治运作不够透明，外资政策稳定性差，部分国家地缘政治复杂，政权更迭频繁，政治风险较高。独联体和中亚地区的投资环境相对较差，这些国家的经济基础、政治风险、偿债能力等指标排名靠后；伊拉克、伊朗等国家政局动荡，常有军事冲突、社会不稳定，经济基础较弱，投资风险较高。[1] 而且，这些国家或地区内部也存在一定的法律风险，如与我国经济政治关系良好的俄罗斯，也存在诸如立法变动频繁、法律法规有矛盾、司法环境较差、司法救济途径不畅等各种风险，[2] 从而

---

〔1〕　中国社科院世界经济与政治研究所：《2017 年中国海外投资风险评级报告》。

〔2〕　殷敏："'一带一路'倡议下中国对俄投资的法律风险及应对"，载《国际商务研究》2018 年第 1 期，第 76~78 页。

使我国对俄贸易与投资可能面临权益保护的问题。

　　另一方面，在当前国际经济贸易处于震荡调整、国际贸易投资格局和多边贸易投资规则面临深刻变革的时期，"一带一路"倡议期望在和平发展基础上实现各国经济的共同繁荣进步、社会的和谐稳定发展的积极价值追求，显然符合经济全球化和国家主权平等原则的基本要求，也有利于促进沿线各国相互合作以达到合作共赢的良好经济局面。通过对沿线国家的贸易与投资，不仅有利于消化外汇资产过剩所带来的压力，还可以从贸易与投资中获得资本和产品回报，进而获得我国生产发展所需的各种资源。所以，我国提倡"一带一路"倡议，本质上是基于我国利益和经济社会发展需要的，并非为了向国际社会推行中国的世界观和价值观，也不是为了与发达国家争夺国际政治、经济主导权；当然，也不是因为我国已经发展成为了一个新兴的发达国家，为了抢占世界市场，而有意利用自身的经济能力来拉拢沿线国家。正是如此，"一带一路"倡议的提倡，一定程度上表明了我国作为发展中国家面临着经济发展的现实困境，从而迫切需要国际社会的共同努力和共同发展。

　　我国对外贸易与对外投资的发展与扩张态势所带来的风险，促进了我国海外权益保护观念的形成和制度建设。2017年，国务院总理所做的《政府工作报告》中就明确提出："加快完善海外权益保护机制和能力建设。"这表明我国海外权益的保护问题已经上升到了国家战略的高度，国家已形成海外权益保护的基本观念，而这将促进国家对于海外权益保护的制度建设和具体实施。事实上，从20世纪90年代开始，随着我国改革开放进入新阶段，海外权益保护的问题就逐渐为国家所关注。受此影响，国内理论界对海外权益保护的研究日渐系统和全面。毫无疑问，这些理论研究对于我国海外权益保护的制度建设和具体措施的合理实施都将具有积极价值；毕竟，对于一个国际经济政治地位仍在提升且海外权益保护经验极为匮乏的发展中国家而言，全面合理的理论研究基础是具体实践的指引，可以提高海外权益保护的有效性。目前，中国政府已初步建立起协调、预警、应急、服务和磋商五大机制，并着手建立一套能够发挥政府、企业、社会组织、国际组织各自作用且增强相互合作的机制，以实现进一步加强海外利益管理能力的目标。在这些机制的作用下，我国已经开始了海外权益保护的具体实践。这些保护实践中既涉及外在效果强的军事护航与在武装冲突地区的撤侨行动，如我国经联合国安理会批准，从 2008 年开始派遣军舰前往亚丁湾索马里海域进行军事护航；也包括一些外在效果平缓却意义深远的行为，诸如加强领事保护工作、注重与所在国的信息交换活动以及警务合作等，如 2011 年湄公河案件后中国直接派出警察侦办案件，并依据协定创建了湄公河联合巡逻执法机制。除此之外，海外权益保护的制度建设也不断加强。在国内制度建设上，近些年来不断加强了产权确立与保护的法律制度、对侵权行为加以规范的法律制度，并对具有域外效力的外国判决承认与执行制度加强了制度建设和国际合作。这些法律制度的建设对我国海外权益的保护有效性提供了国内法基础。更为重要的是，我国还强调了国际法律制度的建设，积极参与并努力创制符合我国海外权益保护的国际制度和国际体系。对于国际制度在海外权益保护的意义，有外国学者认为它可以通过在国际社会的规范与指引来使各国遵守与接受：国际制度和国际规则对可接受的国家行为的形式予以限定，对不可接受的行为的种类予以禁止。这些规则由国家通过谈判达成……要求各国共同接受作为"以权利和义务界定的行为标准"的更高一级的规范。〔1〕而且国际制度还具有建构性价值，从而对于海外权益的生成具有一定程度的能动作用和建构意义，并通过赋予国家以集体身份和共有知识而影响对海外权益的认知。正如有外国学者提出的："国家利益是根据国际上公认的规范和理解——什么是善的和合适的——来定义……规范的语境也随时间变化，当国际上公认的规范和价值变化时，它们就引起体系层面上的国家利益和行为的相应转变。"〔2〕

尽管如此，难以否认的是，总体上看，我国海外权益的保护还存在观念不彰、方式单一、制度不足等不利状况，从而影响着我国海外权益保护的实际效果。

首先，在海外权益保护的观念上还有待加强。随着我国参与国际经济关系程度的不断深化，海外权益保护的观念已经基本形成并在国家战略层面得以确认；不过，对于何种性质的海外权益需要保护以及如何加以保护，目前的观念仍较为模糊。对于海外权益，仍有观念经常认为这是一般性质的贸易或投资纠纷，应该由当事人通过一般的私力救济方式予以解决，无须加以特殊保护；或者主要考虑国家海外利益的保护，而忽视海外权益的保护问题。而在保护方式上，也仍然强调外交途径和政治方法，而对于法律手段和国际制度的利用仍然存在一定的疑虑甚至显得较为陌生。

其次，在保护的海外权益内容上，仍然更加注重有形的人身安全、经济和投资利益。毫无疑问，这种状况与国际社会经济发展程度不足的国家情形基本相似。对于国际经济参与程度

---

〔1〕 John J. Mearsheimer, "The False Promise of International Institutions", *International Security*, 1994–1995（19），pp. 8~9.

〔2〕 ［美］玛莎·费丽莫：《国际社会中的国家利益》，袁正清译，浙江人民出版社 2001 年版，第 3 页。

相对有限的国家，更加注重直接与微观的利益形式和具体利益目标；而对于国际经济参与程度较高的发达国家，则可能更注重国际制度和国际体系，如 2000 年《美国的国家利益》报告中，就把"保证全球主要体系（贸易、金融市场、能源供应和环境）的活力和稳定"视为对美国最重要的生死攸关（vital）的利益之一。[1]通过向国际社会推行并强力保障符合美国利益的国际经济秩序和经济体系，美国不仅获得了稳定的经济利益，而且还加强了其在国际经济秩序中的主导地位。发达国家对国际制度利益的强调与保护，更有利于有形海外权益保护的有效性与国际合法性，从而更容易获得国际社会的认可甚至支持。

再次，在海外权益保护上存在着权力困境和制度困境。在海外权益保护的权力困境上，我国面临国家实力尚显不足与如何合理解决保护权力运用时消减国际体系压力的矛盾。我国当前的国家实力无论是国家硬实力还是国家软实力都依然存在相对不足，这将一定程度上影响我国海外权益保护及其措施的有效性；与此同时，我国还需要认真关注并妥善解决国际社会在我国海外权益保护上的疑虑和担忧。在海外权益保护的制度困境上，我国仍然面临如何合理有效利用国际制度和国际体系，以及同时应对国际制度合法性与有效性不足的问题。目前国际制度和国际体系仍然主要反映的是发达国家的意志和利益，多数国际制度的确立及重要的国际组织也是大国竞逐和谋求自身海外利益的产物。美国外交智库对外关系委员会（Council on Foreign Relations）1996 年的一份研究报告曾特别指出：冷战的结束使联合国能更好地为美国利益服务。通过联合国框架，提

---

〔1〕 The Commission on America's National Interests, *America's National Interests*, July 2000.

供了外交磋商的机会，可形成一个各国共同遵守的规范；通过安理会的决议获得其他国家的服从，加强美国行动的合法性，这些对于美国利益都至关重要。虽然并非联合国的每个决定都是美国喜欢的，但总体上所得大于所失。[1]这些国际制度忽视广大发展中国家利益和国际社会的公平、忽视发展中国家的发展目标与发展模式，从而加剧制度失效的危机。

此外，在海外权益保护的法律体系上，更强调公法体系的运用，也是我国当前存在的一个基本问题，从而使得国际私法体系未能在海外权益的保护上获得应有的地位、发挥应有的作用。在当前国家主权日益受限、国家海外利益保护措施经常遭遇国际合法性困境的情况下，加强国际私法机制的建设和有效运用应当更具有可行性。

二、我国海外权益保护当前状况的主要形成因素

我国海外权益保护状况的形成，显然是多种因素共同作用的结果。不过，在我们看来，最根本的原因应该是我国当前国家实力的发展状况。

经过改革开放的发展，我国国家硬实力已经取得了巨大的成就，在经济总量、物质资源及其利用、军事实力、科技进步等各方面都有了显著进步。当然，另一方面，也需要看到，我国硬实力的发展进步并非绝对性的，也不意味着我国脱离了发展中国家的地位。某种程度上，我国的经济发展仍有内在性的缺陷，"长期以来，中国出口产品依靠低价优势占领市场，支撑这种优势的既有劳动力成本较低等合理因素，也有资源价格、环境成本和劳动所得被人为压低等不合理因素。这种状况短期看似乎有利于

---

[1] Council on Foreign Relations, American National Interests and the United Nations, January 1996.

降低出口成本，实际上有损于资源配置效率和人力资本建设，将会制约中国产业竞争力的提升和发展方式的转变"。[1]还有学者分析了我国经济发展问题的相关因素：在世界产业链条中，原料供应、产品设计等上游产业以及产品销售市场等下游产业均不掌握在中国手中。中国作为制造业大国，其主要原料、能源供应均来自海外，一些重要原材料的定价权更是直接掌握在西方企业和财团之手；同时，在"出口带动"发展战略的指引下，中国商品更多地要依赖海外市场，而整个产业链的下游——销售终端和商品——定价权也不掌握在中国企业手里。而且，中国国内资金流动性过剩与内需不足的同时存在，也导致中国海外采购和海外市场依赖同时存在。因而，中国海外利益的扩展在很大程度上与中国国内经济结构问题有关。[2]

　　受国家硬实力发展的推动，我国软实力也有了较大程度的发展以及较高水平的提升。约瑟夫·奈通过观察认为，中国的软实力有了较大的提高。他们看来，在文化方面，无论是从留学生数量、来华游客，还是中国对外文化传播等，中国近些年的表现都相当优越；在政治观念方面，中国稳固掌控的政治体制和健康发展的市场经济获得了国际社会尤其是亚非拉国家的广泛接受与认同，中国还通过加强对外经济援助、日益开放国内市场来增强中国的政治影响；在外交政策方面，中国不仅更主动地加入国际组织并在其中发挥更积极的作用，还大力倡导国际合作并为此采取积极与合理的措施，诸如参与联合国维和行动、主持以实现朝鲜半岛无核化的"六方会谈"、积极召开涉

---

〔1〕 刘世锦："为什么中国'发展中国家'的身份会成为一个问题"，载《求是》2011 年第 11 期，第 35 页。

〔2〕 唐昊："关于中国海外利益保护的战略思考"，载《现代国际关系》2011 年第 6 期，第 3 页。

及国际政治和国际经济的国际峰会等。此外，中国还展开了对软实力问题的广泛研究和热烈讨论，这显然更有助于中国在不断增长硬实力的同时也关注软实力及其提升的方式和途径，从而更利于中国软实力的增长。[1]毫无疑问，我国软硬实力的提高与发展，将有效地提升我国海外权益保护的观念和行动的有效性。

当然，需要正确看待的是，我国的硬实力虽然有了较大程度和较快速度的提高，但我国作为发展中国家的地位仍未真正改变。从大国间的实力对比来看，我国远非实力超群的世界强国。虽然改革开放以来我国综合国力尤其是硬实力有了快速增长，但在军事、科技、资源等方面的硬实力与发达国家都尚有一定的差距。更为重要的是，我国还存在软硬实力比重、发展明显失衡的情况。文化交流是提升国家形象、增进国际认同的重要途径。认同是利益的基础，国家在互动中形成的不同类型的文化结构，建构了彼此的身份、认同和利益。各国在政治制度、价值观念、发展模式等方面的差异，使文化交流存在多种限制因素和不确定性，但积极促进文化交流基本上比阻断文化传播更能满足信息化时代国家发展的需要。因此，促进不同国家之间的文化交流与传播，借助文化途径增进国家利益，是当今国际社会大部分国家的共同选择。[2]

更为重要的是，我国参与国际法律制度方面仍有不足，而这实际上受制于我国软实力的不足。在全球化已全然融入整个国际社会的背景下，国际制度和国际体系已然成为各国行为有效性与合法性的基本评判标准。国际社会日益强调，国际制度参与度

---

〔1〕 ［美］约瑟夫·奈等："中国软实力的兴起及其对美国的影响"，赵明昊译，载《世界经济与政治》2009年第6期，第8~11页。

〔2〕 倪世雄、李世默："借助文化途径增进国家利益"，载《解放日报》2011年12月26日。

是衡量一个国家参与国际社会程度高低的主要标准之一。[1]毕竟，只有积极与广泛地参与国际制度，才能对制度的形成、发展和有效遵守发挥相应的作用，而远离国际制度，则不仅无助于国际秩序的稳定和发展，也会使一国处在国际秩序之外甚至对国际秩序形成威胁或加以破坏。而且，在发达国家的学者看来，国际制度具有降低交易成本、减少不确定性、促进合作等功能。[2]然而，现行国际制度形式上公平，但它反映的是国家主要基于国际权力分配而作出的自我利益估算……在实质上不过是"施展权力关系的竞技场"而已。[3]事实上，各类国际法律制度实质上反映的是发达国家的利益需求，并由发达国家主导，发展中国家很难在其中享有平等地位。正如发达国家学者所指出的，从二战后开始所形成的国际制度实质上都是发达国家进行国际垄断资本剥削的主要工具，从而加剧了全球范围内的两极分化，阻碍了广大发展中国家的发展；而且现行国际机制加强了发达国家对世界其他部分的统治，是不公正分配的结果，因而在道德上是应该受到谴责的。[4]

　　在进入 21 世纪之后，中国在国际制度的参与度上日益提升，中国积极参与国际法律制度的建设与维护，努力成为国际制度的建设者而非挑战人；不过，与中国的硬实力发展程度相比，我国的参与度仍然有所不足。但作为联合国安理会的常任

---

〔1〕　刘玉安："中国在全球事务中的责任"，载《国外理论动态》2007 年第 6 期，第 39~43 页。

〔2〕　〔美〕罗伯特·基欧汉:《霸权之后：世界政治经济合作中的合作与纷争》，苏长和等译，上海人民出版社 2012 年版，第 107 页。

〔3〕　John J. Mearsheimer, "The False Promise of International Institutions", *International Security*, 1994-1995 (19), p. 13.

〔4〕　Robert W. Cox, "Social Forces, States and World orders: Beyond International Relations Theory", *Millennium: Journal of International Studies*, 1981 (10), pp. 126~155.

理事国，中国在维持国际和平与安全、促进发展中国家在联合国地位的提升和经济的发展方面都起到了应有的作用。当然改革开放以来，中国逐渐成为众多国际制度的参与者，但非国际制度议程的设定者和引领人，只是通常对别国（当然主要是西方发达国家）提出的议程作出被动反应。

第二节　我国海外权益保护国际私法机制的不足

一、我国现行国际私法的一般状况

改革开放在促进我国经济发展和社会进步的同时，也推动了我国法治的建设和进步。在这种良好背景下，我国国际私法也不断发展与进步，更促进了国际私法观念的形成，由此促进了中国国际私法理论研究的发展进步、推动了中国国际私法立法和司法的发展。

对于一个法治建设基础较为薄弱的发展中国家而言，理论研究不仅是学科发展的前提和基础，也是国家立法和司法的基础；而改革开放为我国法律学科的发展带来了物质基础、观念和意识。对于中国国际私法学科而言，改革开放应当具有更加重要的意义，正如有学者指出的：改革开放在物质和精神两个层面都深深影响了中国国际私法学的发展。就物质层面而言，改革开放促使中国融入世界，跨国民商事交往日渐增多，这是国际私法学发展的物质基础和社会条件，国际私法学也因此日益彰显其实用价值；就精神层面而言，中国国际私法学在改革开放之初已弦歌辍绝，开放才引来了外国学理之输入与滋养。[1]

---

〔1〕　宋晓："改革开放 40 年中国国际私法学之发展"，载《法学评论》2018年第 5 期，第 26 页。

改革开放之后，面对当时知识体系极其薄弱的异常困难局面，我国早期国际私法学者作出了巨大的努力来推动国际私法学的建设工作。在所进行的各项工作中，一是着手国际私法的输入，使国际私法人才队伍建设所需的知识基础得以建立。在外国国际私法的输入上，首先是翻译外国的国际私法著作，把外国的国际私法学说介绍给中国。在外国学术著作的翻译上，经历了一个从早期翻译苏联国际私法著作[1]为主到大量翻译发达国家国际私法著作[2]的过程。当然，这项翻译工作一直在持续的状态之中，[3]后来的年轻学者继承了这一良好的学术习惯。毫无疑问，作为一种从外国传输进来的舶来品，外国国际私法学说的翻译对于我国国际私法学的建设起到了启蒙的作用，也使我国国际私法学界能够较为全面地了解和把握国际社会国际私法的研究状况和发展走向。其次是出版学术著作来专门介绍外国国际私法理论与学说，并对各国国际私法具体立法和司法

---

〔1〕　如［苏］M. M. 波古斯拉夫斯基：《国际私法》，王明毅等译，法律出版社 1987 年版；［苏］隆茨等：《国际私法》，刘楠来等译，法律出版社 1986 年版。

〔2〕　如［英］莫里斯：《法律冲突法》，李东来等译，中国对外翻译出版公司 1990 年版；［英］J. H. C. 莫里斯主编：《戴西和莫里斯论冲突法》，李双元等译，中国大百科全书出版社 1998 年版；［德］马丁·沃尔夫：《国际私法》，李浩培、汤宗舜译，法律出版社 1988 年版；［德］弗里德里希·卡尔·冯·萨维尼：《法律冲突与法律规则的地域和时间范围》，李双元等译，法律出版社 1999 年版；［日］北胁敏一：《国际私法：国际关系法Ⅱ》，姚梅镇译，法律出版社 1989 年版；［法］亨利·巴蒂福尔、保罗·拉加德：《国际私法总论》，陈洪武等译，中国对外翻译出版公司 1989 年版。

〔3〕　如［美］弗里德里希·K. 荣格：《法律选择与涉外司法》，霍政欣、徐妮娜译，北京大学出版社 2008 年版；［德］格哈德·克格尔：《冲突法的危机》，萧凯、邹国勇译，武汉大学出版社 2009 年版；［美］阿瑟·冯迈伦：《国际私法中的司法管辖权之比较研究》，李晶译，法律出版社 2015 年版。

制度进行广泛的考察。[1]应当认为，早期学者的上述输入与研究对于我国国际私法的建设有着基础性意义，正如学者所指出的：“这种知识上的引进，不仅为当代中国的法律移植提供了所需要的信息、理论和资料，而且也对中国法律职业者和其他群体现代法治观念的形成产生了潜移默化的影响。”[2]二是关注国际私法学的体系建设。随着国际私法输入的阶段性实现后，我国国际私法学界开始把注意力投放到国际私法学的体系建设工作之中。为此，早期国际私法学者进行了广泛议题的探讨并形成了初步的共识。当然，以如今国际私法学者的眼光来回顾，在中国国际私法重建之初，国际私法学讨论和关注的最重要的三个议题实际上都属于“入门级”[3]：国际私法学的调整对象，是涉外民事法律关系还是涉外民事关系；国际私法学的范围，是仅涉及法律适用规范还是包括国际民事诉讼程序规范和国际统一实体规范；国际私法的性质和功能，国际私法是实体法还是程序法、是国际法还是国内法？尽管如此，客观上看，这些议题的探讨对于我国国际私法学的重建和人才培养有着深远意义，使更多的中国学者能够加入到国际私法的研究队伍之中。在初步完成了中国国际私法的重建后，我国学者在关注国际私法前沿问题时逐渐注意中国视角和中国问题。李双元教授

---

〔1〕 如张翔宇：《现代美国国际私法学说研究》，武汉大学出版社1986年版；邓正来：《美国现代国际私法流派》，法律出版社1987年版；韩德培、韩健：《美国国际私法（冲突法）导论》，法律出版社1994年版；陈卫佐：《瑞士国际私法法典研究》，法律出版社1998年版；袁泉：《荷兰国际私法研究》，法律出版社2000年版；刘卫翔：《欧洲联盟国际私法》，法律出版社2001年版；刘仁山：《加拿大国际私法研究》，法律出版社2001年版。

〔2〕 高鸿钧："法律移植：隐喻、范式与全球化时代的新趋向"，载《中国社会科学》2007年第4期，第129页。

〔3〕 宋晓："改革开放40年中国国际私法学之发展"，载《法学评论》2018年第5期，第27页。

提出的"国际私法趋同化"理论和"国际民商事新秩序"理论是其中的重要代表。这些理论指出，随着科技的进步和全球化的发展，各国国际私法呈现出相互吸收各国共同实践中形成的规则和制度，并积极创造条件形成双边或多边国际私法条约的统一化活动，使得各国法律形成了趋同化的倾向；[1]国际私法趋同化的发展将会促进国际民商事新秩序的构建，这种新秩序的构建不仅是自然的而且是必需的，是全球化发展的需要和必然结果。[2]这些国际私法新理论的提出表明我国国际私法学术研究已经从早期的重建与认知阶段逐渐步入思考与创建阶段。

在中国国际私法初步完成重建后，就开始了着手冲突法立法论的研究工作。对于《民法通则》简陋粗糙的冲突法立法规定不足的认识以及对于分散立法模式内容零散且可能存在相互矛盾现象的担心，我国国际私法学者逐渐表现出对冲突法立法问题的研究热情，在通过较为充分的比较研究基础上提出了立法论的建构思路。其中，中国国际私法立法论研究的一个重要标志和重要成果是中国国际私法学界共同努力集体编纂而成的民间学术研究成果——《中华人民共和国国际私法示范法》（以下简称《示范法》）。《示范法》体例完备，包括总则、管辖权、法律适用、司法协助和附则五章，是中国国际私法学界法典化理想的立法模式。而《示范法》2000 年由法律出版社以中英文出版后，被翻译为日、法、德等多种文字，在国内外国际私法

---

〔1〕 这些内容主要体现在李双元先生的以下著作中：《中国与国际私法统一化进程》，武汉大学出版社 1993 年版；《市场经济与当代国际私法趋同化问题研究》，武汉大学出版社 1994 年版；《走向 21 世纪的国际私法：国际私法与法律趋同化》，法律出版社 1999 年版；《法律趋同化问题的哲学考察及其他》，湖南人民出版社 2006 年版。

〔2〕 李双元、徐国建主编：《国际民商事新秩序的理论建构：国际私法的重新定位于功能转换》，武汉大学出版社 1998 年版。

学界产生了较大的影响。《示范法》这种学术上的立法体例，本质上反映的是国际私法学者对中国国际私法立法的一种期望。中国国际私法立法论研究的另一个重要成果是对于 2010 年通过的《中华人民共和国涉外民事关系法律适用法》（以下简称《法律适用法》）的条文论证和解释。我国冲突法立法论的研究工作不仅使我国国际私法的研究从纯粹的理论探讨发展到实践层面，从而回归法学学科的立基基础和价值追求；也在客观上提升了国际私法学的体系化构建水平与能力。冲突法立法论研究工作仍在继续，也不断形成新的研究成果，对于我国国际私法的司法解释和司法实践都产生了不同程度的积极影响。当然，当前我国国际私法学术研究仍然存在创新不足、学术影响力不够、研究范式较为单一等问题，从而使得我国国际私法学面临着某种程度的"危机"。当然，对于这种危机，我国学者解释道："使用'危机'一词描述中国国际私法学的现状，无意否认四十年来中国国际私法所取得的成就，恰恰相反，正是这些成就让人们能够站在更高的起点、更高的层次来审视中国国际私法的未来，以及中国国际私法在全球的位置。中国的大国地位和综合实力也要求中国国际私法需要肩负更多的使命。"[1]

改革开放在带来我国国际私法学建设和发展的同时，也促进了国际私法立法的形成。总体上看，我国国际私法立法经历了一个从早期分散立法到后来单行立法的发展进程。改革开放初期，我国国际私法开始了从无到有、从简单到全面的一个过程，分别对外国人民事法律地位、法律适用、国际民事诉讼程序和国际商事仲裁等方面展开了全方位的立法。1986 年《民法通则》以专章（即第八章）的方式对涉外民事关系的法律适用

---

〔1〕 何其生："中国国际私法学的危机与变革"，载《政法论坛》2018 年第 5 期，第 79 页。

作出了规定，内容除涉及一般规定和公共秩序保留之外，还明确了涉及行为能力、物权、债权、婚姻家庭等方面。最高人民法院也颁布了《关于适用〈涉外经济合同法〉若干问题的解答》（已失效）和《关于贯彻执行〈中华人民共和国民法通则〉若干问题的意见（试行）》这两个司法解释，针对涉外民事案件的法律适用作出更为细致的规定，极大地丰富了我国关于法律适用的法律规范。[1]在国际民事诉讼程序和国际商事仲裁制度方面，1991年颁布的《民事诉讼法》以专编（第四编）的方式对外国人诉讼地位、管辖、司法文书的送达和期间、财产保全、涉外仲裁和司法协助等方面作出了规定。1994年颁布的《仲裁法》第七章专门对涉外仲裁作出规定。与此同时，我国还加入了国际私法公约，其中包括《域外送达公约》《域外取证公约》和1958年《纽约公约》。在国际民事诉讼程序法的完善和进步方面，最高人民法院也作出了大量的司法解释、批复、通知和复函等。这些立法和司法解释构建了我国早期国际私法立法的一般图景。

在21世纪中国加入WTO之后，我国改革开放进入了一个新阶段，这也为我国国际私法立法提出了新要求，也展现了新机遇。随着我国全球化程度的不断加深以及法治建设的不断深入，我国早期国际私法立法所呈现出来的问题也日益显现。从立法模式来看，国际私法立法从分散立法到专章专编再到单行立法（包括法典化）是国际社会的一般趋势。分散立法这一立法方式开启了国际私法的立法之路，但由于其数量有限和规定零散使得法律适用调整范围较狭窄且不成系统，令相关国家不得不在实践中另寻他法加以补充；而且分散立法还可能导致法

---

〔1〕　韩德培主编：《国际私法》（第2版），高等教育出版社、北京大学出版社2007年版，第56页。

律规定不相一致的情形。因此，立法技术上分散立法还只是法律规范立法的雏形阶段。[1]事实上，即使是发展水平、法治状况较为一般的国家，也日益接受了单行立法甚至法典化的模式。斯洛文尼亚1999年颁布的《关于国际私法与诉讼的法律》就接受并采用了瑞士国际私法法典化的立法模式进行了体系化的建构，该法涉及总则、法律适用、管辖权与诉讼程序、外国判决（仲裁裁决）的承认与执行、特别规定及附则共6章内容。对此立法实践，我国学者评价认为，单从结构来看，斯洛文尼亚国际私法典已然在瑞士的基础上实现了进一步的体系化，结构严谨、逻辑严密，不仅避免了立法形式上和结构上的残缺不全，也便于法官查阅与适用，符合司法的实际需要。[2]经过改革开放多年的发展所导致的国家实力的增长以及国际私法理论发展和司法实践经验的提高，我国也于2010年利用单行立法方式通过了《中华人民共和国涉外民事关系法律适用法》。该法是中国国际私法立法史上具有里程碑意义的法律，并应该是我国立法向法典化立法模式回归的一个实践。[3]

综合而言，我国改革开放以后国际私法立法呈现出以下明显特征：其一，国际私法立法经历了从无到有并逐步体系化的过程，国际私法制度构建日趋完善。就法律适用规范而言，早期立法形成了以《民法通则》为主干，以《合同法》《继承法》《收养法》《票据法》《海商法》等基本法律中相关冲突规则为补充的分散式国际私法体系，并经常性地运用司法解释的方式

---

[1] 徐冬根：《国际私法趋势论》，北京大学出版社2005年版，第276页。

[2] 邹国勇："一部继往开来的国际私法——《斯洛文尼亚国际私法》立法介评"，载赵海峰主编：《国际法与比较法论坛》（第2~3辑），黑龙江人民出版社2008年版，第368页。

[3] 陈卫佐："涉外民事法律适用法的立法思考"，载《清华法学》2010年第3期，第115页。

从司法实务角度创造性地丰富和完善中国涉外民事关系法律适用制度。这些司法解释既是对司法实践的总结，也是立法的先导，它们基于立法又超越立法，构成了我国国际私法体系的重要组成部分。[1]然后逐渐形成专章专编以及《法律适用法》的单行立法模式。其二，充分借鉴域外立法，理论研究助推国际私法立法理念与国际接轨。在立法内容上，我国国际私法立法合理借鉴域外立法的成功经验，例如，早在20世纪80年代，我国在有关涉外合同的准据法选择上便采用了最密切联系原则这一当时国际私法最新理论，并且在相关司法解释中更是采纳了特征性履行说来推定最密切联系点，并在如何运用最密切联系原则推定各类合同关系上引入了1985年海牙《关于国际货物买卖合同法律适用公约》的相关规定。[2]这种做法一直被接受和继承，国际社会普遍接受的意思自治原则和最密切联系原则、住所地标准、分割论理论等都在《法律适用法》中得到了相应的肯定。例如，最密切联系原则作为20世纪新近发展的理论，最早就在我国《涉外经济合同法》（已失效）中获得了确认，将该原则作为当事人未选择法律时的补充性原则，并后来在《合同法》及其他法律中得到了继承；《法律适用法》也规定了最密切联系原则，不过作出了一些改变。首先肯定了最密切联系原则的补缺功能，将其作为兜底性条款，对那些我国立法尚未作出规定的领域提供法律适用的依据；同时其还在第39、41条强调该原则在特定领域的矫正功能，以确保案件法律适用的灵活性与合理性。而意思自治原则作为目前国际社会公认的确定合

---

〔1〕　黄进："中国涉外民事关系法律适用法的制定与完善"，载《政法论坛》2011年第3期，第6页。

〔2〕　丁伟：《中国国际私法和谐发展研究》，上海社会科学院出版社2009年版，第3~4页。

同准据法的首要原则，在《法律适用法》中更是获得了全面的接受：一方面将该原则规定在总则之中使其上升为我国国际私法的基本原则，赋予其统领的地位；另一方面在分则法律适用中大量采用意思自治原则，除合同领域外还将该原则引入到委托代理、信托、夫妻财产制、协议离婚、动产物权、一般侵权、产品责任、不当得利与无因管理、知识产权转让及许可、知识产权侵权这些领域。[1]其三，国际私法立法和司法解释中体现中国特色和中国因素。如在属人法连结点的选择上，《法律适用法》规定以经常居所地为主要连结点，更加强调对生活中心、营业地的考察；在平等对待内外国法律问题上，我国国际私法立法并未特别强调适用中国法律，而主要采用双边和选择性冲突规范，仅在极少领域才采用单边冲突规范。

二、我国海外权益保护国际私法立法层面的问题

在我国国际私法学界的观念上，普遍主义和平等保护思想一直具有优越地位。事实上，从早期巴托鲁斯构建"法则区别说"伊始，普遍主义和平等保护成为国际私法立足的基石，要求法院平等地看待和适用内域法和外域法并在此基础上构建相应的法律适用规则；而这种观念到了萨维尼那里则表现得更加明显，萨维尼的"法律关系本座说"根本就没有考虑法律的效力范围问题，而是直接从法律关系着手寻找其"本座"所在，"本座"所在地法律就是法律关系应适用的法律。萨维尼通过连结点把特定的法律关系和特定地域的法律联系起来，从而使得特定的法律关系通过连结点被场所化于特定的法域，其结果是实现了法律适用和判决结果的一致性、稳定性和可预见性，实

---

〔1〕 刘晓红："中国国际私法立法四十年：制度、理念与方向"，载《法学》2018年第10期，第13页。

现了形式正义价值目标。毫无疑问，形式正义所实现的判决结果一致性和可预见性，符合法治的需要和一般精神。正是如此，形式正义的价值追求不仅是我国向国际社会展现制度转型的一个重要表现，也是我国建设法治国家、实现法律秩序的现实需要。受此影响，我国国际私法学界长期强调普遍主义、全球化与国际化对于我国国际私法的意义，我国国际私法立法也实际上把形式正义价值目标作为基本的价值追求，强调内外国法的平等适用，普遍采用多边主义方法，从而实现平等适用内外国法以促进判决结果的一致性和可预见性。

不过，晚近受美国"冲突法革命"所推动的有关国际私法价值目标和方法论观念转变的影响，我国国际私法学者开始反思国际私法形式正义的合理性价值问题。其中，宋晓教授在接受维希尔（Frank Vischer）、荣格（Friedrich K. Juenger）和西蒙尼德斯（Symeon C. Symeonides）等学者的学说的基础上，围绕着冲突法的实体取向这个核心命题进行了探讨，努力将冲突法的学说史（从巴托鲁斯到萨维尼再到柯里）、方法论（单边主义、多边主义、意思自治和优法方法）和价值论（冲突正义和实质正义）三者融为一体，诠释了冲突法八百年的思想史并指明了它对今天理论研究和立法实践的意义，同时还从具体制度层面对实体取向这一命题给出了证明。[1]应当认为，这些探讨和研究为我国国际私法观念的转变提供了新的思路，并对我国国际私法立法和司法产生了现实的影响。不过，值得指出的是，海外权益保护问题似乎并未在我国国际私法实质正义观念中获得明确的地位，从而使得我国现行国际私法立法仍存在某种程度的问题。

---

〔1〕　宋晓：《当代国际私法的实体取向》，武汉大学出版社 2004 年版。

（一）国际私法基本制度的问题

1. 反致制度

虽然理论界在是否可采用反致制度上有着较大的争论，不过，我国立法却似乎始终抱持着一种否定的立场，拒绝承认反致的法律地位。最高人民法院 1988 年发布的《关于贯彻执行〈中华人民共和国民法通则〉若干问题的意见（试行）》第 178 条第 2 款规定："人民法院在审理涉外民事关系的案件时，应当依照民法通则第八章的规定来确定应适用的实体法。"这种规定表明我国不采用反致。这种情况应当说还是具有时代合理性的，毕竟其时整个国家对于国际私法是什么、为什么要适用外国法都还全然缺乏概念，规定反致制度缺乏存在的基础并可能导致适用上的困境。这种否定观念在《法律适用法》中得到了沿袭，《法律适用法》第 9 条规定，涉外民事关系适用的法律，不包括该国的法律适用法。其实，对反致制度的否定态度似乎在我国国际私法理论界也得到了反映，2000 年《示范法》第 8 条也排除了反致："本法规定应适用的法律，是指现行有效的民商事实体法律，而不包括冲突规范，但本法另有规定的除外。"

应当认为，我国立法对于反致制度的拒绝态度，显然有各种因素的考量。首先，反致的适用会带来较大的不便，从而影响案件的有效率解决。在反致制度的适用上，法官不仅需要了解冲突规范指引的外国实体法，也要查明外国冲突规范，这对于法官而言显然是一个耗时费力的复杂工作和过程，对于法官和案件都有不利的影响。尽管如此，反致适用上的不便并非否定反致制度的充分理由。韩德培先生很早就曾这样指出过："不适用外国法则已，如要适用外国法，则不论其为实体规则，抑或为国际私法规则，都是比较不便的。假如对于适用外国的实体规则可以容忍，则对于适用外国的国际私法规则，也实在没有什么不可容忍的重大理由。"〔1〕效率并不是司法的单一价值目标，还要考虑公平正义和一定程度上本国利益的保护。其次，反致的适用需要法官有较强的法律适用能力和经验。反致的适用需要法官全面考查外国的实体法和冲突规范，以断定外国实体法的适用结果是否符合法官的预期或者公平正义的价值观念；同时，法官还要审查外国冲突规范的适用可能导致的适用结果能否达到预期。这些都对法官提出了较高的能力和经验要求，否则法官难以有效地加以适用。再次，反致的适用可能会导致相同案件产生不同判决的现象。在反致制度的适用上，法官享有实际的裁量权，以断定是否适用反致或者如何适用反致（尤其是对于完全承认反致的国家）来排除冲突规范所指定的外国法；那么，这种适用上的裁量权就可能会带来判决结果不一致的后果，这对于我国这样一个法官涉外案件审理经验相当不足且法官水平差异较大的发展中国家来说，潜在的消极后果就会凸显出来。有鉴于此，不明确反致制度在我国立法的法律地位，应该有着时代上的合理性。

不过，这种时代的合理性是否继续存在，以及这种时代合理性能否绝对拒绝反致制度的法律地位，却是值得深入思考的问题。应当认为，立法是否加以规定与司法如何适用本质上是两个并无实质关联的问题，不应混为一谈，否则难以获得有效的结论。不可否认，反致的适用确实对法官提出了相当高的要求，不仅要了解本国法律的政策目标，还要对外国实体法和冲突规范加以了解，而且还需要在反致的适用上有娴熟的技术，这不但耗时费力缺乏效率，也可能会因运用技术能力而出现适用上的困难，从而使得立法中对反致加以规定需要适当考虑司

〔1〕 韩德培："国际私法上的反致问题"，载韩德培：《韩德培文选》，武汉大学出版社 1996 年版，第 26 页。

法层面的现实可行性；但是，反致制度作为调整冲突规范僵硬机械性从而避免适用结果不合理的一种例外机制，在国际私法立法上加以确认具备充分的正当性。我国学者早先就曾指出，反致制度是传统国际私法体系的必然伴生物，对传统冲突规则的机械性起着例外的调节作用。[1]冲突规范依据连结点来确定法律关系应适用的法律，有时会导致对当事人不公平的结果，而如果适用反致能够避开该不合适的外国法，则不仅可以缓解冲突规范适用的消极后果，也可以避免大费周章地排除外国法的适用（诸如适用公共秩序保留或者法律规避）。某种程度上，英国法院在 1841 年"科利尔"案中接受反致，主要目的在于利用反致避免英国冲突法对于遗嘱形式有效性的僵硬规定，从而起到软化刻板僵硬冲突规范的作用，并维护遗嘱的有效性，保护遗嘱人的真实意图。[2]所以，尽管国际社会对于反致制度有着诸多的批评，而且诸多国际私法公约也拒绝反致制度，但是还是有一定数量的国家和地区立法肯定了反致的法律地位，甚至有一些国家从先前的拒绝转变为接受反致。其中，有的既接受反致也接受转致，如奥地利、委内瑞拉；有的在有限的民事领域接受反致和转致，如英国、法国等；有的只接受反致而不接受转致，如日本、瑞士；有的则由过去拒绝转变为部分接受，如意大利、荷兰等。

更为重要的是，反致制度还具有尽可能扩大本国法适用的本质，以保护本国利益和本国国民的利益，并促进对海外权益的合理保护。单纯从合理性看，反致的适用是期望实现判决结

---

〔1〕 李双元、徐国建主编：《国际民商新秩序的理论建构》，武汉大学出版社 1998 年版，第 234 页。

〔2〕 ［英］莫里斯：《法律冲突法》，李东来等译，中国对外翻译出版公司 1990 年版，第 76 页。

果的一致性，从而使得案件无论在哪个国家法院受理，都能够尽可能地适用同一个实体法，毫无疑问，这种一致性结果在当前主权林立、各国法律明显存在差异的状况下有着无可争辩的合理意义；不过反致的实质显然远非如此简单，相反，判决结果一致性可能只是反致适用的一种偶然结果而已。事实上，有学者就曾提出，反致在本质上有应然和实然两个层面。应然的反致本质是：追求判决的公正、合理、正义，达到最大化保护当事人的利益和国家利益；但实然的反致本质是：维护本国人的利益和本国的法益，甚至往往表现为追求本国法的适用。[1]

　　当前国际社会中仍然存在一些不合理甚至不公正的实体法规则，或者这些实体法本身并无缺陷、但其在某个涉外案件中的适用却可能导致不公平的结果，这种状况有时会对海外权益的保护带来不利。在冲突规范所指引的外国法的适用对海外权益保护不利时，反致的适用则可以一定程度上避免这种不合理结果的发生。由此可见，立法中确立反致的法律地位，有助于消除不合理外国法适用的消极结果。在海外权益的保护上，有时会遇到不合理外国实体法的情形，那么冲突规范指引的此类外国实体法的适用就将导致不公平的结果，从而无法有效地对海外权益加以保护。在这种情形下，运用反致排除不合理外国法的适用有利于海外权益的保护。而且，反致的适用赋予了法官裁量的空间，可以根据具体案件情况来考虑是否适用反致；毫无疑问，反致制度适用上的这种灵活性也使得法院能够全面审查法律适用的各种可能性结果，在涉及我国海外权益时应当考虑反致制度的适用，从而客观上实现对本国海外权益的保护。

---

　　[1]　金彭年、汪江连："从反致制度的本质看我国关于反致制度的取舍"，载《浙江大学学报（人文社会科学版）》2004 年第 2 期，第 49 页。

2. 法律规避制度

在法律规避制度的确定上，最早确立法律规避制度的是1988年最高人民法院发布的《关于贯彻执行〈民法通则〉若干问题的意见（试行）》第194条："当事人规避我国强制性或者禁止性法律规范的行为，不发生适用外国法律的效力。"2007年最高人民法院发布的《关于审理涉外民事或商事合同纠纷案件法律适用若干问题的规定》（已失效）则又将其适用于合同领域，其第6条规定："当事人规避中华人民共和国法律、行政法规的强制性规定的行为，不发生适用外国法律的效力，该合同争议应当适用中华人民共和国法律。"但是，司法解释对法律规避制度的肯定立场却并未获得《法律适用法》的确认，《法律适用法》并未对法律规避制度加以规定。尽管如此，与立法的态度不相同，但最高人民法院《关于适用〈中华人民共和国涉外民事关系法律适用法〉若干问题的解释（一）》（以简称《适用法解释》）却又一次肯定了法律规避制度，其第11条规定："一方当事人故意制造涉外民事关系的连结点，规避中华人民共和国法律、行政法规的强制性规定的，人民法院应认定为不发生适用外国法律的效力。"对此规定，最高人民法院民四庭负责人在答记者问时称，该制度旨在为法官在处理涉外民事案件过程中维护我国的社会公共秩序增加一道屏障。[1]

从法国"鲍富莱蒙案"伊始，国际社会对于法律规避制度的批评就一直持续不断。批评论者从多个层面、多层角度提出了反对的主张。批评论者认为，法律规避需要当事人故意制造连结点的因素，而这种因素在意思自治原则不断扩张其适用范围的情形下是难以让人接受的。意思自治原则允许当事人改变

---

[1] 参见张先明："正确审理涉外民事案件　切实维护社会公共利益——最高人民法院民四庭负责人答记者问"，载《人民法院报》2013年1月7日。

住所、国籍、行为地等连结点，也允许当事人通过选择来挑选管辖法院和适用的法律，那么法律规避的这种构成要素就显然并不合理。事实上，在一起早期的案件中，霍姆斯法官就曾提出："我们不考虑法律规避问题。理由在于，法律划定了是非界限，一起案件要么合法要么非法；如果当事人行为符合法律，则其充分利用法律赋予的权利在法律上就无懈可击。"〔1〕更为重要的是，批评论者还提出，法律规避还需要当事人存在规避法律的主观意图，而这可能会导致"泛道德化"的倾向，并会因此极大地增加法院的负担。正是如此，为了减轻这种主观意图查明的负担，法院在法律规避的适用上常常采用客观归化的方式，以客观的结果来断定当事人规避法律的主观意图。但是，毫无疑问，这种做法不仅不符合主观意图的真实状况，也将最终导致法院裁量权滥用的可能。正是如此，法国学者就认为，法律规避制度其实是以捍卫整体法律的名义去违背特定的法律规定。〔2〕除此之外，批评论者还认为，法律规避制度可以被公共秩序保留和直接适用的法所涵盖，并没有实际的独立性价值，因而无须在国际私法立法中专门对法律规避制度加以规定。有外国学者就提出，直接适用的法制度的形成有利于解决法律规避制度适用可能带来的消极后果，直接适用的法制度是挫败法律规避行为的完美工具，因为它的最大优势在于其适用的客观性，而且适用简单，立场中立，只需关注直接适用的法本身的性质和重要性即可。〔3〕即使是那些在否认法律规避制度上持相对谨慎立场的批评论者，他们也强调法律规避制度的低必要性：

〔1〕 Bullen v. State of Wisconsin, 240 U. S. 625 (1916).

〔2〕 ［法］雅克·盖斯坦、吉勒·古博：《法国民法总论》，陈鹏等译，法律出版社 2004 年版，第 750 页。

〔3〕 J. Fawcett, Evasion of Law and Mandatory Rules in Private International Law, Cambridge L. J. , 1990 (49), pp. 45~46.

"法律规避制度应在无其他救济方法的时候方行应用，因为万一应用不当，甚易引起国际的误会与争论，甚而影响两国的感情与国际的福利，便与国际私法的目的不符了。"[1]

从当今国际社会的现实来看，无论理论界对于法律规避制度是怎样的一种立场，似乎并未实质性地改变实务界并不乐于接受的状况。有学者通过对整个国际社会较为全面考察发现，当今国际社会采纳法律规避制度的国家不但屈指可数而且乱象丛生，司法上的适用也异常罕见且功效不佳。[2]作为东欧国家国际私法立法的模本，俄罗斯国际私法立法草案原本肯定了法律规避制度，但这种立法规定遭到了俄罗斯学者的严厉批判。对于俄罗斯1996年《民法典（草案）》中的法律规避制度，俄罗斯学者指出了该制度的诸多问题，诸如背离已有的国际私法优良传统、内部自相矛盾、为陈旧过时的法律手段、忽视了大多数发达国家的经验、背离全球国际私法的现代发展趋势等。[3]这种批评的最终结果是法律规避制度被放弃。

应当承认，法律规避制度的出现具有特殊的时代特征，是法律对当事人权利和自由给予较多限制的产物。当事人为了规避这些限制，通过有意识地采取一些改变连结点的方式来使对己有利的法律得以适用而获取利益；那么，对于其法律被规避的国家而言，当事人的规避行为就损害了立法的权威和期望实现的某种价值追求，因而被确认为是无效的。而且，某种程度上，国家对当事人某些权利与自由的限制也并非绝对地缺乏合理性。有学者就争辩道，法律规避制度对当事人选法自由的限制

---

[1] 阮毅成：《国际私法论》，商务印书馆1938年版，第95页。

[2] 参见许庆坤："国际私法中的法律规避制度：再生还是消亡"，载《法学研究》2013年第5期，第201~205页。

[3] 参见邹龙妹：《俄罗斯国际私法研究》，知识产权出版社2008年版，第105页。

是适当的，因为在法律规避制度下，只是将当事人的主观故意作为构成要件之一，而不是唯一的决定因素，还须考虑被规避法律规则的客观性质，即法律规避损害了"国内意义上的强制性规则"[1]所体现的公共秩序，包括对涉外民商事关系另一方乃至第三人造成不公平的结果和损害国家利益两个方面。[2]"欺诈使一切无效"是一个古老的法谚，因而当事人通过欺诈的方式来获得对己有利的法律的适用或者取得某种实体性利益，本质上都是不应当受到法律保护反而是应受法律拒绝的行为。当然，当事人通过改变连结点的方式来获得对己有利法律的适用是否构成实质意义的欺诈，尤其是当事人改变连结点行为是自然的结果的时候，能否因此以法律规避来加以否定，确实是一个值得深入考察的问题；尤其是在当今国际社会日益强调权利范围的扩张、强调私法自治和意思自治原则的情况下，法律规避制度的存在必要性确实令人怀疑。尽管如此，法律规避制度一方面强调了当事人规避法律的意图，虽然在实践中主要是通过法官的推定来加以确认；另一方面又强调了被规避法律的重要性程度，而非一般性或任意性法律，这又一定程度上保证了法律规避制度的合理性价值。值得指出的是，对强制性规定的规避虽然理论上可以通过直接适用的法或者至少可以适用公共秩序保留来加以拒绝，不过实践中无论是直接适用的法或是公共秩序保留的适用都较为严格，从而可能导致难以适用的情形。那

---

　　[1]　按照我国学者的理解，所谓"国内意义上的强制性规则"，主要是指一国强制性规则所反映的该国公共秩序的强度有限，只有案件中的空间连结点都集中于该国时方可得到强制或直接适用。参见徐崇利："法律规避制度可否缺位于中国冲突法——从与强制性规则适用制度之关系的角度分析"，载《清华法学》2011年第6期，第124页。

　　[2]　徐崇利："法律规避制度可否缺位于中国冲突法？——从与强制性规则适用制度之关系的角度分析"，载《清华法学》2011年第6期，第128页。

么，在当事人存在明显的法律规避行为而损害另一方当事人或者社会公共利益时，运用法律规避制度否定这种行为的效力还是必要的，也是合理的。因此，笔者认为，确认法律规避制度的法律地位仍有实际意义。事实上，我国学者也通过探讨法律规避制度与强制性规范二者之间如何适用来间接地表明对法律规避制度的肯定，认为如果法律规避与强制性规范的适用条件都具备，则应首选强制性规范，从而既可以避免考虑当事人主观意图确定上的说服力不足问题，也可以简化司法任务。[1]

而且，从海外权益保护层面看，法律规避制度的确立也是合理的，可以避免外国当事人利用自身优势地位来规避法律，损害另一方当事人的正当权益。在国际民事关系的实践中，当事人经常处于并不平等的状况之中，其中一方可能因为诸如经济实力、从业经验、谈判技术、买方市场等各种原因而处于优越地位，那么，作为理性人，他可能利用自己的优势地位来获取更多的利益，甚至规避一国的强制性规定。虽然国际社会日益赋予当事人更多的自由和权利，给予私法自治和意思自治原则更广泛的适用空间，但这并不意味着允许当事人有意规避一国的强制性规定，过分损害他方当事人的利益或者社会公共利益。在海外权益保护上，外国当事人如果利用自己的优势地位规避本应适用的法律，从而过分地损害本国国民的海外权益时，运用法律规避制度就有利于填补直接适用的法或公共秩序保留制度严格适用所导致的"真空状况"。作为一个依然属于发展中的国家，我国当事人的弱势地位难以在短期内完全改变。与此相反，我国《法律适用法》却赋予了当事人非常宽松的直接和间接选择法律的权利和自由。事实上，在意思自治原则的规定

---

[1] 肖永平、龙威狄："论中国国际私法中的强制性规范"，载《中国社会科学》2012 年第 10 期，第 121 页。

上，我国国际私法立法一方面将其作为一个基本原则，另一方面又在分则的法律适用部分将意思自治扩展适用到合同之外的侵权、婚姻家庭乃至动产物权领域；同时还在司法解释中对当事人选法时间、范围以及默示选法等问题都作了宽泛的规定。为了防止当事人滥用这种权利损害另一方当事人或第三方的权利，有必要设置法律规避制度这道"防火墙"，以制止当事人恶意规避我国民商法中强制性规则的行为。[1]而且，从司法角度看，如果当事人逃避适用的是"国内意义上的强制性规则"而非"国际意义上的强制性规则"，则只能适用法律规避制度加以禁止，而无法启动直接适用的法制度或公共秩序保留制度。这或许是我国立法拒绝，但司法解释却主张采用法律规避的一个重要因素。

（二）国际管辖权规则的问题

1. 涉外协议管辖规则

立基于私法自治和当事人意思自治原则基础之上的协议管辖制度也逐渐在我国立法中获得了肯定。我国 1991 年《民事诉讼法》最先确立协议管辖制度时，坚持的是国内协议管辖和涉外协议管辖"二分法"的实践，并对涉外协议管辖采取了更为灵活和更为宽松的态度。其中，在国内协议管辖上设置了更多的限制性条件，一方面仅限定了合同领域这一适用范围，另一方面又把被选择法院的范围限定在被告住所地、合同履行地、合同签订地、原告住所地、标的物所在地等五个客观标志地人民法院，而没有像涉外协议管辖那样允许当事人选择其他与争议有实际联系的法院。不过，对于我国协议管辖制度的"二分法"，我国民事诉讼法学者认为这种区分使得涉外当事人获得了

---

〔1〕　徐崇利："法律规避制度可否缺位于中国冲突法？——从与强制性规则适用制度之关系的角度分析"，载《清华法学》2011 年第 6 期，第 131 页。

"超国民待遇";受此影响,2012 年修订的《民事诉讼法》将国内协议管辖和涉外协议管辖加以了统一,从而形成了统一的协议管辖制度。其第 34 条规定:"合同或者其他财产权益纠纷的当事人可以书面协议选择被告住所地、合同履行地、合同签订地、原告住所地、标的物所在地等与争议有实际联系的地点的人民法院管辖,但不得违反本法对级别管辖和专属管辖的规定。"从形式上看,2012 年《民事诉讼法》把先前分别立法的两类协议管辖制度加以了融合,从而构成了统一的协议管辖制度。对于这种立法修改,民事诉讼法学者普遍予以了高度评价,认为体现了立法的进步,建立起了"去差别化"的协议管辖制度;[1]并符合协议管辖制度的本质要求,有利于满足诉讼公正和效益的需要:"将国内与涉外民事诉讼中的协议管辖进行整合,顺应了协议管辖的制度本质要求……其意义皆在于尊重当事人的自治行为,便利当事人进行诉讼,当事人可以根据经济往来的客观情况和自身主观条件选择他们方便和信赖的法院。其进一步的意义还在于……将国内与涉外的制度加以统一还是更加尊重了当事人的程序主体地位,能够满足诉讼公正和效益的需要。应该说,制定统一适用于国内和涉外诉讼领域的协议管辖制度是一个进步。"[2]

　　对于我国统一协议管辖制度的合理性问题,[3]由于主旨的因素,本书不做过多评价;不过,由于国内民事关系和涉外民事关系的差异,我国国际私法学界仍然普遍主张应做相应的区

---

〔1〕 李浩:"民事诉讼管辖制度的新发展——对管辖修订的评析与研究",载《法学家》2012 年第 4 期,第 148 页。

〔2〕 王福华:"协议管辖制度的进步与局限",载《法律科学》2012 年第 6 期,第 164 页。

〔3〕 有关我国统一协议管辖制度及其合理性问题的相关探讨,请参见王吉文:《我国统一协议管辖制度的适用问题研究》,中国政法大学出版社 2016 年版。

分，即仍应分别规定国内协议管辖和涉外协议管辖。本书也主要基于涉外协议管辖来做相关的探讨。

根据理性人假设原理，人们进行某种行为都是以实现自身利益最大化为指针。在涉外协议管辖中，当事人通常会更愿意选择一个法制发达国家的法院作为他们争议的管辖法院。法制发达国家法律制度的完善、程序设置的合理以及法院经验的丰富与法官素养的优越，显然都是吸引当事人的重要原因，以达到他们期望的合理、高效且正义解决争议的目标。毫无疑问，这些期望在现实中多少会有些理想化，因为理想中的法律在现实中的适用结果并不总是那么合理有效，而且，作为人的法官也并非远离尘世，所以，选择法制发达国家的法院并不一定就能够获得积极的效果。尽管如此，对于大多数当事人而言，这些消极因素可能都不会影响到他们对理想事物的主观认知，而仍会倾向于法制发达以及法官法律素养较高和审判经验丰富的国家法院。此外，一个不容回避的事实是，虽然包括中国在内的一些发展中国家近些年在国际政治、经济等方面都取得了长足的进步，极大地提升了他们的国际法律地位，不过，需要看到的是，在国际民商事关系领域，发达国家的当事人（特别是跨国公司）仍然因为各种因素（成熟经验、技术水平、谈判能力、准入标准、技术标准等），而在国际民商事关系中处于强势方的地位。广大发展中国家当事人则处于弱势方地位，那么，在缔结合同和确定管辖法院时，这些强势方就可能出于对法制发达国家的信任，甚至想增加对方当事人未来寻求救济的困难等方面的考虑，而倾向于选择发达国家的法院。这样的结果不仅使发达国家的法院被当事人选择的机会更多，而法制发展相对落后的发展中国家法院被选择的机会则寥寥；而且会因此使广大发展中国家难以对弱势方的权益给予有效保护。

因此，对涉外协议管辖规定弱者保护原则这一限制性条件，有利于实现海外权益的合理保护。事实上，美国联邦最高法院在 1972 年 Bremen 案承认了选择法院协议的效力后，在 1991 年 Carvinal 案中更是认可了附合合同中的选择法院条款的执行效力，[1]不过，该案判决却在美国引起了广泛的争议与批评。反对者认为，由于附合合同中双方强弱地位悬殊，提供合同一方并没有就合同条款与处于弱势地位的一方进行协商，因而，如果附合合同中的选择法院协议也是有效的，那么显然会对经济上处于弱势地位的消费者极为不利；而每一个大公司也都会声称把诉讼限制在某一个法院能够减少交易成本以便增加消费者的收益。[2]因而，许多学者主张应当对弱者保护原则给予更大的关注，并以此限制选择法院协议的效力。

当事人之间实际地位的差异，可能会导致普遍处于弱势地位的当事人被迫签订一个不利的管辖协议并选择一个距离遥远或者有其他不利因素的国家法院，使得争议发生后难以寻求救

---

[1] Carvinal Cruise Lines, Inc. v. Shute, 499 U. S. 585（1991）. 该案涉及一个有残疾的老年人与邮轮公司（嘉年华巡航公司）签订的附合合同，在船票的首页有一条声明，提示船票的持有者阅读最后一页的须知。该须知中包含了一个管辖权条款，声称所有的争议都排他性地在佛罗里达州法院进行。后来，该老年人在邮轮上因摔到而受到伤害，并在华盛顿州地方法院提起诉讼。嘉年华巡航公司提出管辖权异议。联邦最高法院分析了导致本案选择法院条款合理性的三个因素："第一，嘉年华巡航公司通过限制潜在的可被诉法院所可能获得的利益；第二，消除起源于合同的诉讼将在何处提起方面的任何混乱、减少审前动议而给当事人带来的时间与费用上的损失……以及节省司法资源等所产生的有益结果；第三，通过限制诉讼法院而给消费者所带来的费用减少方面的收益。"

[2] See Linda S. Mullenix, "Another Easy Case, Some More Bad Law: Carnival Cruise Lines and Cotractual Personal Jurisdiction", Tex. Int'l L. J., Vol. 27, 1992, p. 323; Patrick J. Borchers, "Forum Selection Agreements in the Federal Courts after Carnival Cruise: A Proposal for Congressional Reform", Wash. L. Rev., Vol. 67, 1992, p. 55; Edward P. Gilbert, "We're All in the Same Boat: Carnival Cruise Lines", Inc. v. Shute, Brook. J. Int'l L., Vol. 18, 1992, p. 597.

济。毫无疑问，这些情况对于海外国民则更为不利，因为弱势的当事人通常不愿意、也不善于甚至不清楚利用当地的律师服务或其他法律支持。正是如此，在涉外协议管辖中规定弱者保护原则的例外条件，有利于适当限制外国强势方利用自身的强势地位选择一个极不便利的国家法院以增强弱势方寻求救济困难的权利；与此同时，弱者保护原则这一限制条件也可以较大程度地避免我国法院管辖权被排除。实际上，大陆法系国家的协议管辖立法就规定了弱者保护原则这个限制条件，从而形成了《布鲁塞尔公约》体系中的保护性管辖权制度，在消费者合同、保险合同、个人雇佣合同上对当事人的协议管辖权进行了限制。虽然英美法国家没有明确设置弱者保护原则这一限制条件，不过，英美法国家法院通常利用更为灵活的"合理性"标准和不方便法院原则的审查，能够实质性地纠正强弱双方地位不对等所导致的不公平现象。

2. 不方便法院原则

最高人民法院 2005 年发布的《第二次全国涉外商事海事审判工作会议纪要》就确认了不方便法院原则及其适用的 7 个前提条件，[1]从而表明我国司法领域对不方便法院原则适用的认可；我国不方便法院原则的这种实践在最高人民法院发布的《关于适用〈中华人民共和国民事诉讼法〉的解释》（以下简称

---

〔1〕 第 11 条规定：我国法院在审理涉外商事纠纷过程中，如发现案件存在不方便管辖的因素，可以根据"不方便法院原则"裁定驳回原告的起诉。"不方便法院原则"的适用应符合下列条件：（1）被告提出适用"不方便法院原则"的请求，或者提出管辖异议而受诉法院认为可以考虑适用"不方便法院原则"；（2）受理案件的我国法院对案件享有管辖权；（3）当事人之间不存在选择我国法院管辖的协议；（4）案件不属于我国法院专属管辖；（5）案件不涉及我国公民、法人或者其他组织的利益；（6）案件争议发生的主要事实不在我国境内且不适用我国法律，我国法院若受理案件在认定事实和适用法律方面存在重大困难；（7）外国法院对案件享有管辖权且审理该案件更加方便。

《民诉法解释》）中获得了延续。[1]应当认为，不方便法院原则的确立对于我国海外权益的保护具有一定程度的积极意义，有利于我国法院根据案件的具体情况灵活地适用不方便法院原则拒绝行使管辖权以保护我国的海外权益；当然，由于我国不方便法院原则立法规定的问题，可能会影响其在海外权益保护领域具体适用上的有效性。

作为一种管辖权行使的协调机制，不方便法院原则的适用是期望在享有主动权的原告和处于被动地位的被告之间进行利益的平衡，避免原告诉讼对被告造成"困扰"或"压迫"，防止不公平、不正义结果的发生。为避免对不方便法院原则中的"方便"（conveniens）一词的含义产生误解，英国权威国际私法学者特别指出，conveniens并不是指"方便"。[2]不过，随着国际经济环境的复杂化，那些采用不方便法院原则的发达国家法院不断面临着本国被告（尤其是本国的跨国公司）利益保护的需要以及日渐增长的跨国诉讼而导致的案件积压所带来的审判压力；受此影响，不方便法院原则也逐渐演变成为对本国利益进行特殊保护的工具。由此，原本立基于公平正义原则基础之上的不方便法院原则逐渐演化成为法院自由裁量权的工具，以实现对本国利益的特殊保护。其主要表现，一是体现在不方便

---

〔1〕 第532条规定："涉外民事案件同时符合下列情形的，人民法院可以裁定驳回原告的起诉，告知其向更方便的外国法院提起诉讼：（一）被告提出案件应由更方便外国法院管辖的请求，或者提出管辖异议；（二）当事人之间不存在选择中华人民共和国法院管辖的协议；（三）案件不属于中华人民共和国法院专属管辖；（四）案件不涉及中华人民共和国国家、公民、法人或者其他组织的利益；（五）案件争议的主要事实不是发生在中华人民共和国境内，且案件不适用中华人民共和国法律，人民法院审理案件在认定事实和适用法律方面存在重大困难；（六）外国法院对案件享有管辖权，且审理该案件更加方便。"

〔2〕 L. Collins et al, Dicey, "Morris & Collins on the Conflict of Laws", Sweet & Maxwell, 15th ed. , 2012, p.465.

法院原则适用标准的改变上，从先前严格的"压迫"标准转变为宽松化的"合适"（或便利）标准；二是体现在内外国人法律地位的实质不平等性上，外国原告对法院的选择被给予了更小的尊重。毫无疑问，不方便法院原则适用标准的转变为法院提供了广泛的裁量空间，也为本国某些政策的实施提供了可行的司法途径。但在另一方面却对原告的诉权行使带来了困难，因为基于所谓"便利"观念出发而拒绝原告合法选择的管辖权，可能难以真正实现公平正义的结果，甚至可能导致"拒绝司法"的消极现象。

早在 Gilbert 案[1]中，美国联邦最高法院就明确提出了不方便法院原则适用的私人利益和公共利益两大考量因素，要求受案法院应当把这两种因素综合予以考虑；只有上述两类因素的平衡结果有力地支持被告时，才可以对原告的法院选择进行干预。[2]应当注意的是，这种私人利益因素和公共利益因素如此之广泛，而且没有衡量的比重和标准，从而使得法院享有极为宽松的裁量空间；而美国独特的公共利益因素则赋予了法院更直接的裁量权力。而在随后的 Reyno 案[3]中，美国更是把实用主义理念贯彻得淋漓尽致。在该案中，联邦最高法院不仅把适用标准明确为"便利"（convenient），而且明确要求区分本国原告和外国原告，对于外国原告的诉讼给予更少的尊重。美国联邦最高法院如此声称："原告对其住所地法院的选择将会获得更大的尊重，因为可以合理地推断这种选择是便利的……所以，当原告是外国人时，他对（美国）法院的选择就更不具有合理

---

〔1〕 Gulf Oil Corp. v. Gilbert, 330 U. S. 501 (1947).

〔2〕 Gulf Oil Corp. v. Gilbert, 330 U. S. 501 (1947), p. 516.

〔3〕 Piper Aircraft Co. v. Reyno, 454 U. S. 235 (1981).

性了。"〔1〕就此看来，美国法院不仅可以对私人利益因素和公共利益因素进行通盘考查，而且把适用标准降格为便利标准，〔2〕以判断对于当事人参与诉讼以及法院审理案件是否便利。

这种状况到了国际经济发展趋缓的时期则表现得更加明显。在20世纪90年代之后，美国法院在多起涉及美国跨国公司被告的巨额损害赔偿的案件中适用不方便法院原则拒绝行使管辖权。在Delgado案〔3〕中，近26 000名发展中国家（其中多数是拉美国家）的香蕉园农场工人向美国得克萨斯州法院提起多起诉讼，要求包括能源巨头壳牌石油公司（Shell Oil Company）和化工巨头陶氏化学公司（Dow Chemical Company）在内的多家美国跨国公司承担因生产和使用一种名为"二溴氯丙烷"（DBCP）的消毒剂而造成的人身伤亡和健康损害的赔偿责任。由于美国法律禁止使用"二溴氯丙烷"，所以美国跨国公司被告的这些生产、使用或销售行为预计将被施加惩罚性损害赔偿。因此，美国跨国公司被告在诉讼中提出不方便法院原则的动议。这种动议获得美国法院的支持，美国法院声称，每一个原告住所地法院都是合适的替代法院，由它们进行案件的审理更为便利，而且私人利益因素和公共利益因素的考查也要求法院中止诉讼。〔4〕美国法院适用不方便法院原则的结果是，不仅诉讼不得不分散在数十个发展中国家的数百个法院重新提起，而且大多数受害人被迫做出了放弃诉讼、接受和解的选择，最终的赔偿数额平均

---

〔1〕 Piper Aircraft Co. v. Reyno，454 U. S. 235（1981），pp. 255~256.

〔2〕 这种便利标准同样获得了英国法院的认可，只是没有美国法院表现得那么明显。英国法院也提出需要进行私人利益和公共利益的考量，并在适当法院的审查上也坚持了一定程度的便利因素。

〔3〕 Delgado v. Shell Oil Co.，890 F. Supp. 1324（S. D. Tex. 1995）.

〔4〕 Delgado v. Shell Oil Co.，890 F. Supp. 1324（S. D. Tex. 1995），pp. 1355~1375.

为 2000 美元。这与美国类似诉讼动辄数十万甚至数百万美元的赔偿额之间形成了巨大的反差。这种结果引发了国际社会对美国不方便法院原则适用的强烈关注。事实上，在之前的一起类似诉讼中，得克萨斯州法院就明确拒绝了美国跨国公司被告所提出的适用不方便法院原则的动议。在 Alfaro 案[1]中，哥斯达黎加众多香蕉园农场工人向包括壳牌石油公司和陶氏化学公司在内的美国跨国公司提起诉讼，要求这些公司因生产、销售或使用"二溴氯丙烷"而给他们造成的人身伤亡和财产损失进行赔偿。得克萨斯州最高法院拒绝了被告适用不方便法院原则的动议。在随后的另外一个所涉原告人数更多的案件中，美国法院继续坚持其有关不方便法院原则的既有立场。在 Jota 案[2]中，超过 30 000 名来自厄瓜多尔和秘鲁等国的受害人在美国法院提起诉讼，要求美国德士古石油公司（Texaco）对它在亚马孙丛林 30 多年开采过程中造成的大规模环境灾难所导致的严重人身伤亡和健康损害承担赔偿责任。结果，在经过了长达 9 年反复变化的诉讼程序后，受案的美国法院最终还是适用了不方便法院原则拒绝对案件行使管辖权。

　　毫无疑问，美国不方便法院原则适用上的绝对实用主义观念必将遭受国际社会的批评。对于美国法院在不方便法院原则上所采取的便利性标准，有国际私法学者认为，这实际上是使其跨国公司逃避责任的"逆向选购法院"（reverse forum-shopping）行为，从而使得这种"逆向不方便法院"原则的适用损害第三世界受害者利益，进而违反不方便法院原则实现正义

---

　　[1]　Dow Chemical Co. v. Castro Alfaro, 786 S. W. 2d 674 (Tex. 1990).

　　[2]　Jota v. Texaco, Inc. , 157 F. 3d 153 (2d Cir. 1998).

利益的本质功能。[1]事实上，在 Alfaro 案随附的同意意见书中，Doggett 法官也曾如此指出："在全球市场时代和更注意保护全人类生态安全的社会中，不方便法院原则显得过时了，因为该原则使跨国公司逃避了法律的监控……不方便法院原则的考虑其实并非出于方便与否，相反是避免公司责任的姑息养奸行为（connivance）。其结果是诉讼就此结束，从而使被告公司因此获利数十亿美元，无辜受害者则孤苦无助"。[2]

毫无疑问，不方便法院原则上述实践的合理性价值确实存在显著缺陷，将严重违反公平正义观念；尽管如此，另一方面，美国的晚近实践却一定程度上表明不方便法院原则具有保护本国海外权益的功能，对于美国跨国公司的海外权益保护有着现实的意义。事实上，美国法院适用不方便法院原则拒绝对美国跨国公司海外行为所致损害而引发的损害赔偿诉讼行使管辖权，客观上使美国跨国公司避免承担可能遭受的巨额损害赔偿。所以，不方便法院原则能够起到对本国海外权益加以适当保护的作用。当然，这并不意味着我们也应绝对地如此坚持，毕竟，美国不方便法院原则的适用实际上是以损害公平正义为代价的，显然并不符合不方便法院原则设立的初衷；但是，另一方面，如果能在公平正义和海外权益保护二者之间做出合适的平衡，不方便法院原则却也具有保护海外权益的实际功能。

《民诉法解释》对我国不方便法院原则的适用规定了诸多的前提条件，侧重于保护我国当事人的利益而非平等对待外国（法域）当事人利益，尤其是其中规定，如果案件涉及我国当事

---

〔1〕 陈隆修：《中国思想下的全球化管辖规则》，五南图书出版有限公司 2013 年版，第 261~265 页。

〔2〕 Dow Chemical Co. v. Castro Alfaro, 786 S. W. 2d 674（Tex. 1990），pp. 680~689.

人（甚至包括国家在内）的利益，则不得适用不方便法院原则拒绝行使管辖权。随着我国对外贸易和对外投资的迅速增长，我国当事人尤其是跨国公司也可能将面对美国跨国公司所一直面对的如何减轻损害赔偿责任的问题，尤其是随着我国"一带一路"建设的不断深化，我国将会在许多不发达国家中有更多的投资和贸易，从而也将遭遇更多的海外风险和损害赔偿请求。那么，当不发达的外国当事人因我国跨国公司在该国行为所导致的损害赔偿诉讼在我国法院提起诉讼请求远超在该外国可能获得的赔偿数额时，我国法院将因无法启动不方便法院原则的适用从而不仅使我国法院将面临案件审理极为不便的后果，也可能会出现我国当事人面临适用我国冲突规范和实体法而导致过高损害赔偿额的不利结果。这种状况显然不利于我国海外权益的保护。基于这种考虑，放弃不方便法院原则中有关涉及我国利益的前提条件，应当更符合不方便法院原则的灵活性要求，也更有利于我国利益（包括我国海外权益）的实际保护需要。

三、我国海外权益保护国际私法司法层面的问题

（一）公共秩序保留制度司法运用的问题

作为国际私法的"安全阀"，公共秩序保留出现了适用范围不断扩张和具体运用日渐严格的二维发展倾向。应当认为，公共秩序保留的这种状况符合公共秩序保留的本质和国际社会日渐自由和宽松化的一般态势。与国际社会的一般状况相一致，我国在公共秩序保留的适用上也强调了严格性。在我国适用公共秩序保留为数甚少的一些案件中，相关下级法院曾提出，对外担保未经过审批且适用外法域法将会违反我国的社会公共利益，从而把我国的外汇管制视为社会公共利益，因而应适用公

共秩序保留排除外法域法。[1]不过，对于这些判决主张，最高人民法院并不认同。在一个批复中，最高人民法院指出，仲裁裁决认可的系争违反中国有关外债审判登记规定，对于行政法规和部门规章中强制性规定的违反，并不当然构成对中国公共政策的违反。[2]在稍后的一个批复中，最高人民法院继续坚持了先前的立场：对于违反规定未经批准擅自从事境外期货交易的行为，违反中国法律的强制性规定不能完全等同于违反中国的公共政策。[3]由此看来，我国对于公共秩序保留及其适用确实坚持了相当严格的立场；因为先前我国属于外汇管制国家，国家对于外汇管制的法律和规章具有强制性，因而在涉外担保中具有直接适用的功能，但是，其时我国立法未规定直接适用的法制度，因而无法加以适用来保障这些法律和规章的强制性。那么，在这种情况下适用公共秩序保留就具有了现实的基础。毫无疑问，这种实践应该是与我国理论界的通常观念相一致的。当然，在为数极少明确公共秩序保留适用及适用情形的案件中，最高人民法院曾提出，公共政策担负着维护国家根本法律秩序的功能，在侵犯了中国的司法主权和中国法院的司法管辖权的情况下可援引公共政策。[4]该案的一个重要特征是，在明知中国法院对案件行使管辖权并作出判决后，国际商会仲裁院仍对当事人的纠纷进行审理并作出结果不同的裁决。国际商会仲裁

---

[1] 这些为数较少的案件的相关介绍与阐述，可参见高晓力：《国际私法上公共政策的运用》，中国民主法制出版社 2008 年版，第 110~115 页。

[2] 最高人民法院《关于对海口中院不予承认和执行瑞典斯德哥尔摩商会仲裁院仲裁裁决请示的复函》，[2001] 民四他字第 12 号。

[3] 最高人民法院《关于 ED&F 曼氏（香港）有限公司申请承认和执行伦敦糖业协会仲裁裁决案的复函》，[2003] 民四他字第 3 号。

[4] 最高人民法院《关于不予承认和执行国际商会仲裁院仲裁裁决的请示的复函》，[2008] 民四他字第 11 号。

院的这种做法不仅否定了我国法院生效判决的既判力，又侵害了我国法院的司法管辖权，因而损害了我国的司法主权。所以，由于该案的特殊性，这个肯定公共秩序保留适用的案例并不意味着我国司法观念已然发生转变。

　　由此看来，在公共秩序保留的适用上我国法院坚持了极其严格的立场，这种实践总体上符合当前国际社会的一般状况；另一方面，我国公共秩序保留能否发挥真正意义上的"安全阀"效用，可能也存在相当大的问题。而且，为数极少的案件也很难使人判断引发我国公共秩序保留适用的相关具体因素。这种状况不仅会导致判决结果可预见性价值目标的缺失，也会导致法院在公共秩序保留适用时难以有确定性的审查标准。从现行立法和司法实践来看，在我国公共秩序保留的适用中，强调的是国家的司法主权和具有公法意义的社会公共利益。对于社会公共利益的具体内涵，从最高人民法院对公共秩序保留所持严格立场可以推断，海外权益保护的因素显然无法被纳入到公共秩序保留适用的相关审查要素之中，对于海外权益的保护问题，应当不会被我国法院视为社会公共利益而导致公共秩序保留的适用。

　　不可否认，私人利益和国家利益（包括社会公共利益）有着明显的差异，私人利益也因此难以纳入到国家利益之中并用国家利益保护机制来加以有效保护；但是，另一方面，私人利益和国家利益之间并不存在绝对的界限，从而导致保护手段和方法之间出现相互阻隔的现象。国家主权原则强调，国家对本国私人利益的保护义务是国家主权的一个内在本质，这使得私人利益的保护问题成为国家利益的组成部分之一。事实上，美国传统基金会会长佛纳（Edwin J. Feulner）就曾经提出了这样的主张，要求把对美国海外利益的保护作为国家生死攸关的重大利益。他提出要将坚持自由贸易体系，保护本国公民的安全和利益不受恐怖主义和其他国际犯罪活动之扰，保证对海外资源的自由获取列为对美国而言最为重要的，"生死攸关"（Vital）的利益。[1]这一定程度上表明私人利益的保护能够上升为国家利益，而且私人利益的保护还将会对自由贸易和自由投资体系产生直接的效果。在当今国际经济发展趋缓的情况下，某种海外利益诸如投资利益可能经常性地遭受东道国的侵害，诸如被征收征用，这时这种私人性质的海外利益就可能会被投资者国籍国视为本国的投资利益，并且认为对这种海外利益的保护和实现就是对国家利益和投资体系的维护。在外国判决承认与执行领域，外国判决的承认与执行通常被认为仅涉及私人利益的实现问题，但是，各国的实践表明远非如此。外国著名国际私法学者就注意到了外国判决承认与执行制度对国家利益保护的转向趋势问题："就外国判决承认与执行而言，在国际案件中，已少有必要维持'相安无事'的状态和强调对当事人的保护。因为缺乏超级法，礼让被援用于促成系统内和谐的国际化……互惠要求并未使诉讼终结，它们并非用以保护当事人，而是意在努力实现当事人背后的国家目标。"[2]

所以，海外权益的保护虽然本质上属于私人利益的实现范畴，而不属于社会公共利益的构成要素，从而通常不应当一般性地引发公共秩序保留的审查和适用。尽管如此，这也并不意味着海外权益的保护绝对地排除在国家利益和社会公共利益之

---

〔1〕 转引自汪段泳："海外利益实现与保护的国家差异———一项文献综述"，载《国际观察》2009年第2期，第30页。

〔2〕 Peter Hay, On Comity, Reciprocity, and Public Policy in U. S. and German Judgments Recognition Practice, in J. Basedow, I. Meier, A. K. Schnyder, T. Einhorn & D. Girsberger, Private Law in the International Arena: From National Conflict Rules towards Harmonization and Unification, T. M. C. Asser Press, 2000, p. 249.

外。毕竟，在当今国家主权林立的时代，私人利益与国家利益并不绝对地相互割裂，而主权国家也会认为对某些或某类私人利益的保护具有维护自由经济体系的功能从而上升到国家利益的层面。当然，需要指出的是，对于海外权益保护领域公共秩序保留的适用，并不是意味着可放宽公共秩序保留的适用范围或严格度从而导致公共秩序保留的灵活与广泛性运用，而是认为在公共秩序保留的适用上可以甚至应当把海外权益保护因素纳入到社会公共利益的考察领域之中加以考虑，并给予适当的保护。

（二）直接适用的法制度司法运用的问题

直接适用的法理论随着中国国际私法重建之机引入进来之后，长期以来并未在立法和司法层面获得相应的地位，即使是《中华人民共和国国际私法示范法》也未对直接适用的法加以规定，而实际上被隐藏在公共秩序保留和法律规避制度之中。不过，这种情形却导致了司法实践中的适用难题。在"中国银行（香港）有限公司与中国长城工业总公司担保合同纠纷案"〔1〕中，当事人在外汇担保书中约定担保受香港法律管辖并根据香港法律阐述。最高人民法院认为，内地规定提供外汇担保应当履行批准及登记手续是内地法律法规的强制性要求，双方当事人有关适用香港法律的约定违反了内地法律法规的强制性规定。因而，当事人的约定是对内地强制性规定的规避。这种观念在"中银香港公司诉宏业公司等担保公司合同纠纷案"〔2〕中得到了延续，对于本案所涉对外担保未经审批登记的有效性问题，最高人民法院适用了法律规避制度否定了对外担保的有效性。不可否认，无论是运用法律规避或是公共秩序保留，司法实践

---

〔1〕 最高人民法院〔2001〕民四终字第16号。
〔2〕 最高人民法院〔2002〕民四终字第6号。

都表明难以有效地解决直接适用的法制度的适用合理性问题。

应当认为，《法律适用法》第 4 条[1]改变了直接适用的法制度缺失的状况；而《适用法解释》第 10 条则对强制性规定的内涵进行了列举式的说明："有下列情形之一，涉及中华人民共和国社会公共利益、当事人不能通过约定排除适用、无需通过冲突规范指引而直接适用于涉外民事关系的法律、行政法规的规定，人民法院应当认定为涉外民事关系法律适用法第四条规定的强制性规定：（一）涉及劳动者权益保护的；（二）涉及食品或公共卫生安全的；（三）涉及环境安全的；（四）涉及外汇管制等金融安全的；（五）涉及反垄断、反倾销的；（六）应当认定为强制性规定的其他情形。"毫无疑问，这些规定对于我国强制性规定的确定以及直接适用的法制度的适用具有重要意义。

事实上，我国实践中强调外汇管制金融安全的强制性规定。直接适用的法强调的是重大公益。依《法律适用法》第 4 条规定，直接适用的规范应以关涉重大公益为前提，否则在涉外案件中就难以排除冲突规范的指引，因而这种规范应属于"国际意义上的强制性规则"而非"国内意义上的强制性规则"；而且，强制性规范的运作应严格遵循比例原则：一方面强制性规范的认定应以能维护特定领域的公益为限，另一方面强制性规范的直接适用应以能维护特定领域的公益为限。[2]依据上述衡量标准，直接适用的法在实质内涵上显然超越了外汇管制的相关强制性规定。

当然，合理判断何种情形属于关涉重大公益无疑是一个相

---

〔1〕 该条规定：中华人民共和国法律对涉外民事关系有强制性规定的，直接适用该强制性规定。

〔2〕 肖永平、龙威狄："论中国国际私法中的强制性规范"，载《中国社会科学》2012 年第 10 期，第 113 页。

当复杂的问题，这也是导致目前我国（国际社会显然也是如此）直接适用的法适用困境的重要因素。对此，我国学者提出："判断某一规范是否关涉重大公益，应综合考虑该规范所属领域的特点、规范的目的、内容、实施方式、法律效力及其所体现的政策等因素……而且，尽管国际强制性规范以关涉重大公益为要件，但这并不意味着只有纯粹的公法规范才能成为国际强制性规范。"[1]毫无疑问，这些考虑因素的指引对于直接适用的法司法运用的实践有着重要意义，对于我国法官无疑具有积极的指向性功能。当然，笔者认为在重大公益的衡量因素中，海外权益的保护在某些情况下也应成为其中的内容，从而在直接适用的法中获得相应的考量。不可否认，海外权益本质上确实属于私人性质的权利而通常不应纳入国家利益的范畴，这使得海外权益显然不太容易纳入直接适用的法制度之中而获得具体的考量。但是，一方面，海外权益的保护可能关涉该国的贸易或投资体系等的自由与开放问题，从而引发国家重大政策的形成或变化，进而被纳入到直接适用的法制度中；另一方面，私人权益并非绝对地排除在重大公益范围之外而无法在直接适用的法领域中得以考量。重大公益并不是完全意义的国家利益或者社会公共利益，而是对于整个社会甚至不特定人而言具有重大影响效果的利益类型。事实上，"适用法解释"把劳动者权益保护这种具有明显个人性质特征的私人利益纳入直接适用的法的衡量因素，表明我国立法认识到并确定重大公益的考量可以涵盖私人性质的权益内容。

　　应当承认，在重大公益的考虑上，社会公共利益因素确实占据着重要的比例，但显然不应是重大公益的全部。在当前全

---

　　[1]　肖永平、龙威狄："论中国国际私法中的强制性规范"，载《中国社会科学》2012年第10期，第110~111页。

球化发展导致国家之间密切程度日渐紧密的时代中，海外权益的保护在多数发达国家中已然上升到国家战略利益的高度，进而促进本国的海外贸易和海外投资并因此形成对本国便利的市场体系。这种利益无疑关涉到国家的重大公益，从而可以纳入到直接适用的法的衡量因素之中得到司法的适用。随着我国"一带一路"建设的深入推进，我国海外权益的保护问题将会日渐显现，如何合理地加以解决，不仅对于我国海外权益的保护有现实的作用，甚至对于"一带一路"倡议的推进及其意义产生相应的影响。正是如此，在我国直接适用的法制度的适用中，可以把海外权益的保护纳入考量的因素加以考察，从而促进我国直接适用的法司法运用的合理性与有效性，以积极回应时代发展的现实需求。

（三）不方便法院原则司法适用的问题

作为不方便法院原则的形成基石，公平正义原则要求法院享有一定的自由裁量权，以审查不方便法院原则的适用拒绝对案件行使管辖权是否符合公平正义的价值目标；否则，仅考虑法院或者当事人的便利程度作为不方便法院原则的适用因素，不仅不符合不方便法院原则的制度本质，也难以使不方便法院原则的适用具备合理性。毕竟，在当前通讯、交通便利程度前所未有的情况下，诉讼程序上的便利对于案件审理上的意义并没有想象中的那么明显。而如果将外国法的适用作为不方便法院原则适用的考虑因素，则或许是法院借以摆脱外国法查明困境的消极理由，其合理性令人怀疑。

司法实践上，人民法院常常仅基于案件涉及我国当事人的利益就拒绝适用不方便法院原则。在 2016 年"廖某芸与珠海横琴华策投资控股有限公司、澳门华投置地有限公司商品房预售合同纠纷案"[1]、2016 年"长安船舶控股公司与青岛汇泉船务公司海事纠纷案"[2]中，受案的法院都声称，由于案件涉及我国法人利益，因而不存在适用不方便法院原则的前提条件。不可否认，这些法院的实践并不违反我国的现行立法，但其合理性明显不足。除此之外，在适用不方便法院原则的过程中，人民法院分析的重点往往并不在人民法院与外法域法院在审理案件方面的适当性或便利性之比较，而仅在于确保我国当事人利益得到维护。因此，只要案件当事人或事实与我国存在联系，则人民法院在实践中多会认定其在审理案件上并不会遭遇重大困难从而拒绝适用不方便法院原则。对于我国法院司法实践中明显表现出来的倾向，我国有学者作出过如此评价：人民法院在不方便法院原则适用的过程中往往以确保其对案件的管辖权为初衷，而并不考量案件由其管辖是否能够平等保护诉讼双方的利益并实现个案公正之目标。[3]毫无疑问，我国不方便法院原则及其适用体现了对我国当事人利益保护的特殊价值追求。

　　当然，任何制度的设置都有不同程度的内生价值追求，都具有对本国利益予以保护的内在倾向。正如柯里所指出的：立法者制定成文法和法院形成普通法，都是为了实现可识别的经济和社会政策目标。[4]美国不方便法院原则的晚近实践更是表明不方便法院原则可以具有对海外权益加以保护的现实功能，不方便法院原则的适用能够对美国的海外权益加以保护，通过拒绝行使管辖权以避免美国跨国公司因海外的行为承担适用美

---

〔1〕　广东省高级人民法院［2016］粤民辖终字第 150 号。

〔2〕　山东省高级人民法院［2016］鲁民辖终字第 245 号。

〔3〕　黄志慧："人民法院适用不方便法院原则现状反思——从'六条件说'到'两阶段说'"，载《法商研究》2017 年第 6 期，第 159 页。

〔4〕　Brainerd Currie, *Selected Essays on the Conflict of Laws*, Duke University Press, 1963, p. 64.

国法所可能带来的过度责任。在美国法院进行诉讼，外国原告可以实际上享有美国相关程序法和实体法的便利和好处，而这是在他们本国这样一个法治相对不发达国家法院进行诉讼原本无法获得的。事实上，在 Reyno 案中，马歇尔（Marshall）法官就提出了促使外国原告挑选美国法院的相关因素："第一，美国五十个州除了六个州（即特拉华、马萨诸塞、密歇根、北卡罗来纳、弗吉尼亚、怀俄明）外都实行了严格责任制度；第二，原告至少可潜在地从五十个州中进行选择，因为每一个都有一套灵活的法律选择规则；第三，在美国有陪审团制度；第四，美国法院允许风险收费制度，并不需要败诉方承担胜诉方的律师费；第五，美国的证据制度涉及范围更为广泛。"[1]除此之外，虽然在美国法院诉讼并不必然导致适用美国实体法，但各国冲突规范的不同以及外国法查明的实际困境，却也可能导致外国原告获得更有利实体法适用的利益。所以，美国不方便法院原则的适用，客观上对于美国海外权益的保护是有现实意义的，有利于保护美国跨国公司的海外权益，虽然这是以其他国家民众的利益甚至公平正义为代价而获得的。

我国海外权益作为一种位于境外的我国当事人的利益，可以通过一定的合适机制来给予适当保护。晚近不方便法院原则适用的新动向表明，我国也可以适用不方便法院原则来适当保护我国的海外权益。

（四）外国判决承认与执行司法适用的问题

总体上看，我国在外国判决承认与执行的司法适用[2]上基本强调的是互惠原则。相关的司法实践表明，一方面，如果法

---

〔1〕　Piper Aircraft Co. v. Reyno, 454 U. S. 235（1981），footnote 18.

〔2〕　当然，我国在婚姻家庭等家事案件中并不要求互惠原则。因而，本书的探讨就不涉及家事领域的外国判决承认与执行问题。

院经审查认定两国之间不存在互惠关系，则直接以缺失互惠为由拒绝外国判决；[1]另一方面，如果法院承认两国之间存在互惠关系，通常就会对外国判决的效力给予认可。[2]不可否认，我国现行司法实践的一般状况都与最高人民法院的立场直接相关。在"日本公民五味晃申请中国法院承认和执行日本法院判决案"（以下简称"五味晃案"）[3]中，最高人民法院在1995年6月26日的发布的《关于我国人民法院应否承认和执行日本国法院具有债权债务内容裁判的复函》中声称："我国与日本之间没有缔结或者参加相互承认和执行法院判决、裁定的国际条约，也未建立相应的互惠关系……我国人民法院对该日本国法院裁判应予以不予承认和执行。"这个批复确立了我国在外国判决承认与执行上的严格立场，各级人民法院都据此要求只有存在实存互惠才能对外国判决予以承认与执行。虽然这种严格立场具有一定程度的时代合理性，但随着我国国际民商事交往的日渐频繁，其合理性价值不断减损。在我国提出"一带一路"建设倡议之后，外国判决承认与执行的实存互惠就因为互惠关系难以真正启动而日益凸显不足。为了缓解我国互惠原则的严格适用而导致的外国判决承认与执行相互合作的现实困境，最高人民法院作出了相应的努力。在2015年发布的《关于人民法院为"一带一路"建设提供司法服务和保障的若干意见》[4]中，最高人民法院提出："要在沿线一些国家尚未与我国缔结司法协助协定的情况下，根据国际司法合作交流意向、对方国家承诺将给予我国司法互惠等情况，可以考虑由我国法院先行给予对方

---

　　[1]　例如湖北省武汉市中院审理的"刘利案"，参见［2015］鄂武汉中民商外初字第00026号。

　　[2]　例如江西省南昌市中院审理的一个案件，参见［2016］赣01民初354号。

　　[3]　案情详见《最高人民法院公报》1996年第1期。

　　[4]　法发［2015］9号。

国家当事人司法协助，积极促成形成互惠关系，积极倡导并逐步扩大国际司法协助范围。"某种程度上，最高人民法院的积极态度能够有效回应"柏林高等法院承认无锡中院判决案"〔1〕中德国法院的合理期望。在该案中，德国柏林高等法院依据《德国民事诉讼法》第 328 条第 1 款第 5 项关于互惠原则的规定承认了我国无锡中院所作判决，并如此声称："由于中、德之间不存在相互承认法院判决的国际条约，那么具体司法实践就成了处理案件的依据。如果双方都等待对方先迈出一步，自己再跟进给予对方互惠的话，事实上永远不可能发生相互间的互惠，互惠原则也只能是空谈而已，这种情况并不是立法者和执法者所希望的。为了在没有签订国际条约的情况下不阻止相互承认法院判决的向前发展，要考虑的是，如果一方先走出一步，另一方会不会跟进。按现在国际经贸不断发展的情况，中国有可能是会跟进的。"〔2〕

在外国判决承认与执行领域强调互惠原则的适用，基本的价值追求：一是在于促进相互合作，正如美国法学会对其"外国判决承认与执行建议案"中的互惠制度所作出的辩解："法案设置互惠原则并非是要对外国判决在美国的承认与执行设置更大的障碍，而是期望为外国承认与执行美国法院判决提供激励。"〔3〕二是准备实施报复，对于拒绝认可本国判决的外国，也对其法院所作出判决加以拒绝。不过，从国际社会的相关实践看，互惠原则的积极促进价值并未真正体现，与此相反，对等

---

〔1〕 该案的具体情况，可参见马琳："析德国法院承认中国法院民商事判决第一案"，载《法商研究》2007 年第 4 期，第 150~155 页。

〔2〕 引自马琳："析德国法院承认中国法院民商事判决第一案"，载《法商研究》2007 年第 4 期，第 152~153 页。

〔3〕 American Law Institute, Recognition and Enforcement of Foreign Judgments: Analysis and Proposed Federal Statute, 14~16 (2006).

与报复却是互惠原则适用的基本特点，使得互惠原则成为外国判决承认与执行领域的报复手段。为此，我国著名国际法学者李浩培先生曾明确指出，互惠原则的适用对于外国裁判的承认和执行是不合理也不可行的，因为这种互惠原则实质是报复原则，但是报复的对象却是外国诉讼中的胜诉当事人而非作出判决的外国，从而使得报复对象完全错误。[1]此外，互惠原则的适用本质上强调的是国家利益，并且往往以私人利益为代价。在外国判决承认与执行上存在国家利益和私人利益两种不同的价值实现，正如有学者所指出的："就外国判决的承认与执行而言，其政策基础有维护'国家利益'和实现'私人利益'之分：前者是指，外国判决的承认与执行问题虽然出现在国际民商事领域，但是应当从关乎国家利益的角度加以考量；后者是指，外国判决的承认与执行主要涉及跨国私人权益的实现问题，与国家利益不存在重点关联。这两种政策基础实际上代表了研究外国判决承认与执行制度的两种不同范式。"[2]不过，外国判决的承认与执行关涉的主要是私人利益的实现问题而非作出判决的法院所在国的司法权威的保护；因而，在外国判决承认与执行上强调互惠原则的适用其合理性就存在缺陷，并最终使得海外权益的保护难以在互惠原则的适用中得到适当的考虑。

从最高人民法院司法文件以及新近各级人民法院的司法实践来看，我国法院对于互惠原则适用上的立场已经有了改变，先前严格的实存互惠标准被相对宽松的推定互惠标准代替，这将促进我国对外国判决效力的认可，也将促进与其他国家在判决承认与执行上的国际合作。毫无疑问，这种状况客观上不仅

---

〔1〕 李浩培：《国际民事程序法概论》，法律出版社1996年版，第140页。

〔2〕 P. Barnett, Res Judicata, *Estoppel, and Foreign Judgments*, Oxford University Press, 2001, p. 9.

对于国际民商事关系的正常发展有着积极意义，也为我国海外权益的保护提供了良好基础，使得无论是我国法院还是外国法院作出的判决都能够得到承认或执行，从而使涉及我国海外权益保护胜诉判决的效力得到实现。另一方面，我国法院在互惠原则适用上仅关注国家利益而非私人利益的基本态度却依然得到了坚持，这从最高人民法院 2015 年文件的精神中可以明显获知。所以，在互惠原则的适用上我国法院的观念呈现出了宽松化的良好效果。

第四章

基于海外权益保护的我国国际私法机制的完善问题

第一节 我国海外权益保护国际私法机制的观念改进

通常认为，建立在国际主义和平等保护观念基础之上的国际私法并不会对本国的海外权益保护给予过多的关注。相反，国际私法常常把关注点放在因海外权益保护所引发的法律冲突问题之上，从中寻找合适国家的法律来合理地解决法律冲突问题。

一、我国现行海外权益保护机制的一般观念

（一）我国国际私法观念形成与发展的一般状况

作为法治建设仍在不断发展的发展中国家，国际私法对于我国而言不仅属于舶来品而且发展相对滞后。毕竟，国际私法的形成与发展是与国际经济的发展所带来的广泛国际民商事关系息息相关的。因而，我国国际私法的理论与法治建设长期以来均显得相对落后。尽管如此，随着改革开放之后我国国际私法进入创建时期，我国对于国际社会国际私法理论与实践的发

展却极为关注，并在积极借鉴的基础上形成了符合我国需要的理论体系和法律体系。

从整个国际社会来看，国际私法总体上经历了一个从传统国际私法追求形式正义到当代国际私法追求实质正义的发展历程。当然，这并不绝对地意味着实质正义是对形式正义的取代，或者实质正义是对形式正义的升华，而是表明当代国际私法从注重单一的形式正义转向到注重形式正义和实质正义的有效平衡。传统国际私法本质上追求的是一种形式正义，目的就是通过寻找一个最适当的国家以获得可以适用的法律，立法管辖权分配规则只关注法律关系与场所化国家法律的关系、而并不关注甚至忽视所指定应适用国家法律的实体内容及其判决结果的公平合理性，而对所指引法律的内容以及法律适用结果的合理性问题通常则在所不问。所以，传统国际私法的基本价值追求在于实现法律适用和判决结果的一致性和可预见性。事实上，从巴托鲁斯"法则区别说"开始的传统国际私法就一直注重形式正义的价值追求，这种状况直到萨维尼也没有根本性改变，甚至被萨维尼"法律关系本座说"进一步明确化，因为萨维尼使得冲突规范的立法管辖权分配规则性质愈加明显。虽然美国"冲突法革命"对传统国际私法的形式正义产生了冲击，并带来了对冲突规范的灵活性价值以及对实质正义追求的思想，但是对于国际私法形式正义的价值追求目标并未抛弃。所以，柯里所提出的"要规则还是要方法"的单一选择局面并未真正出现。尽管如此，美国"冲突法革命"所要求的对实质正义价值目标的追求思想，还是对传统国际私法带来了积极的效果，并在此基础上形成了冲突规范在吸收灵活性和实体公正性精髓基础上更具合理与有效的局面。

作为一个国际私法发展相对较晚的发展中国家，我国不仅较为全面地接受了发达国家经过数百年发展演变而成的法律制度和司法理念，也较为完整地接受了其国际私法的观念；当然，与此同时，随着经济发展和社会进步，在注重我国国情的基础上也逐渐形成了适合我国现实要求的国际私法观念与体系。总体上看，在我国国际私法的观念形成与发展，呈现出了一定程度的阶段性和时代性特征。

　　一方面，在改革开放初期，我国接受了传统国际私法追求形式正义的理念，并以此为基础较为迅速地开始了内容广泛的国际私法立法论研究。客观上看，我国对国际私法形式正义的继受，既与我国成文法实践的情况直接相关，也与我国对法治理念的一般观念有一定关系。国际私法形式正义所追求的判决结果的确定性、一致性和可预见性目标恰恰是法治的一般表征，那么，这种情况下，经受了美国"冲突法革命"洗礼并从中吸收了灵活性和实质正义理念的萨维尼理论在我国国际私法发展的早期就拥有了优先选择的优势，并以此为基础开始了我国国际私法立法论的研究。早期的立法论研究在广泛运用比较研究方法的基础上以专题研究的方式进行分析论证，提出立法的建议，这使得我国的立法论研究不仅注重比较研究方法与我国具体现实需要的相互结合，也注重体系结构的逻辑性和统一性，从而使得国际私法的研究呈现出体系化的特点。应当认为，我国早期立法论研究兴起的主要原因是多方面的：其一是改革开放初期，国际民商事交往的迅速发展所带来的法制建设的现实需要。改革开放带来了国际民商事关系的迅猛发展，因而，在改革开放初期就制定了"外资三法"，明确了外国人法律地位；与此同时，香港地区、澳门地区带来了区际法律冲突问题，这个新局面要求我国必须加强国际私法的立法建设。其二是作为成文法国家，加强国际私法的成文法建设符合成文法实践的一般传统。其三是理论联系实际观念长期坚守的结果，要求理论的研究应围绕实践的实际需要并在具体实践中加以检验。法治的建设不仅需要有广泛的立法，也需要有合适的理论指导立法建设并在具体的实践中加以检验。基于上述相关因素，我国在改革开放初期就进行了国际私法立法论的研究，并接受了以萨维尼理论为基础的国际私法形式正义价值追求。事实上，在相继形成"外资三法"确认了外国人民事法律地位后，1986 年《民法通则》第八章以专章的形式对涉外民事关系的法律适用作出了专门规定。虽然这些法律适用规范的内容较为简陋，但反映出我国立法者对国际私法及其现实价值的关注与重视，并为其后相关立法中有关冲突规范的制定奠定了基础。《民法通则》以专章的方式对涉外民事关系的法律适用作出了规定，除对一般规定和公共秩序保留加以明确外，还对民事行为能力、不动产物权、合同、侵权以及婚姻家庭问题作出了规定。从中可以发现，这种立法规定不仅具体内容的设置显得极为谨慎，在相关规定上也与国际社会尤其是大陆法系国家国际私法的一般立法实践基本一致，诸如在侵权的法律适用上就采纳了客观标志原则。这种国际私法的立法状况表明我国立法受到了当时国际私法立法论的直接影响，追求的是以萨维尼理论为基础的形式正义。

当然，与此同时，我国国际私法立法论也对于美国"冲突法革命"所带来的国际私法实体正义观念有所接受。在《民法通则》中有关涉外合同的法律适用规定上就采用了意思自治原则和最密切联系原则；其中，最密切联系原则通常被认为渊源于萨维尼的"法律关系本座说"，但在发展的过程中又吸收了美国"冲突法革命"的合理成分，在追求法律关系的稳定性基础上注重法律适用结果的灵活性以及对实质正义的价值追求。不过，值得指出的是，我国立法上的这种接受显然是初步且谨慎的，事实上，对于最密切联系原则的具体适用，在相关司法实践中就采用了"特征性履行说"来客观化最密切联系原则，从而一定程度上消减了最密切联系原则内在的灵活性，使得最密切联系原则的司法适用能够获得相当程度的客观化和可预见性。一般认为，特征履行原则是大陆法系国家为了使最密切联系原则的适用能够实现判决结果的一致性与可预见性目标而提出来的。它既与大陆法系的传统相一致，也可以在一定程度上避免最密切联系原则适用上的过分灵活性。我国学者就认为，"特征性履行说"这一明显具有萨维尼观念和大陆法系传统的理论可以推定最密切联系点，并且在如何运用最密切联系原则推定各类合同关系上引入了 1985 年海牙《国际货物销售合同法律适用公约》的相关规定。[1] 其实，特征履行原则在 1980 年欧共体《合同义务的法律适用公约》（即 1980 年《罗马公约》）中就明确地加以规定了。对此，该公约的报告人曾经声称：在当事人未作法律选择时，规定合同适用特征履行方的适当的法律，这就确保了连结点来自于合同内部因素，而非来自与合同债务本质无关的外部因素，诸如缔约方的国籍或合同缔结地。而且，这还可能使特征履行概念与一个更为宏大的观念联系在一起，即特征履行反映了具体合同法律关系在特定国家所实现的经济与社会的功能。[2] 此外，在国际私法的立法模式上，与国际社会尤其是大陆法系国家的一般实践基本一致，我国也大致经历了从分散立法、专编专章到单行立法这样一个基本过程。不可否认，这种立法模式的演变实际上也与我国国际私法立法论研究状况

---

〔1〕 丁伟：《中国国际私法和谐发展研究》，上海社会科学院出版社 2009 年版，第 3~4 页。

〔2〕 ［1980］OJ C 282/20.

相一致。国际私法立法论提出，无论是分散式立法还是专编专章式立法模式都有着内在的缺陷，尤其是分散立法，其主要缺陷在于不仅规定零散，而且可能产生相互冲突的现象。正如有学者指出的："尽管分散立法方式开启了国际私法的立法之路，但由于其数量有限和规定零散，使得法律适用调整范围较狭窄且不成系统，令相关国家不得不在实践中另寻他法加以补充。因此，立法技术上分散立法还只是法律适用规范立法的雏形阶段。"[1]尽管如此，在我国国际私法立法初期，分散立法方式却符合我国当时的国情与现实需要。

另一方面，在改革开放日渐深化情形下，尤其是进入 21 世纪之后，由于我国加入 WTO 获得成员国身份而引发的我国与国际社会经济交往的日益频繁，我国在国际私法的观念上日益呈现出重视实质正义的倾向：在国际私法立法方面注重合理性与灵活性价值目标并开始关注国际私法的司法论，注重国际私法具体适用上的合理性与有效性，从而体现出对国际社会国际私法晚近发展的接受与引入。

萨维尼理论只做立法管辖权分配把案件分配给某一国家的法律，却无视个案的公正、强调法律适用的确定性、一致性与可预见性，却最终导致法律适用的机械性与僵硬性，这种内在缺陷在美国"冲突法革命"中遭受了严厉的批判并因此引发了国际私法实质正义价值观念的确立。当然，国际社会并没有绝对地陷入"要规则还是要方法"抉择的困境之中不可自拔或者放弃法律选择规则、选择灵活的方法以获得灵活性结果与个案的公正，而是在法律选择规范中融入灵活性与公正性因子，进而形成了国际私法形式正义与实质正义相互融合的积极局面。

---

〔1〕 徐冬根：《国际私法趋势论》，北京大学出版社 2005 年版，第 276 页。

毫无疑问，国际私法的这种发展状况对我国国际私法观念的演进也产生了相应的影响。在经过了改革开放的一段长时间积累之后，我国经济得到了迅速的发展并促进了法治建设的不断深化，从而客观上对我国国际私法观念的转变与进步提供了现实的物质基础。在国际私法的立法表现方面，我国 2010 年通过的《法律适用法》不仅采用了为国际社会所证实的更具有合理性价值的单行立法模式，在相关具体规则上也体现了对国际私法实质正义价值目标追求的理念。《法律适用法》充分地肯定了以私法自治为基础的意思自治原则，不仅将意思自治原则规定在总则之中使其上升为我国国际私法的基本原则，赋予其统领的地位；而且在分则中又广泛采用意思自治原则，除合同领域外还涉及委托代理、信托、夫妻财产制、协议离婚、动产物权、一般侵权、产品责任、不当得利与无因管理、知识产权转让及许可、知识产权侵权等领域。就此看来，体现了国际私法实质正义精神的意思自治原则获得了我国国际私法立法的全然接受。意思自治原则允许当事人自己选择法律关系应适用的法律，有利于促进国际民商事关系的确定性与可预见性，并为潜在争议的解决提供效率，从而符合国际私法实质正义理念以及国际私法的内在价值追求：国际私法主要调整的是国际范围内的私法关系，其主要目的首先在于保护私人当事人的利益。[1]对于形成于美国"冲突法革命"且能够有效克服传统冲突规范机械性与僵硬性缺陷的最密切联系原则，我国国际私法立法也赋予了其充分的法律地位。在最密切联系原则的适用上，需要考虑法律关系所涉及的各种相关事项，诸如侵权行为的实施地、侵权结果的发生地、当事人的国籍与住所、法律事实或法律关系的

---

〔1〕 Vischer, "General Course on Private International Law", 232 *Recueil des cours* 9, 126 (1992).

相关行为地等，从中寻找与案件存在最紧密关系的国家法律加以适用；甚至，为了更能体现最密切联系因素，最密切联系原则还允许法院在具体适用中对所涉法律关系采取分割的方式，运用分割原则加以细分，对于不同性质的问题适用不同的法律。毫无疑问，最密切联系原则的这种状况极为明显地体现了国际私法实质正义的理念与价值追求，使得法律适用及其结果更具有灵活性，也更容易实现实质的公平结果。《法律适用法》也较为全面地确认了最密切联系原则的法律地位。首先肯定了最密切联系原则的补缺功能，将其作为兜底性条款，对那些我国立法尚未作出规定的领域提供法律适用的依据；同时，还强调在特定领域诸如有价证券与合同领域上的矫正功能，以确保法律适用的灵活性与合理性。

而且，作为体现了国际私法人文关怀的弱者保护原则在现代国际私法中的确立也是实质正义发展的结果。某种程度上，弱者保护原则是在对意思自治原则进行限制的基础上形成与发展起来的，体现的是对弱者利益人文关怀的实质正义价值追求。正如有学者所指出的："在现代美国冲突法方法的影响下，已经出现了一种另外的思想，它不同程度地影响了传统的普通法与大陆法的法律选择方法。这种思想要求在法律选择时关注相竞争法律的具体内容，并要求法院在选择时应建立在或是政府利益分析方法之上或是较好法律方法之上。很显然，原则上这种方法在保护弱者的利益上更为有效，虽然它只是一个主观的过程且是以确定性与可预见性为代价的。"[1]《法律适用法》较为充分地肯定了弱者保护原则的法律地位："一方面，适用范围相对扩张，在消费者合同、劳动合同、产品责任、媒体侵犯人格

---

〔1〕 Peter Nygh, *Autonomy in International Contracts*, Oxford：Clarendon Press, 1999，pp. 141~142.

权以及婚姻家庭的诸多领域规定中均直接体现出了弱者保护原则；另一方面，手段更加灵活多样，具体体现在对特定方当事人意思自治的限制，运用'有利于'原则在法律适用上向弱方当事人利益进行倾斜，以及以强制性规定和公共秩序保留进行补充等方面。"[1]

除此之外，国际私法司法论观念也逐渐在我国国际私法领域中获得关注与重视。长期以来，受普通法与成文法分野观念的影响，国际社会普遍认为司法在国际私法上的地位问题主要体现在普通法系国家之中，因而在成文法国家中不会出现司法的特殊问题。我国也一定程度上存在这样的理解，甚至对于国际私法司法论观念也有所拒绝，人们关注的主要是国际私法立法层面的合理性与有效性。随着我国国际私法立法的不断完善以及观念的日益进步，国际私法司法论逐渐得到关注与重视。应当认为，立法通常所关注或者需要关注的是法律规则及其体系的合理性与逻辑自洽问题，从而使法律规则形成一个内在完整且有效的规则体系，而司法则更注重法律适用结果的有效性。因而，某种程度上司法实际上是一种"活"的法律，是把立法者预先确定的适用于普遍状况的一般规则作用于特定法律关系之后所形成的具有个案特性且符合社会通常预期的具体规则。事实上，早就有学者这样指出：法官们所立的法甚至要比立法者所立的法律更具有决定性和权威性，因为法规是由法官解释的，而且解释决定了法规的真实含义。[2]

在司法理念上，我国国际私法司法论日渐主张司法不仅仅

---

〔1〕 刘晓红："中国国际私法立法四十年：制度、理念与方向"，载《法学》2018 年第 10 期，第 13~14 页。

〔2〕 Charles E. Clark, David M. Trybek, "The Creative Role of the Judge: Restraint and Freedom in the Common Law Tradition", *Yale Law Journal*, 1961 (71), pp. 255~276.

是简单地解决争议与处理案件或者单纯地实现判决结果的一致性与可预见性这种形式正义价值追求，而应该注重法律适用的灵活性与有效性并充分重视个案的公正。受此理念影响，我国法院无论是在管辖权的行使、法律适用以及外国判决承认与执行等各方面都日益呈现出司法水平不断提升的积极局面。尤其在互惠原则的适用上，我国法院基本上已经从以报复主义为基础的事实互惠开始向以激励效果为目标的推定互惠转变，在此基础上对外国判决予以承认与执行，并最终促进与其他国家相互合作的积极效果。最高人民法院于 2015 年通过了《关于人民法院为"一带一路"建设提供司法服务和保障的若干意见》〔1〕，提出在互惠原则上可先行给予其他国家当事人司法协助以促成互惠关系有效形成的观念。受此影响，南京市中级人民法院在 2016 年"高尔案"承认了新加坡法院判决、2017 年武汉市中级人民法院在"刘利案"承认了美国法院判决、2017 年银川市中级人民法院在"李先明案"〔2〕承认了阿联酋法院判决。可以合理预见，这些积极判决不仅实现了当事人的正当期望并促进我国法院司法经验的积累与司法水平的提高，也将会对外国法院有关互惠关系的认定产生良性的效果。事实上，德国法院、美国法院、新加坡法院、以色列法院等都不同程度地认定与我国存在互惠关系进而对我国法院所做判决予以了承认或执行。

值得指出的是，在我国国际私法的司法实践中，最高人民法院经常起着特殊的作用，不仅对于各级法院的法律适用问题能够作出指导性规范或者通过指导性案例来规范各级法院的案件审理工作，而且这些规范实际上构成了我国现行国际私法体系的一个部分而具有普遍性的约束力。毫无疑问，作为一个成

---

〔1〕 法发［2015］9 号。

〔2〕 ［2017］宁 01 协外认 1 号。

文法国家，最高人民法院的这种状况显然较为特殊。不过，这种情形其实早在我国国际私法创建的初期阶段就已然显现并为人们所接受："最高人民法院有关涉外民商事争议解决问题的相关司法解释从司法实务角度创造性地丰富和完善了中国涉外民事关系的法律适用法制度，这些司法解释既是对司法实践的总结，也是立法的先导，它们基于立法又超越立法，构成了我国国际私法体系的重要组成部分。"[1]作为一个国际私法观念相对落后、国际私法适用经验相对较少的成文法国家，最高人民法院的司法解释对于我国国际私法适用的合理性与有效性确实有着积极作用，并通过提升各级法院国际私法适用能力与水平来促进我国国际私法司法观念的形成与发展。

（二）现行国际私法观念对于我国海外权益保护机制的影响问题

从我国当前一般状况来看，在海外权益保护问题上主要有两个方面的一般倾向。其一是主要关注国际法机制，期望通过国际法方式来对海外权益加以有效的保护。毫无疑问，这种期望是主权观念继承与发展的产物，也是我国早期国际民商事交往较为简单所导致的结果。因而，在我国一段长时间内仍广泛接受主权观念的状况下，即使在国际民商事关系快速发展的情形下可能仍将会把海外权益的保护主要寄望于国际法机制之上。其二是忽视国际私法机制。基于对国际私法的普遍主义和平等保护思想基础的认识，我国通常并不关注国际私法在海外权益保护上的功能，却把关注点放在了因涉外民事关系所引发的法律冲突问题之上，通过寻找合适国家的法律来合理地解决上述法律冲突问题。因而，在我国国际私法发展的早期阶段，对于

---

〔1〕　黄进："中国涉外民事关系法律适用法的制定与完善"，载《政法论坛》2011年第5期。

国际私法形式正义价值观念的接受，海外权益的保护问题就难以得到关注，自然地，海外权益保护的国际私法机制也无法得以形成。

当然，随着我国改革开放进程的有效推进所带来的经济发展和社会进步，我国国际私法对于当代国际私法实质正义价值目标的接受和追求极大地促进了我国国际私法观念的改进，进而引发了我国国际私法立法和司法的进步。我国国际私法在立法模式上改变了先前分散立法的实践，而采用了单行立法的方式，通过了《法律适用法》这个具有时代意义的冲突法。与此同时，我国现行国际私法立法还对冲突规范的灵活性与合理性加以了有效的改进，不仅肯定了意思自治原则作为我国国际私法基本原则的法律地位，极大地尊重了当事人的意思在法律选择上的效力；也普遍地承认了最密切联系原则，从而极大地赋予了法律适用上的灵活性与有效性，允许法院在相关领域依据案件的具体情况选择应适用的法律，以实现法律适用与判决结果的个案公正。而且，弱者保护问题在我国国际私法立法中也得到了较为全面的接受，从而体现了国际私法的人文关怀以及对权利的有效尊重。毫无疑问，我国国际私法现行立法上诸多方面的进步是我国法治建设不断提升的表现，也是对当代国际私法实质正义先进理念接受的产物。与此同时，我国国际私法司法方面也在不断提升。客观上看，我国国际私法司法论观念的形成与发展本质上是建立在国际私法司法进步基础之上的，同时，司法论又进一步促进了国际私法司法的水平提升和经验积累。我国法院不仅审理的国际民商事案件呈现出几何级的增长，而且实际地受到了指导性案例与典型案例的有效指引，毫无疑问，这些对于我国各级法院的国际私法司法水平与能力的提高有着极大的价值。因而，在法律适用层面，我国法院在注重判决结果一致性与可预见性基础的同时也日益注重灵活性与个案的公正；在管辖权行使和判决承认与执行层面，我国法院日益注重管辖权行使的合理性与有效性，以及增进判决承认与执行的国际合作以促进判决在国际社会的自由流动。尤其是在互惠原则的适用上，我国法院司法水平与能力的提升表现得更加明显。[1]这些都相当程度上体现出我国国际私法司法观念的进步以及司法水平的提高。

我国国际私法观念的进步所对我国国际私法立法与司法带来的效果是明显的也是有效的，促进了我国国际私法立法的进步和司法观念的提升，我国晚近国际私法立法与司法的发展进步充分地体现了出来。柯里曾经明确提出，立法者制定成文法以及法院形成普通法，都是为了实现可识别的经济和社会政策。[2]因而，国际私法实质正义的价值追求本质上需要对规则背后的利益加以考虑与保护，规则的灵活性主要是为了更好地实现利益保护。但是，立法者经常加以掩饰而非明确地宣布其所期望采纳的立法政策，从而导致规则通常不能实现其立法目的或者不能产生与立法目的相符的效果。受此影响，法院在司法过程中要么不能清楚地认识这种立法政策，要么根本就不严加考虑，而是把注意力放在判决结果的一致性与可预见性之上，或者主要依据所谓的自然正义观念或法官的公平正义观以实现个案的公正。

---

〔1〕　当然，这可能存在一个实践转变相当显著的情况，从先前全然性地拒绝到较为普遍的接受互惠关系的转变状况。这种强烈的对比使得法院前后司法水平的差异相当明显。

〔2〕　Brainerd Currie, *Selected Essays on the Conflict of Laws*, Duke University Press, 1963, p. 64.

二、我国海外权益保护国际私法机制观念的改进问题

历史经验表明，观念是实践的指引。因而，在确立海外权益保护的国际私法机制问题上，首先需要对当前国际私法观念加以改进，才有可能真正在立法与司法层面形成海外权益保护的有效机制。如前所述，我国国际私法已经取得了较大的进步。应当认为，在如此短的时间内取得这样的进步相当不容易，这也反映了我国国际民商事关系发展的迅速程度，并体现了我国对于外国先进经验汲取与吸收的积极态度。我国国际私法的立法与司法都在注重形式正义的基础上力图实现实质正义的价值追求，以期获得个案的公正结果。随着我国国际民商事法律关系的迅速发展，需要对因海外贸易与海外投资所引发的海外权益保护问题加以特别关注。有鉴于此，应当改进我国国际私法观念，把海外权益保护问题纳入国际私法之中，进而形成海外权益保护的国际私法机制。

（一）国际私法应该在追求形式正义的基础上实现实质正义

美国"冲突法革命"的经历表明，柯里的"要规则还是方法"并不是国际社会的一个绝对抉择，从而必须在法律适用的确定性与灵活性中作出单一的选择；相反，国际社会在经过了美国"冲突法革命"洗礼后对于国际私法规则和法律选择方法进行了统一，从而客观上力图在规则的确定性基础上实现规则的灵活性价值目标。因为，尽管国际私法规则无法像法律选择方法一样体现出完全的灵活性并完全实现个案公正，不过，这并不绝对地意味着应放弃冲突规范而选择更具灵活意义的法律选择方法。正如有学者指出的："我们应清醒地认识到，对法律选择规则的抨击有误入歧途之嫌。因为法律选择规则是规则就轻率地抛弃，这是不合理的……规则形式主义观念限制人们只

能按照文字用语进行概念主义的解释，但我们轻易就能抛弃这种观念，转身注重规则背后的潜在目的，依据规则的潜在目的对规则作出解释。反对意见和分歧本身并没有导致对规则的全盘否定，相反，它们只是证明人们对'什么是规则'和'规则如何运行'的意见的分歧而已。"〔1〕

作为一个成文法国家，我国对法律规则的现实需要显然较为明显。这也使得我国在面对国际私法"要规则还是方法"的选择上显得相对简单。法律规则的确定性与可预见性在国际民商事关系中具有相当重大的意义，有助于当事人合理地安排国际民商事行为，并可以有效地防范法律选择方法可能带来的不确定性风险。当然，法律规则确实针对的是普遍现象而非具体案件，因而在具体个案中可能因无法有效预测个案的具体状况而在适用上显现出机械性的特点进而难以带来实质公平的结果。不过，需要指出的是，机械性并非法律规则的内在特征而绝对无法避免。哈特曾经指出，法律规则可以有足够的灵活性，可以在适用于不断变化的社会现实的过程中得到发展。〔2〕因而，增加法律选择规则的灵活性具有现实的可能性。那么，对于我国国际私法来说，应形成这种观念，即国际私法应在追求形式正义的基础上实现实质正义。某种程度上，片面强调形式正义还是实质正义都不符合国际社会的一般实践，也与我国的现实需要不相符。追求法律适用的确定性、一致性与可预见性仍应作为我国国际私法的基本价值追求，这符合我国法治建设的需要和司法的一般实践。与此同时，对国际私法实质正义价值的追求是时代的现实要求。依据我国法治建设与现实需要的相关

---

〔1〕 Lea Brilmayer, "The Role of Substantive and Choice of Law Policies in the Formation and Application of Choice of Law Rules", 252 *Recueil des cours* 9, 59 (1995).

〔2〕 H. L. A. Hart, *The Concept of Law* (2nd ed.), Clarendon Press, p. 262.

状况，应当将实质正义价值追求建立在形式正义价值之上，实现二者的有效统一。为此，应增强我国法律选择规则的灵活性，而法院也应在法律选择规则的适用上充分注意灵活性目标的实现，以有效避免单纯追求判决结果一致性与可预见性目标的现象。

（二）国际私法实质正义的追求应考虑海外权益保护的因素

传统国际私法只关注对法律冲突的解决，并通过立法管辖权规范来指定与法律关系存在密切联系地的国家法律作为应当适用的法律。在这个过程中，冲突规范通常不会过多地考虑被指定国家法律规定的相关具体内容及其法律适用的结果，从而保持了某种程度上的价值"中立"立场。应当认为，从法律冲突的解决这个角度来看，传统国际私法的形式正义追求确实提供了一个合理场域的法律。不过，国际私法所需要解决的其实并不只是外在的法律冲突，而是具体的国际民商事争议，这就使得国际私法形式正义的价值追求失去了真正合适的对象从而显得欠缺合理性。国际私法的实质正义则要求在法律选择过程中查明竞相适用的法律或可能适用的法律的内容、立法政策或目标，或者在法律选择过程中直接促进特定的法律结果或实现某种法律目的，并最终获得个案的公正。当然，国际私法的发展历史表明，国际私法实质正义并不是对形式正义取代之后的必然产物，也不是必须抛弃形式正义才能获得的结果，而应该在形式正义的基础上增强法律选择规则的灵活性，并合理地探究规则背后的立法政策或目标。

对国际私法实质正义价值目标追求的理念已经发展成为了我国国际私法的一般观念。与我国法律文化传统相一致，我国对国际私法实质正义的追求是建立在形式正义基础之上的，主要是注重法律选择规则的灵活性来获得个案公正的结果，如强调意思自治原则与最密切联系原则在法律选择规则中的地位，从而利用意思自治原则和最密切联系原则的内在灵活性来实现法律选择的灵活性，并通过法律选择的灵活性以获得合适的法律，从而克服了形式正义主要以地域联系标准来选择法律的缺陷。尽管如此，这并不意味着我国在国际私法实质正义的追求上已经实现了完全的合理性。总体而言，我国国际私法实质正义的追求目前仍注重法律选择规则的灵活性，期望通过赋予法律选择规则的灵活性来选择合适的法律。事实上，这种观念是目前国际社会的一般认识，也因此促进了各国立法与司法层面对法律选择规则灵活性价值的追求。毫无疑问，这样的观念确实有效地破除了传统形式正义只关注法律冲突的解决、只做立法管辖权分配所导致的机械性缺陷，不过从有效性的角度出发，国际私法实质正义的价值追求应该包括两个层面的基本内容，即一方面，需要注重冲突规范的灵活性并在法律适用上实现个案的公正，这应该是实质正义的形式内涵；另一方面，更为重要的是，应当考虑规则背后的立法政策或法律目标，而这是实质正义的实质内涵之所在。美国的麦克杜格尔就曾提出，法院在解决法律冲突问题上应寻求适用最好的法律规则，即最符合社会经济政策的法律，法院可用审理内国法案件的相同方式来解决国际案件，确定何种法律最适合于当代社会经济条件的情理，并用它来解决案件。[1]这种"优法方法"虽然具有实体法方法的性质从而可能超越了当代国际私法的时代能力范围，但是其中所包含的应依实体法内容来决定法律选择的观念却与国际私法实质正义的价值追求一脉相承。事实上，被认为赋予了

---

[1] Luther L. McDougal III, "The Real Legacy of Babcock v. Jackson: Les Foci Instead of Lex Delicti and Now It's Time for A Real Choice of Law Revolution", 56 Alb. L. Rev. 795 (1993), p. 805.

法律选择规则灵活性价值从而体现了国际私法实质正义理念与内容的意思自治原则、最密切联系原则以及弱者保护原则等，都实质性的是在对各种相关的实体法规则进行衡量的基础上来选择更具有合理性与有利于个案公正性的实体法加以适用。而且，受国际私法实质正义理念的影响，各国立法也更加注意在法律规则上面增强实质正义内容。西蒙尼德斯教授就曾这样指出："成文法虽然不能全面地引进政府利益分析方法，但可以将判例法运行过程中所分析的政府政策和利益，在成文法的制定过程中予以考虑并诉诸规则形式。"[1]

因而，在我国国际私法实质正义的价值追求上，不仅需要注重冲突规范的灵活性以克服冲突规范内在的机械性与僵硬性缺陷，从而选择更合适的国家法律以实现个案的公正；更应注重规则背后的立法政策。

随着国际经济发展趋缓，海外权益的保护问题对当事人、国际民商事交往以及国家均有着现实性意义，在这种情况下，运用国际私法机制加以有效的保护符合实际的需要。在构建我国海外权益保护的国际私法机制上，应当将海外权益的保护目标纳入立法政策的衡量因素内容之中，并使法院在司法适用审查立法政策的过程中能够予以灵活的考量，以最终实现更有效保护的目的。这是我国国际私法实质正义价值目标的内在要求，也是海外权益保护的应然之义。

〔1〕[美]西蒙尼德斯："20世纪末的国际私法——进步还是退步？"，宋晓译，载梁慧星主编：《民商法论丛》（第24卷），金桥文化出版（香港）有限责任公司2002年版，第422页。

第二节 我国海外权益保护国际私法 机制的立法完善

一、我国海外权益保护国际私法机制改进的路径选择问题

理论上看，对一国法律制度的完善基本上有两种路径，即立法完善和司法完善。前者是通过立法层面的制订、修订来实现法律制度的明确化与合理化；后者则主要是通过司法适用的改进来促进法律制度的确定性和妥适性。当然，从国际社会层面来看，司法完善在普通法系和大陆法系国家之间是有一定差异的，这主要是因为大陆法系国家的法院被认为不具有自由裁量权，只能依据法律规定来处理案件，不得创设法律。而且，法院的判决不具有判例的效果，上级法院甚至最高法院的判决都不具有判例的效力，其他法院可以不受此影响。然而，为了解决法律适用上的困难，大陆法系国家实践中又开创出一种法律地位不甚明确的"司法解释"，[1]作为实际上指导各级法院法律适用的特殊法律文件。当然，在不同的国家，司法解释的形式有所不同，法国、德国是通过最高法院审理上诉案件来对法律、法规作出相应解释的形式来实现的，而我国则是由最高人民法院通过各种书面文件的形式来对审判实践中的适用问题作出解释。

---

〔1〕 需要注意的是，2015 年修订的《立法法》中对"司法解释"的地位进行了规定，从而改变了先前相关立法有关司法解释法律地位缺乏规定的状况。在《立法法》第 104 条中规定："最高人民法院、最高人民检察院作出的属于审判、检察工作中具体运用法律的解释，应当主要针对具体的法律条文，并符合立法的目的、原则和原意。"虽然该条款的基本目的应该是要赋予司法解释以法律地位，尽管如此，该条款所蕴涵的主要内容却并非如此。毫无疑问，这增加了司法解释法律地位不明的成分。对此，我们认为，或许这还是与我国沿袭大陆法传统的状况有关。

作为一个沿袭了成文法传统的国家，通过立法完善显然更符合我国的现实。大陆法系国家在其法律渊源的确定问题上，普遍只承认立法机关所制订的法律、法规以及行政机关为行政管理所制订的行政规章，而不承认司法机关的立法权。正如美国学者梅利曼所指出的："大陆法系的法官只能在其严格的审判权限内解释和适用这些'法律'（即大陆法国家中的一般法律渊源——法律、法规和具有法的意义的习惯），它们的理论上的假设是：无论法官遇到什么案件，他都能从现存的法律规范中找到可适用的法律规定，无论这些规定是来自于法律、法规或具有法律意义的习惯。"[1]这种观念来源于资本主义发展阶段所形成的国家实证主义和三权分立原则。国家实证主义强调国家主权的绝对性，因而只有国家才有立法权，其他外在的组织或者力量都不能制订超越国家之上或在国家内部生效的法律。而依据严格的三权分立原则，只有立法机关才能拥有国家的立法权，其他任何机关都不能创制法律。不过，随着社会的发展和分化，行政机关也逐渐获得了对行政管理事务的立法权限，可以制订行政规章。但是，司法机关只能是法律适用机关，是法律的适用者与执行人而不得拥有立法权；否则，法院既是法律适用者又有权制订法律，显然不符合三权分立原则，并使法院享有过度的权力。在这种情况下，为了防止法律制度的缺陷而导致法院在适用法律时，通过法律的解释来事实上行使立法权（因为，法官的法律解释无疑是一种立法活动，会实际上影响法律条文的内在含义和适用范围），立法机关所制订的法律就必须完整、连贯和清晰，而不得相互矛盾、含混不清或者存在缺漏。事实上，法律的稳定性、确定性和可预见性一直是大陆法系国家所

---

〔1〕 ［美］约翰·亨利·梅利曼：《大陆法系》（第2版），顾培东、禄正平译，法律出版社2004年版，第24页。

追求的"形式正义";虽然在第二次世界大战之后随着社会的进步和法治的发展,"实质正义"日益获得了法律地位,但是大陆法系国家对于形式正义的追求仍未有根本性的改变。尽管如此,毫无疑问,要真正实现法律制度的完整和明确,显然是一件无法完成的难题。这不仅在于立法者自身的前瞻能力难以有效地预见到需要调整的社会关系的未来发展状况。事实上,立法机关基本是依据社会发展的需要来制订法律,正所谓"法律的创制是发现法律而非发明法律";而且,法律所要调整的社会状况复杂多变,一个法律无法完全符合所有的社会现实状况,因而期望它能够在具体案件中无障碍地适用,显然是一种理想主义的观念思维。相反,法院在适用法律来裁判案件时,总是需要对法律作出相应的解释,以尽可能地使之能够合适地运用来解决法院所面对的现实案件。此外,法律语言的模糊性和内容的多样性也将影响法律规定的确定性价值,使得立法者所制订的法律规则很难真正实现立法者所期望的明确性、确定性和可预见性,甚至各个法律(或条文)之间内部的逻辑合理性都很难保证。

虽然如此,大陆法系国家并没有因此放弃对法律传统以及对法律制度"形式正义"的追求,仍然要求立法者所制订的法律应当完整和明确;当然,如果法律在具体案件的适用中被证明存在缺漏或者有含混不清的法律条文时,首先也应由立法者加以相应的完善。而不允许法官像普通法国家那样享有解释法律和创制法律的权力。作为沿袭了成文法传统的国家,我国也规定立法权由立法机关行使,法院只是法律的适用机关。那么,在具体案件法律适用过程中所发现的法律缺陷,由立法机关通过立法上的完善显然是最为合适的途径,并使得这种完善后的法律制度获得完全的法律效力。

有鉴于此，对于海外权益保护的国际私法机制的不足，由立法来加以完善显然更具有正当性基础。尽管如此，一方面，立法完善途径存在严格的程序，更为重要的是，立法的完善需要立法者有明确的认识与观念形成。而从目前情况来看，在海外权益保护的国际私法机制上，我国立法还不具有观念的成熟性。另一方面，国际私法对海外权益的保护问题，主要还是一个法律适用的问题。因此，目前来看，通过立法完善途径来改进我国海外权益保护的国际私法机制可能并不现实可行。

与立法完善途径有较大差异，司法完善则可能在我国海外权益保护的国际私法机制上更具有可行性。虽然大陆法系国家的法院普遍被认为不具有自由裁量权，在案件的审理中只能依据立法者制订的法律来作出裁判，是某种程度的机械的法律适用者，而不得对法律随意作出解释，更不能更改法律；不过，无论立法多么希望实现如此的确定性和明确性，都无法避免法律规定上的疏漏、僵硬、滞后或者不周延等问题。正如梅利曼所说："那种认为法典能够做到完整、连贯的教条并没有对判例（大陆法系称之为司法判决）产生实际的排除作用……这是因为，现存的法律规范对许多新发生的问题甚至根本没有也不可能涉及。而在当事人权利的确定通常必须依据法规来决定的场合，法律内容的确定性在实际存在的不确定的事实面前，就显得苍白无力。实际上，'完整、清晰、逻辑严密'并具有预见性的法典规定并没有使法官摆脱对必要的法律条文进行解释和适用的负担……他们必须根据案件的事实情况，适用不很明确的法规，而且，这种'明确'在他们看来也是一种抽象的'明确'。法官必须填补立法上的疏漏，解决法规之间的冲突，并使法律适应不断变化着的情况。"〔1〕所以，尽管期望严格坚守立法与司法各司其职的原则，然而，无法避免的现实却是，大陆法系国家的法院在司法实践中不断突破权限。对此，梅利曼如此解释："一方面，法官不得借口法律规定不清楚而驳回诉讼，另一方面当法规确实不清楚时，所谓'严格意义上的法律解释'就成了法官为其所作的判决进行辩解的根据。这两方面的结合，就使得法官成为具体案件的立法者，因而也就将案件当事人置于司法擅断和不负责任的危险之中……通过司法解释而表现出来的法律已与立法机关制定法律时的宗旨大相径庭，法官的作用与立法者已无实际区别。"〔2〕

在我国，最高人民法院的司法解释不仅有利于保证各级法院司法活动的顺利进行与审判实践的统一，而且最高人民法院在法律适用问题上所做司法解释对于各级人民法院的审判工作具有法律效力。因而，在我国海外权益保护国际私法机制的完善上，通过最高人民法院的司法解释途径可能更具有合理性，也更具有现实的可行性。当然，作为成文法国家，最高人民法院的司法解释原则上应以立法规定为基础，通常不应超越立法规定的限度；不过，对于本质上属于法律适用方面的问题，当立法未作出规定时，最高人民法院通过司法解释以便利各级人民法院法律适用的规范性与一致性，显然具有现实的合理性价值。事实上，最高人民法院的这种实践并非绝无仅有。

---

〔1〕　〔美〕约翰·亨利·梅利曼：《大陆法系》（第2版），顾培东、禄正平译，法律出版社2004年版，第43页。

〔2〕　〔美〕约翰·亨利·梅利曼：《大陆法系》（第2版），顾培东、禄正平译，法律出版社2004年版，第44页。

二、我国海外权益保护国际私法机制具体制度的立法完善

（一）反致制度

虽然反致制度的形成具有某种程度的偶然性，不过反致制度是传统国际私法体系的必然伴生物，对传统规则的机械性起着例外的调节作用，[1]因而反致制度的出现也具有必然性因素。通常认为，反致制度适用的一个考虑是扩大本国法的适用，通过外国冲突规范的指定以尽可能使法院地的内国法得以适用，而另一个考虑则是尽可能地保护本国利益，法院运用反致制度选择一个更有利的法律以实现对本国利益加以保护的目的。正是如此，随着海外权益保护观念的日益发展，运用反致制度来灵活地选择合适的法律，符合海外权益保护的现实需要，也与国际私法实质正义的价值追求相一致。

我国现行国际私法立法不承认反致制度的法律地位。《法律适用法》第 9 条规定："涉外民事关系法律的外国法律，不包括该国的法律适用法。"某种程度上，这种规定应该是对最高人民法院 1988 年发布的《关于贯彻执行〈中华人民共和国民法通则〉若干问题的意见（试行）》规定的接受。其第 178 条第 2 款规定："人民法院在审理涉外民事案件时，应该依照民法通则第八章的规定来确定适用的实体法。"应当认为，我国对反致制度的否定态度具有某种程度的现实基础。一是减轻法院的查明责任，进而减少判决不一致的结果。对于我国大多数法院而言，对外国冲突规范的查明仍有一定的困难，这就可能导致不同法院在适用反致制度时会有不同的做法，从而适用不同的准据法而出现判决结果不一致的现象。二是反致制度的适用要求法院

---

〔1〕 李双元、徐国建主编：《国际民商新秩序的理论建构》，武汉大学出版社 1998 年版，第 234 页。

有较为娴熟的技术，这就可能导致法院在反致制度的适用上因经验与水平的差异而有不同的做法。基于如上因素，我国立法拒绝反致制度显然并无不妥。当然，另一方面，反致制度的本质是期望扩大本国法的适用以及尽可能地对本国利益加以保护，从而客观上使得法院能够在条件合适的情形下选择一个有利的法律以实现对海外权益的适当保护。正是如此，我国国际私法中确认反致制度的法律地位，符合我国海外权益保护的客观需要。与此同时，把海外权益保护纳入立法政策的内容作为反致制度适用的衡量因素，也符合国际私法实质正义的价值追求。

在反致制度的设置上，国际社会通行的实践，一是基本上仅承认狭义反致，而不太愿意接受转致。虽然理论上转致也可能导致更合适以及更有利于海外权益保护的国家法律得以适用，但在确定性与可预见性上显然会带来一定的问题。而且，转致对于法院而言也是较大的负担。二是在合同领域不接受反致，这主要是因为意思自治原则在合同领域具有绝对主导地位所蕴含的内在要求，需要尊重当事人选择法律的效力。有鉴于此，我国立法在反致制度的设置上，可以采取与国际社会一般实践相同的做法。当然，鉴于我国目前对反致制度的一般观念以及我国法院在国际私法适用上的经验与水平相对欠缺的状况，在反致制度的肯定上是否应采取相对谨慎的立场，应该是一个值得进一步探讨的问题。瑞士的立法对我国反致制度的设置具有借鉴意义。《瑞士联邦国际私法》第 14 条第 1 款规定："当可适用的法律反致瑞士法律或反致另一外国法时，该反致只有在本法有规定时才予以考虑。"那么，这种立法方式既不会对我国国际私法立法以及法院的司法实践产生过多的影响，又可以考虑当前我国海外权益保护迫切需要加强的主要领域，从而对这些领域规定反致制度，以更有效地加强对海外权益的保护。

（二）涉外协议管辖制度

以私法自治原则和意思自治原则为基础的协议管辖制度赋予了当事人选择管辖法院的自由，从而极大地促进了当事人之间争议解决的效率，也会有效促进管辖权确定的可预见性，可以有效避免管辖权确定上的复杂状况。毕竟，对法院管辖权行使的合理性争辩已经成为当事人经常适用的一种诉讼策略，因而，协议管辖对于管辖权的确定具有积极的价值。而且，作为理性人，当事人通常选择的是一个中立且法治水平较为进步的国家法院，从而更容易获得一个公正的判决。另外，涉外协议管辖还可以避免在判决的承认与执行上对管辖权问题的广泛性审查，从而促进判决的承认与执行。毫无疑问，涉外协议管辖的这些特性使得其对于国际民商事关系的正常发展能够发挥积极的意义，从而客观上能够在海外权益保护上产生现实的效应。在海外权益的保护问题上，国际民商事关系的稳定与持续发展、当事人争议的和平与快速解决、可以适当预期的判决结果无疑都有着积极意义，是从事海外事务的当事人通常关注的主要事项。因而，涉外协议管辖的积极效果对于海外权益的保护是有益的。

涉外协议管辖制度在我国立法中一直获得了肯定并有所发展。综合而言，我国现行协议管辖制度有两个方面的基本表现，一是确立了不区分国内协议管辖和涉外协议管辖的统一制协议管辖制度，二是明确了内容多样的限制性条件，其中涉及诸如实际联系原则、专属管辖、级别管辖等条件。一般认为，建立统一制协议管辖制度的基本考虑在于实现协议管辖上的完全国民待遇，从而达到"去差别化"的效果并满足协议管辖的内在要求。对此，我国民事诉讼法学者这样指出："将国内与涉外民事诉讼中的协议管辖进行整合，顺应了协议管辖的制度本质要求……其意义皆在于尊重当事人的自治行为，便利当事人进行诉讼，当事人可以根据经济往来的客观情况和自身主观条件选择他们方便和信赖的法院。其进一步的意义还在于……将国内与涉外的制度加以统一还是更加尊重了当事人的程序主体地位，能够满足诉讼公正和效益的需要。"[1]尽管如此，我们仍然强调我国应有必要在司法解释中对涉外协议管辖作出补充规定。[2]当然，在司法解释中对涉外协议管辖作出补充规定，主要目的在于使各级法院在我国协议管辖制度的适用上，适当注意它在涉外民事案件中的特殊性意义，而不是要把涉外协议管辖的所有相关事项都明确加以规定。否则，可能会引发司法解释突破我国现行立法规定而导致的法律效力问题。事实上，最高人民法院似乎已经注意到了涉外协议管辖制度的特殊性，因而在2015 年发布的《民诉法解释》第 531 条对涉外协议管辖制度进行了特殊规定："涉外合同或者其他财产权益纠纷的当事人，可以书面协议选择被告住所地、合同履行地、合同签订地、原告住所地、标的物所在地、侵权行为地等与争议有实际联系地点的外国法院管辖。根据民事诉讼法第三十三条和第二百六十六条规定，属于中华人民共和国法院专属管辖的案件，当事人不得协议选择外国法院管辖，但协议选择仲裁的除外。"不过，司法解释的这个规定与我国现行立法中的统一制协议管辖制度的实质关系如何，可能仍需要司法解释作出更加明确的阐释。

另外，在我国涉外协议管辖制度上应明确放弃级别管辖限

---

〔1〕　王福华："协议管辖制度的进步与局限"，载《法律科学（西北政法大学学报）》2012 年第 6 期，第 164 页。

〔2〕　虽然这种"补充规定"有"例外规定"的内涵，不过，在我国立法把先前分别立法的国内协议管辖和涉外协议管辖加以统一后，"例外规定"的称呼可能就并不合适了。因为，把国内民事诉讼程序类推适用于涉外民事诉讼领域，从而把涉外民事程序视为国内程序的例外规定，就一直是大陆法国家的一般观念。

制条件。在协议管辖上设置级别管辖限制性条件的基本考虑在于避免当事人的协议管辖对一国的审级体系产生影响，导致对一审案件审理法院的分工与权限带来不确定的后果。不过，在涉外协议管辖上规定级别管辖条件，本质上却是对我国法院管辖权的一种自我限制，不符合当前国际社会扩张本国法院管辖权的一般实践，也与国际社会通行的国内管辖权规则例外原则不相符，即当事人的协议管辖不会影响案件在国内法院间的移送；而且，级别管辖要求也会对当事人的合理期望产生不利后果，使得当事人因为协议管辖无效而不能在被选择国法院诉讼，同时也可能会因为存在协议管辖而无法在其他国家法院进行诉讼，从而极大地影响海外权益保护的实际效果。有鉴于此，应当在区分国内协议管辖和涉外协议管辖的基础上放弃级别管辖限制条件："涉外合同和财产权益纠纷的当事人选择人民法院的管辖协议不符合我国级别管辖规定的，被选择人民法院应当将案件移送有管辖权的人民法院审理。"

再次，对于某些领域的涉外协议管辖确定弱者保护原则的法律地位。以当事人意思自治原则为基础的协议管辖制度实际上内含了一个基本的前提，即双方当事人之间应当地位相当；否则，强势方可能利用其优势地位而不当地诱使甚至强迫弱势一方缔结一个片面有利于强势方的管辖协议，从而损害弱势方的利益。这种状况在海外贸易和海外投资领域可能也会有一定的表现，因而会对海外权益的保护带来实际的效果。有鉴于此，从实质公平观念考虑，我国有必要对协议管辖规定弱者保护原则的限制；而且，考虑到弱者保护原则的地位不明可能出现的弱者保护原则适用范围的不当扩张，也应在司法解释中对弱者保护原则加以明确规定。笔者建议："保险合同、消费者合同、雇佣合同的管辖协议，必须在争议发生后才能缔结。"这种考虑主要在于：其一，把弱者保护原则适用的范围限定在保险合同、消费者合同和雇佣合同之中，与国际社会的基本实践相一致，也与我国的一般观念相符合，并且与现行立法如《消费者权益保护法》《劳动合同法》相适应。而且，这些事项中的强弱地位较为明显，对弱者进行特殊的保护符合社会的一般期望。其二，争议发生后所缔结的管辖协议更明显地体现了当事人的意思自治。其三，由于我国协议管辖制度规定了"实际联系原则"限制条件，从而一定程度上保障了弱者一方寻求司法救济的权利和便利。因而，无须对弱者寻求司法救济的权利给予过多的保护。

（三）不方便法院原则

本质上以公平正义为基础的不方便法院原则期望在原告与被告之间进行利益的平衡，从而避免享有主动权的原告通过诉讼对被告形成"困扰"或"压迫"而导致不公平结果的现象。不过，在具体的司法实践中，不方便法院原则逐渐出现了转向对本国利益和法院便利加以考量的"合适法院"标准倾向，这预示不方便法院原则在价值取向上发生了改变或者至少是有所变化；而随着国际经济环境的发展以及国家对本国利益保护观念的回归，不方便法院原则更是在海外投资领域出现了对本国利益加以特殊保护的情形。美国法院已经多次运用不方便法院原则拒绝对美国知名跨国公司在海外投资生产所致损害而被要求损害赔偿的案件行使管辖权，以避免美国程序法与实体法的适用可能产生的巨额损害赔偿。而美国法院这种拒绝管辖权行使的最终结果是外国受损原告被迫接受和解或者到所谓的"合适法院"进行诉讼并仅获得极少的赔偿额；相反，美国跨国公司被告则因美国不方便法院原则的适用而获得了特殊的保护。对于美国在不方便法院原则上所采取的便利性标准，著名国际

私法学者陈隆修先生认为这实际上是使其跨国公司逃避责任的
"逆向选购法院"（reverse forum-shopping）行为，从而使得这种
"逆向不方便法院"原则的适用损害第三世界受害者利益，进而
违反不方便法院原则实现正义利益的本质功能。[1]事实上，在
Alfaro 案随附的同意意见书中，Doggett 法官也曾如此指出："在
全球市场时代和更注意保护全人类生态安全的社会中，不方便
法院原则显得过时了，因为该原则使跨国公司逃避了法律的监
控……不方便法院原则的考虑其实并非出于方便与否，相反是
避免公司责任的姑息养奸行为（connivance）。其结果是诉讼就
此结束，从而使被告公司因此获利数十亿美元，无辜受害者则
孤苦无助。"[2]

应当认为，虽然美国不方便法院原则的晚近发展呈现出了
沙文主义的倾向，过于关注本国国民利益以及本国司法利益的
保护，这显然违反了不方便法院原则的公平正义基础；但也一
定程度上表明不方便法院原则在某些情况下能够在海外权益保
护上发挥积极的作用，具有保护本国海外权益的现实功能。在
我国不方便法院原则的适用上，应当注意体现不方便法院原则
的灵活性价值，在案件涉及我国当事人利益时，允许法院根据
具体情形灵活地确定不方便法院原则的适用问题。

有鉴于此，应当放弃我国不方便法院原则中有关我国当事
人（包括国家在内）利益的限制条件。允许我国法院根据案件
的具体情况来审查不方便法院原则的适用问题，这不仅符合不
方便法院原则内在的灵活性本质，也更有利于我国海外权益保

---

〔1〕 陈隆修：《中国思想下的全球化管辖规则》，五南图书出版有限公司 2013
年版，第 261~265 页。

〔2〕 Dow Chemical Co. v. Castro Alfaro, 786 S. W. 2d 674（Tex. 1990），pp. 680~
689.

护的真正实现，从而更符合我国现行司法解释的本来期望。

（四）互惠原则

互惠原则内在的激励与报复性质是促进外国判决承认与执行国际合作的一个重要因素。在当今"重复型博弈"情境下，互惠原则的内在性质更加具有指引性意义，从而可促进国际社会的相互合作。尽管如此，外国判决承认与执行的国际合作并未形成这种积极的趋势，相反，互惠原则逐渐演变成报复主义从而导致互惠关系难以有效启动。因为，"一旦一方偏离合作轨道，导致对方报复，由此可能会滋生相互怨恨，并会无限制地持续下去，进而形成互惠原则适用上的所谓'回响效应'问题"。[1]事实上，无论是美国的 Hilton 案[2]，还是我国的"五味晃案"[3]，法院所持的两国之间互惠关系不存在的主张最终都导致了消极的后果，甚至使其他不相关国家也在与美国或中国的互惠关系存在问题上产生了防范性心理，导致互惠关系无法有效启动。毫无疑问，互惠原则的这种状况对于判决承认与执行的国际合作是极为不利的，进而损害国际民商事关系当事人的正当期望以及国际民商事关系的正常发展，并且无助于海外权益的保护。

客观来说，我国互惠原则在当前起到了消极防范的作用，作为一种外国判决承认与执行的国际合作机制，互惠原则应当既能成为一个有效的条件以保障本国国家利益和国民正当利益，并避免采取"背弃"策略的国家获得不当收益；又应该使其能够成为向外国提供激励的一种有效机制，鼓励其他国家在同等

---

〔1〕　M. Whincop, "The Recognition Scene: Game Theoretic Issues in the Recognition of Foreign Judgments", *23 Melbourne Uni. L. Rev.* （1999），pp. 592~594.

〔2〕　Hilton v. Guyot, 159 U. S. 113 (1895).

〔3〕　案情详见《最高人民法院公报》1996 年第 1 期。

情况下愿意选择"合作"策略，以获取双方国家利益的最优化。否则，如果不强调甚至放弃后一个价值取向，则互惠原则将彻底沦为一种报复性机制。随着我国国际经济的发展和社会的进步，尤其是在"一带一路"建设的持续推进下，我国互惠原则的严格立场需要作出适当的观念转变。为此，在2015年发布的《关于人民法院为"一带一路"建设提供司法服务和保障的若干意见》[1]中，最高人民法院提出了积极的思路："要在沿线一些国家尚未与我国缔结司法协助协定的情况下，根据国际司法合作交流意向、对方国家承诺将给予我国司法互惠等情况，可以考虑由我国法院先行给予对方国家当事人司法协助，积极促成形成互惠关系，积极倡导并逐步扩大国际司法协助范围。"从最高人民法院的司法文件以及新近各级人民法院的司法实践来看，我国法院对于互惠原则适用上的立场已经有了改变，而这将促进我国对外国判决效力的认可，也将促进与其他国家在判决承认与执行上的国际合作，并最终有利于我国海外权益的有效保护。

需要指出，虽然最高人民法院的晚近态度似乎是期望转向推定互惠标准，以此促进互惠关系的有效形成。有鉴于此，我们主张我国应当明确推定互惠制，以利于互惠关系的形成以及互惠原则的有效启动。在这个问题上，美国法学会的《外国判决承认与执行建议案》的立法实践应该具有启示性意义，该法案第7（a）条规定："外国判决将不能在美国获得承认或执行，如果美国法院发现美国的类似判决不能在该外国获得承认或执行。"此外，在互惠原则的司法运用上，我国应坚持加强国际合作的友好立场注重互惠原则适用上的灵活性。

---

[1] 法发［2015］9号。

第三节　我国海外权益保护国际私法机制的司法改进

　　不可否认，在海外权益保护上，立法规定及其完善具有直接的意义；否则，作为一个成文法传统的国家，如果立法缺乏有效的制度设置，显然难以在海外权益保护的实践中有所作为。当然，某种程度上海外权益保护基本上仍是一个司法运用的问题，因而海外权益保护国际私法机制的司法改进具有实际的作用。一方面，我国海外权益保护国际私法机制的司法改进有利于国际私法实质正义的价值实现；另一方面，我国海外权益保护国际私法机制的司法改进有利于该机制自身的合理与有效适用。增强海外权益保护机制司法适用的灵活性与有效性，不仅是国际私法实质正义的基本价值追求，也是海外权益保护机制本身合理性的重要基础。因为在国际私法的国际主义逻辑基础之上，国际私法机制本身并不会明确地显现出对海外权益保护的倾向，因而需要法院在国际私法规范的适用上灵活予以适用，进而促进海外权益的有效保护以及国际民商事关系的顺利发展。

一、公共秩序保留适用的司法改进

　　作为国际私法的"安全阀"，公共秩序保留是一国社会公共利益保护的重要工具和手段。不过，公共秩序保留由于内容上的含糊性以及适用上的灵活性，可能会导致适用上的滥用现象。因而，随着国际民商事关系的日益发展进步以及个人权利保护观念的日渐扩张，国际社会在公共秩序保留的适用上逐渐呈现出严格要求的状况。正如学者所指出的："国际社会是一个以互利和公益为基础的社会。任何一个国家即使仅为本国利益着想，也不愿将此种行为放纵至为所欲为的地步。现在，对公共秩序保留的适用加以限制已成为国际社会较为普遍的要求。"〔1〕其中，通常要求外国法适用的客观结果而非外国法自身会严重损害社会公共利益，并且要求对社会公共利益的违反达到程度上的"明显违反"，如1986年《国际货物销售合同法律适用公约》第16条规定："凡依本公约规定所适用的任何国家的法律，只有在其适用明显违背法院地国的公共秩序时，方可予以拒绝适用。"

由此看来，我国在公共秩序保留的具体适用上所坚持的极为严格的立场，显然是对国际社会一般观念予以接受的现实结果。在我国适用公共秩序保留为数甚少的一些案件中，相关法院曾提出，对外担保未经过审批且适用外法域法将会违反内地的社会公共利益，从而把我国的外汇管制视为社会公共利益，因而应适用公共秩序保留排除外法域法的适用。〔2〕不过，对于这些判决主张，最高人民法院并不认同。在一个批复中，最高人民法院指出，仲裁裁决认可的系争违反中国有关外债审判登记规定，对于行政法规和部门规章中强制性规定的违反，并不当然构成对中国公共政策的违反。〔3〕在稍后的另一个批复中，最高人民法院继续坚持了先前的立场："对于违反规定未经批准擅自从事境外期货交易的行为，违反中国法律的强制性规定不能完全等同于违反中国的公共政策。"〔4〕毫无疑问，最高人民法院对于我国公共秩序保留的基本态度总体上与国际社会的倾向

---

〔1〕 沈涓：《冲突法及其价值导向》，中国政法大学出版社1993年版，第129页。

〔2〕 这些有关公共秩序保留适用为数较少案件的相关介绍与阐述，可参阅高晓力：《国际私法上公共政策的运用》，中国民主法制出版社2008年版，第110~115页。

〔3〕 最高人民法院《关于对海口中院不予承认和执行瑞典斯德哥尔摩商会仲裁院仲裁裁决请示的复函》，〔2001〕民四他字第12号。

〔4〕 最高人民法院《关于ED&F曼氏（香港）有限公司申请承认和执行伦敦糖业协会仲裁裁决案的复函》，〔2003〕民四他字第3号。

相符，体现了我国国际私法趋同化与国际化的积极观念，并防止各级人民法院在社会公共利益的解释上产生片面化或扩张性的情形，从而导致公共秩序保留适用上的滥用。不过，另一方面，如此严格的公共秩序保留观念是否符合公共秩序保留制度的灵活性价值内涵，能否在社会公共利益保护上起到"安全阀"的效应，却也是让人颇为怀疑的。我国公共秩序保留极少在司法上得以适用的现状或许可见一斑。

应当认为，作为国际私法的"安全阀"，公共秩序保留的基本价值追求实际上是对本国重大的社会公共利益加以适当的保护；这就使得公共秩序保留制度需要有适用上的必要灵活性，从而使得法院在具体案件中能够确实有效地对国家利益和社会公共利益加以保护。笔者认为，在我国公共秩序保留的适用方面，不仅应当注重公共秩序保留适用的严格性，也应当注意公共秩序保留适用上灵活性价值的实现。除此之外，在我国公共秩序保留的适用上应注意把海外权益保护的内容作为社会公共利益的衡量因素，从而使得海外权益的保护成为公共秩序保留适用的一个动因。国家利益理论的发展表明，国家利益和社会公共利益并非是与私人利益完全割裂的。一方面，私人利益是国家利益和社会公共利益的重要来源和组成部分；另一方面，对本国私人利益进行保护是国家主权的一个职能。全球化的发展对国家主权产生了侵蚀的效果，正如戴维·赫尔德（D. Held）所提出的："全球化进程已使政治远不再是从前那种首先单纯地围绕国家和国家间事务的活动……国家运作于一个空前复杂的国际体系中，这不仅限制了它们的自主性（其方式是改变政策的成本和收益之间的平衡），而且逐步侵犯了它们的主权。任何一种把国家视为无限制的、不可分割的公共权力形式的观念都站不住脚了。"〔1〕尽管如此，这并不表明国家主权已经完全失去了存在的基础与现实必要性，而更多的应该只是使绝对主权转向了主权的相对性。因而，对本国私人利益尤其是海外权益诸如海外投资和海外贸易利益进行保护仍是国家主权的基本职能，在当今国际经济环境渐差的状况下尤其如此。某种程度上，国际社会对于本国的海外投资和海外贸易利益的重视程度日渐提升，一些发达国家把公平贸易或投资体系的稳定与维护看作是国家的核心利益来加以保护，从而促进本国海外权益保护体系的国际有效性。在一起明确公共秩序保留适用的案件中，最高人民法院曾这样提出："公共政策担负着维护国家根本法律秩序的功能，在侵犯了中国的司法主权和中国法院的司法管辖权的情况下可援引公共政策。"〔2〕最高人民法院的这种观念确实体现了国际社会公共秩序保留严格适用的一般发展趋势。正是如此，笔者认为，在我国公共秩序保留的司法适用中，应当注意公共秩序保留适用上的适度灵活性，并把海外权益的保护作为国家利益和社会公共利益的内容加以适当考量，从而有利于国际私法实质正义的实现，并为我国海外权益提供适度的保护。当法院发现我国海外权益因适用外国法而遭受严重损害，尤其是这种对海外权益的损害具有普遍性或者长期性效应时，可以认定为是对我国国家利益和社会公共利益的损害，从而可以适用公共秩序保留排除该外国法的适用。

二、法律规避制度的司法改进

通常认为，法律规避的构成要素主要涉及两个方面的内容，

---

〔1〕 ［英］戴维·赫尔德:《民主的模式》，燕继荣等译，中央编译出版社 1998 年版，第 434 页。

〔2〕 最高人民法院《关于不予承认和执行国际商会仲裁院仲裁裁决的请示的复函》，［2008］民四他字第 11 号。

即当事人存在规避法律的故意，以及当事人所规避的是强制性规则。而正是由于法律规避的两个构成要素，法律规避制度被认为是一个独立的国际私法制度。当然，另一方面，法律规避制度的适用强调当事人规避法律的故意，这不仅对于法院而言可能是一个无法承受的复杂任务，也可能导致"泛道德化"的问题，因为当事人改变或制造连结点的这种所谓规避法律的行为本身通常并不违反相关国家的法律。而且，在具体司法实践中法院经常性的以客观结果来推定主观状态。除此之外，法律规避制度可能被运用来作为扩大法院地法适用的理由。就此看来，国际社会对法律规避制度的不认可态度应该是有客观基础的。

尽管我国国际私法立法一直未能明确法律规避制度的法律地位，这种状况在我国现行《法律适用法》中仍得到了坚持，不过，我国法院已在多个案件中适用了法律规避制度来否定当事人对外担保的效力；而在《适用法解释》第11条中也获得了确认："一方当事人故意制造涉外民事关系的连结点，规避中华人民共和国法律、行政法规的强制性规定的，人民法院应认定为不发生适用外国法律的效力。"很显然，这表明法律规避在我国司法中还是有存在的客观基础的，从而有利于防止法律规避行为产生实际的效力，毕竟"欺诈使一切无效"的法谚要求法律规避行为不应获得实际的法律效果；也有利于我国法院灵活地解决当事人存在客观性规避法律行为的情形却难以合理应对的问题。当然，在我国法律规避制度的适用上，法院面对着有关当事人规避法律故意的认定难题。对此，我国法院呈现出以客观结果来推定当事人的主观状态从而形成客观化倾向的情形，较为有效地解决了这个难题。不过，对于我国法律规避制度适用上的客观化倾向实践，我国学者提出了批评，认为这种司法方法论的主要缺陷在于以主观归责方式去掩盖被规避法律规范的重要程度以及客观适用的现实需要："在比较法上，法律规避是否成立，很大程度上取决于被规避规范的重要性……法律规避的方法论缺陷是以主观归责的方式掩盖了问题的本质，即被规避法律规范的客观适用需要。"[1]不可否认，这种批评显然具有一定的合理性价值，指出了我国法律规避制度适用上的实际问题，即过于强调考察当事人的规避法律意图而并不重视被规避法律的重要程度与适用需要，这导致法律规避制度的适用仅强调当事人法律欺诈行为的非法性，而这与国际私法承认并扩张当事人意思自治原则的普遍趋势明显不相符，从而导致国际社会对我国法律规避制度的严厉批评和强烈不满。尽管如此，另一方面，我国学者的上述批评把法律规避制度的关注点置于被规避法律规范重要性这个问题之上，又最终将导致与直接适用的法尤其是与公共秩序保留之间的模糊化问题，进而形成上述三种制度的制度干扰现象。事实上，我国法律规避制度适用上法院所呈现出的以客观结果来推定当事人主观状态、从而形成客观化倾向的实践已然极大地消除了法律规避制度的内在特征，而上述批评所提出的主张则可能会进一步加深三种制度的干扰。那么，在我国现行立法规定了直接适用的法和公共秩序保留制度的情况下，法律规避制度存在以及适用的必要性就确实有了问题。

因而，对于法律规避制度的赞同论者而言，虽然竭力要证明这种制度的独立性价值，但是也无法绝对地否定法律规避与直接适用的法和公共秩序保留之间的制度干扰现象；而这种制度干扰显然最终会对法院的司法实践产生实际的效果。某种程

---

〔1〕 肖永平、龙威狄："论中国国际私法中的强制性规范"，载《中国社会科学》2012年第10期，第121页。

度上，法律规避制度的适用可能确实无法绝对地排除制度干扰，毕竟，这三种制度均涉及了强制性规则。当然，另一方面，在法律规避的适用上，在适当地关注被规避法律的重要程度和适用需要的基础上注意灵活性的运用，应当能够适度地降低制度干扰现象的发生。如果当事人规避的是"国际意义的强制性规则"，则依据直接适用的法来否定当事人规避法律行为的效力，而无须考察当事人的主观故意。如果当事人规避的是"国内意义的强制性规则"，则考察当事人是否存在规避的主观故意，如果存在这种故意，则适用法律规避。对当事人规避法律的主观故意加以审查，是法律规避制度适用上区别于其他制度的基本特征之所在；不过，由于法院考察当事人主观故意存在现实困难，因而在具体实践中可以客观结果的善意与合理程度来探究当事人规避法律的意图，将会促进法律规避适用上的灵活性。

此外，在法律规避的适用上，也需要适当注意海外权益保护因素对于强制性规则的效应问题。一般观念认为，强制性规则涉及的是重大的社会公益，私人性质的利益不是强制性规则的调整内容。那么，当事人规避的法律如果仅涉及私人性质的利益内容，则通常不会被认定为法律规避行为，这在当前国际私法日益自由化的状况下尤其如此，在意思自治原则成为我国国际私法立法的基本原则的状况下似乎更应如此。从我国现行法律规避的司法运用来看，基本都针对的是因涉外担保违反我国外汇管制制度的行为，这似乎也暗示着法律规避所涉及的应是与重大社会公益的强制性规则。不过，从我国《适用法解释》相关规定的内容来看，我国并未对法律规避制度限定适用的领域或范围，所以这种自我限定的实践是否符合我国法律规避制度的本质与现实要求应该是有疑问的。事实上，《适用法解释》

第 10 条有关强制性规则的规定中就涉及了劳动者权益保护以及"其他情形"，这表明私人利益应该能够成为我国法律规避制度中强制性规则的构成内容。正是如此，如果当事人规避法律的结果使得我国海外权益所遭受的重大不利是具有普遍性或者经常性效果的，则可以认定为是对我国国家利益或社会公共利益的损害，从而构成对我国强制性规则的违反，进而引发法律规避制度的适用。

三、直接适用的法制度的司法改进

应当承认，直接适用的法自从被发现以及在具体实践中被适用以来，相关的问题与争议就一直不断，原因主要在于直接适用的法适用上的困境。总体上看，直接适用的法制度适用上的困境基本在于：存在应直接适用的强制性规范，而且这种强制性规范具有排除冲突规范适用的效力。但是，很显然，何种规范属于强制性规范、何种强制性规范能够直接适用并具有排除冲突规范适用的效力，这并不是一个有确定性标准的问题。事实上，虽然理论上可以把强制性规则区分为"国际意义的强制性规则"和"国内意义的强制性规则"，而前者是引发直接适用的法制度适用的客观基础，但现实中如何对这两种强制性规则进行界分并无现实的标准和依据，很大程度上取决于各国的利益保护倾向和法院的观念认知。这也实际上导致了即使是在一国内直接适用的法的适用都呈现出不同形态的消极状况。直接适用的法适用上的另一个困境在于，如何排除与法律规避、公共秩序保留之间在适用上的制度干扰问题。毫无疑问，上述困境使得直接适用的法确实难以有效地加以适用。正如有学者指出的：真实的处境是，如何识别直接适用的强制性规范是运用该制度的关键前提和难点所在。比较法上的辨别标准是要求考虑强制性规范的适用结果，即应考虑规范的性质、目的以及适用或不适用的结果。这种状况却导致了悖论：为了适用和界定强制性规定，就不得不考虑其适用结果，但这种结果导向式的辨别方式，就使直接适用的法制度不可避免地跌入后冲突规范的时序中，从而与公共秩序保留制度的适用相重叠。[1]

　　我国先前立法没有规定直接适用的法制度，因而实践中经常用法律规避或者公共秩序保留来进行制度替代。在"中国公民王某与中国公民张某泰国旅游结婚案"[2]中，当事人在泰国旅游期间以宗教方式结婚，却由于未达到我国法定婚龄而在我国法院被判定婚姻无效。对于本案的法律规避问题主张，我国有学者提出，将一些实质上属于蕴涵重大社会和经济利益类的涉及"直接适用的法"适用之案件作为法律规避问题的案件处理是值得商榷的。[3]不过，婚龄规定是否具有"国际意义的强制性规则"的性质进而导致直接适用的法的适用，可能还是存在一定的疑问的。毕竟，婚龄的国际社会多样化规定以及人的成熟和受教育权保护的状况不同，从而使得婚龄规定通常仅具有"国内意义的强制性规则"的性质，也不具有排除冲突规范适用的直接效力。当然，该案涉及的是两个住所地与生活空间位于中国的我国公民的域外结婚，这使得我国的法定婚龄规定对于当事人婚姻有效性具有了普遍意义的强制性效力。毫无疑问，我国法院的这种观念在当前直接适用的法制度下仍得到了一定程度的保留。此外，直接适用的法制度适用的结果显然也

---

　　〔1〕　张春良："直接适用的法与相关制度的体系平衡"，载《法学研究》2018年第3期，第199页。

　　〔2〕　本案的具体状况可参见林燕萍主编：《国际私法案例评析》，北京大学出版社2007年版，第49页。

　　〔3〕　刘仁山："'直接适用的法'在我国的适用——兼评《〈涉外民事关系法律适用法〉解释（一）》第10条"，载《法商研究》2013年第3期，第76页。

与强制性规则自身的界分不清有一定关系。

我国直接适用的法的适用上，应适当限制法院的裁量空间而非相反。主要原因在于直接适用的法所关涉的应是"国际意义的强制性规则"，但是强制性规则的"国际意义"性质并不具有确定的标准或依据，法院可能会在实践中赋予较大的灵活性，以达至直接适用的法强制适用的效果。因此，我国直接适用的法在适用时应当对法院有关强制性规则的认定权力加以约束，这种权力可由最高人民法院通过司法解释途径加以行使。此外，笔者认为，在我国直接适用的法的适用上，有关强制性规则的所涉利益内涵应纳入海外权益保护的内容。通常情况下，直接适用的法关涉的是社会公共利益而非具体的利益形式，这就使得私人性质的海外权益难以在直接适用的法制度中有相应的法律地位。尽管如此，海外权益保护的内容并非完全隔绝于直接适用的法之外。事实上，《罗马条例Ⅰ》对于强制性规范的界定就规定为："被一国认为对维护该国的公共利益，尤其是对维护其政治、社会、经济组织的利益至关重要而必须遵守的强制规范，它们适用于其管辖范围内的任何情况，而不管依据本条例应适用于合同的是何种法律。"其中就表明了私人性质的利益能够成为强制性规范构成要素和考量因素的意思：其一，在意思自治原则占据绝对地位的合同领域，直接适用的法也有确实的法律地位；其二，公共利益涉及的不只是政治与社会的利益，也包括经济组织的利益在内。而我国《适用法解释》第10条所明确的六大类型强制性规定中也包含了私人性质利益的内涵。不可否认，海外权益确实存在国别的性质，这也是使得"国际意义"的强制性规则纳入海外权益及其保护的内容存在现实的问题；不过，另一方面，随着国际经济环境的发展变化，海外权益的保护问题已经在一定程度上演变成国际社会普遍关注的特殊事项，从而使得海外权益及其保护能够适当地成为强制性规则的衡量因素而加以考量。

有鉴于此，在我国直接适用的法的适用上，如果要确定强制性规则的"国际意义"而在国际私法领域具有直接适用的效果，并因此与法律规避和公共秩序保留形成相区别的状态，这就要求适当地限制法院的灵活性空间，以防止法院对强制性规则的解释做相对宽泛的理解。与此同时，应把海外权益及其保护的内容纳入强制性规则的考量因素之中，对于一些具有国际普遍性意义以及在国际实践通常予以保护的海外权益运用直接适用的法予以保护。

四、不方便法院原则的司法改进

不方便法院原则在国际社会的晚近发展表明，以公平正义价值目标为基础的不方便法院原则日益成为本国利益的保护工具，从而不仅保护本国的司法利益以避免案件无以复加的堆积现象以及有限司法资源被外国当事人不当占用的消极局面，也直接对本国国民的海外利益加以保护。后者主要体现在美国，美国法院已经多次运用不方便法院原则拒绝外国（目前主要是位于加勒比海领域的中美洲国家）原告起诉美国跨国公司要求巨额损害赔偿的案件，认定外国原告所在地法院为"合适法院"因而应由"合适法院"对案件行使管辖权。表面上看，"合适法院"标准确实有着观念上的合理性，不过晚近美国不方便法院原则适用上的"合适法院"标准却是避免美国跨国公司因在美国法院被发展中国家原告起诉而可能承担巨额损害赔偿的不利结果。事实上，其他实施不方便法院原则的国家所坚持的"合适法院"标准也有同样的价值追求。由此看来，国际社会在不方便法院原则的适用上已经显现出了某种程度的价值转化，不方便法院原则从管辖权行使上注重平衡原被告双方利益的公平正义价值追求逐渐发展为对本国利益加以保护的合适工具，从而可以对本国海外权益加以适度的保护。应当认为，虽然不方便法院原则的这种价值转化并不符合国际社会普遍接受的公平正义观念，使得不方便法院原则逐渐减损其赖以存在的基础。不过，不方便法院原则的价值转化却符合国际社会的一般现实。不可否认，国际社会在管辖权的行使上形成了日益扩张本国管辖权的一般趋势，其主要表现诸如美国的长臂管辖规则、一些国家立法对平行诉讼的肯定与接受、涉外协议管辖的普遍接受等，这种管辖权扩张的一个主要目的是扩大本国司法管辖权的范围。因而，法院适用不方便法院原则拒绝对案件行使管辖权的实践似乎与国际社会的一般趋势背道而驰，不过，另一方面，管辖权扩张对本国司法利益以及本国国民利益的保护也日渐显现出深远的意义。那么，司法管辖权的扩张在一些特殊的情形下就可能与本国利益保护的需要之间产生冲突，因为这种管辖权的扩张使得法院出现了案件不断堆积的现象以及在本国法院的诉讼可能使本国当事人因外国的行为却面临本国更严格的诉讼程序和更高的赔偿请求。在上述情况下，不方便法院原则的价值转化能够适当地在管辖权的扩张和本国利益的保护之间进行利益的平衡。

应当认为，我国的不方便法院原则确实蕴含了对我国利益加以特殊保护的价值追求和功能期望，其中所要求的案件不涉及我国国家、公民、法人或其他组织利益的条件就极其明显地体现出对我国利益进行保护的内涵。因此，笔者认为，在注重不方便法院原则的公平正义价值基础的同时，应当体现出不方便法院原则的灵活性价值，使得我国法院能够依据具体个案来决定不方便法院原则的适用问题，从而促进对本国利益保护功能的有效实现，并把本国海外权益的保护问题作为我国不方便法院原则适用的一个衡量因素，从而最终使不方便法院原则的适用能实现对我国海外权益的有效保护。

R 参考文献
EFERENCE

一、中文类

（一）著作

1. 陈隆修：《中国思想下的全球化管辖规则》，五南图书出版有限公司 2013 年版。

2. 丁伟：《中国国际私法和谐发展研究》，上海社会科学院出版社 2009 年版。

3. 高晓力：《国际私法上公共政策的运用》，中国民主法制出版社 2008 年版。

4. 韩德培主编：《国际私法》（第 2 版），高等教育出版社、北京大学出版社 2007 年版。

5. 黄进主编：《国际私法》，法律出版社 1999 年版。

6. 何勤华：《西方法学史》，中国政法大学出版社 1996 年版。

7. 李浩培：《国际民事程序法概论》，法律出版社 1996 年版。

8. 李建忠：《古代国际私法溯源——从古希腊、古罗马社会到法则理论的荷兰学派》，法律出版社 2011 年版。

9. 李双元主编：《中国与国际私法统一化进程》，武汉大学出版社 1998 年版。

10. 李双元、徐国建主编：《国际民商新秩序的理论建构》，武汉大学出版社 1998 年版。

11. 卢峻：《国际私法之理论与实际》，中国政法大学出版社 1997 年版。

12. 刘楠来主编：《发展中国家与人权》，四川人民出版社 1994 年版。

13. 刘铁铮、陈荣传：《国际私法》，三民书局 2004 年版。

14. 林燕萍主编：《国际私法案例评析》，北京大学出版社 2007 年版。

15. 阮毅成：《国际私法论》，商务印书馆 1938 年版。

16. 宋晓：《当代国际私法的实体取向》，武汉大学出版社 2004 年版。

17. 沈涓：《冲突法及其价值导向》，中国政法大学出版社 2002 年版。

18. 王治河：《福柯》，湖南教育出版社 1999 年版。

19. 王雪梅：《儿童权利论——一个初步的比较研究》，社会科学文献出版社 2005 年版。

20. 王吉文：《外国判决承认与执行的国际合作机制研究》，中国政法大学出版社 2014 年版。

21. 肖永平：《肖永平论冲突法》，武汉大学出版社 2002 年版。

22. 徐冬根：《国际私法趋势论》，北京大学出版社 2005 年版。

23. 俞可平等主编：《中国模式与"北京共识"——超越"华盛顿共识"》，社会科学文献出版社 2006 年版。

24. 阎学通：《中国国家利益分析》，天津人民出版社 1997 年版。

25. 杨泽伟：《主权论——国际法上的主权问题及其发展趋势研究》，北京大学出版社 2006 年版。

26. 余锋：《WTO 决策法律制度研究——民主的视角》，华东师范大学出版社 2010 年版。

27. 邹龙妹：《俄罗斯国际私法研究》，知识产权出版社 2008 年版。

28. ［英］梅因：《古代法》，沈景一译，商务印书馆 1959 年版。

29. ［美］E. 博登海默：《法理学——法律哲学与法律方法》，邓正来译，中国政法大学出版社 2004 年版。

30. ［美］威廉·奥尔森等编：《国际关系的理论与实践》，王沿等译，中国社会科学出版社 1987 年版。

31. ［德］马丁·沃尔夫：《国际私法》，李浩培、汤宗舜译，法律出版社 1988 年版。

32. ［法］亨利·巴蒂福尔、保罗·拉加德：《国际私法总论》，陈洪武等译，中国对外翻译出版公司 1989 年版。

33. ［英］莫里斯：《法律冲突法》，李东来等译，中国对外翻译出版公司 1990 年版。

34. ［英］J. H. C. 莫里斯主编：《戴西和莫里斯论冲突法》（上），李双元 等译，中国大百科全书出版社 1998 年版。

35. ［英］丹宁勋爵：《法律的训诫》，杨百揆等译，法律出版社 1999 年版。

36. ［英］弗里德利希·冯·哈耶克：《法律、立法与自由》（第 1 卷），邓正来等译，中国大百科全书出版社 2000 年版。

37. ［英］阿德里安、A. S. 朱克曼主编：《危机中的民事司法——民事诉讼程序的比较视角》，傅郁林等译，中国政法大学出版社 2005 年版。

38. ［英］戴维·赫尔德：《民主的模式》，燕继荣等译，中央编译出版社 1998 年版。

39. 王列、杨雪冬编译：《全球化与世界》，中央编译出版社 1998 年版。

40. ［英］汤林森：《文化帝国主义》，冯建三译，上海人民出版社 1999 年版。

41. ［日］星野昭吉：《全球政治学——全球化进程中的变动、冲突、治理与和平》，刘小林、张胜军译，新华出版社 2000 年版。

42. ［英］拉尔夫·达仁道夫：《现代社会冲突——自由政治随感》，林荣远译，中国社会科学出版社 2000 年版。

43. ［美］玛莎·费丽莫：《国际社会中的国家利益》，袁正清译，浙江人民出版社 2001 年版。

44. ［美］伊丽莎白·埃克诺米、密歇尔·奥克森伯格：《中国参与世界》，华宏勋等译，新华出版社 2001 年版。

45. ［法］雅克·盖斯坦、吉勒·古博：《法国民法总论》，陈鹏等译，法律出版社 2004 年版。

46. ［美］约翰·亨利·梅利曼：《大陆法系》（第 2 版），顾培东、禄正平译，法律出版社 2004 年版。

47. ［美］约瑟夫·奈：《美国定能领导世界吗》，何小东等译，军事译文出版社 1992 年版。

48. ［美］约瑟夫·奈：《软力量——世界政坛成功之道》，吴晓辉、钱程译，东方出版社 2005 年版。

49. ［美］约瑟夫·S.奈：《硬权力与软权力》，门洪华译，北京大学出版社 2005 年版。

50. ［意］安东尼奥·卡塞斯：《国际法》，蔡从燕等译，法律出版社 2009 年版。

51. ［美］罗伯特·基欧汉：《霸权之后：世界政治经济合作中的合作与纷争》，苏长和等译，上海人民出版社 2012 年版。

52. ［美］亚历山大·温特：《国际政治的社会理论》，秦亚青译，上海人民出版社 2014 年版。

53. ［美］约翰·罗尔斯：《正义论》，何怀宏等译，中国社会科学出版社 1988 年版。

（二）期刊

1. 毕玉蓉："中国海外利益的维护与实现"，载《国防》2007 年第 3 期。

2. 陈伟恕："中国海外利益研究的总体视野——一种以实践为主的研究纲要"，载《国际观察》2009 年第 2 期。

3. 陈辉萍、黄玉梅："国际投资协定中公正与公平待遇标准的新发展"，载《国际经济法学刊》2006 年第 3 期。

4. 陈卫佐："涉外民事法律适用法的立法思考"，载《清华法学》2010 年第 3 期。

5. 丁伟："世纪之交中国国际私法立法回顾与展望"，载《政法论坛》2001 年第 3 期。

6. 付子堂："对利益问题的法律解释"，载《法学家》2001 年第 2 期。

7. 葛云松："《侵权责任法》保护的民事权益"，载《中国法学》2010 年第 3 期。

8. 郭洁敏："当前我国软力量研究中若干难点问题及其思考"，载《社会科学》2009 年第 2 期。

9. 高鸿钧："法律移植：隐喻、范式与全球化时代的新趋向"，载《中国社会科学》2007 年第 4 期。

10. 黄进："中国涉外民事关系法律适用法的制定与完善"，载《政法论坛》2011 年第 5 期。

11. 黄志慧："人民法院适用不方便法院原则现状反思——从'六条件说'

到'两阶段说'"，载《法商研究》2017年第6期。

12. 何其生："中国国际私法学的危机与变革"，载《政法论坛》2018年第5期。

13. 金彭年、汪江连："从反致制度的本质看我国关于反致制度的取舍"，载《浙江大学学报（人文社科版）》2004年第2期。

14. 刘仁山："'直接适用的法'在我国的适用——兼评《涉外民事关系法律适用法解释（一）》第10条"，载《法商研究》2013年第3期。

15. 刘莲莲："国家海外利益保护机制论析"，载《世界经济与政治》2017年第10期。

16. 刘莲莲："论国家海外利益保护机制的国际合法性：意义与路径"，载《太平洋学报》2018年第6期。

17. 刘相平："对'软实力'之再认识"，载《南京大学学报》（哲学人文科学社会科学）2010年第1期。

18. 刘世锦："为什么中国'发展中国家'的身份会成为一个问题"，载《求是》2011年第11期。

19. 刘玉安："中国在全球事务中的责任"，载《国外理论动态》2007年第6期。

20. 刘晓红："中国国际私法立法四十年：制度、理念与方向"，载《法学》2018年第10期。

22. 刘晓欣："'公共利益'与'个人利益'的概念之辩"，载《湖北社会科学》2011年第5期。

23. 李双元、杨华："论国际私法上直接适用法的重新界定"，载《河北法学》2016年第5期.

24. 李浩："民事诉讼管辖制度的新发展——对管辖修订的评析与研究"，载《法学家》2012年第4期。

25. 李广辉："外国惩罚性损害赔偿判决的承认和执行研究"，载《比较法研究》2005年第2期。

26. 麻锐、李建华："私权概念的私法逻辑"，载《河南社会科学》2014年第9期。

27. 马琳："析德国法院承认中国法院民商事判决第一案"，载《法商研究》2007 年第 4 期。

28. 马守仁："对外国法院判决的承认与执行"，载中国国际法学会主办：《中国国际法年刊》，中国对外翻译出版公司 1984 年版。

29. 门洪华、钟飞腾："中国海外利益研究的历程、现状与前瞻"，载《外交评论（外交学院学报）》2009 年第 5 期。

30. 宋晓："改革开放 40 年中国国际私法学之发展"，载《法学评论》2018 年第 5 期。

31. 孙国华、杨思斌："公私法的划分与法的内在结构"，载《法制与社会发展》2004 年第 4 期。

32. 苏长和："论中国海外利益"，载《世界经济与政治》2009 年第 8 期。

33. 唐昊："关于中国海外利益保护的战略思考"，载《现代国际关系》2011 年第 6 期。

34. 徐崇利："承认与执行外国法院判决的博弈论分析"，载韩德培等主编：《中国国际私法与比较法年刊》(2003 年)，法律出版社 2003 年版。

35. 徐崇利："软硬实力与中国对国际法的影响"，载《现代法学》2012 年第 1 期。

36. 徐崇利："'体系外国家'心态与中国国际法理论的贫困"，载《政法论坛》2006 年第 5 期。

37. 徐崇利："法律规避制度可否缺位于中国冲突法？——从与强制性规则适用制度之关系的角度分析"，载《清华法学》2011 年第 6 期。

38. 徐鹏："涉外法律适用的冲突正义——以法律关系本座说为中心"，载《法学研究》2017 年第 3 期。

39. 肖永平、龙威狄："论中国国际私法中的强制性规范"，载《中国社会科学》2012 年第 10 期。

40. 肖永平等："美国、德国和澳大利亚适用公共秩序保留制度之观察"，载万鄂湘主编：《涉外商事海事审判指导》，人民法院出版社 2005 年版。

41. 肖河："海外权益/利益：定义与缘起"，载《世界知识》2017 年第 8 期。

42. 项久雨："硬实力与软实力的关系之辩"，载《武汉大学学报》（哲学社会科学版）2010 年第 6 期。

43. 许庆坤："国际私法中的法律规避制度：再生还是消亡"，载《法学研究》2013 年第 5 期。

44. 于军等："海外权益/利益保护：意义重大"，载《世界知识》2017 年第 8 期。

45. 于飞："反致制度反思与展望"，载《政法论坛》2001 年第 5 期。

46. 俞新天："软实力建设与中国对外战略"，载《国际问题研究》2008 年第 2 期。

47. 殷敏："'一带一路'倡议下中国对俄投资的法律风险及应对"，载《国际商务研究》2018 年第 1 期。

48. 阎学通、徐进："中美软实力比较"，载《现代国际关系》2008 年第 1 期。

49. 汪段泳："海外利益实现与保护的国家差异——一项文献综述"，载《国际观察》2009 年第 2 期。

50. 王逸舟："国家利益再思考"，载《中国社会科学》2002 年第 2 期。

51. 王健君："软实力'升位'"，载《瞭望》2007 年第 11 期。

52. 王发龙："美国海外利益维护机制及其对中国的启示"，载《理论月刊》2015 年第 3 期。

53. 王福华："协议管辖制度的进步与局限"，载《法律科学（西北政法大学学报）》2012 年第 6 期。

54. 王吉文："我国涉外协议管辖制度限制条件的正当性探讨"，载《武大国际法评论》第 14 卷第 2 期。

55. 邹国勇："一部继往开来的国际私法——《斯洛文尼亚国际私法》立法介评"，载赵海峰主编：《国际法与比较法论坛》（第 2~3 辑），黑龙江人民出版社 2008 年版。

56. 周黎明："论反致问题"，载《河南大学学报（社会科学版）》2002 年第 6 期。

57. 周江："国际私法中法律规避问题的再思考"，载《法律科学（西北政法学院学报）》2007 年第 4 期。

58. 张曙光："国家海外利益风险的外交管理"，载《世界经济与政治》

2009 年第 8 期。

59. 张春良：“直接适用的法与相关制度的体系平衡”，载《法学研究》2018 年第 3 期。

60. ［美］约瑟夫·奈等：“中国软实力的兴起及其对美国的影响”，赵明昊译，载《世界经济与政治》2009 年第 6 期。

61. ［美］西蒙尼德斯：“20 世纪末的国际私法——进步还是退步？”，宋晓译，载梁慧星主编：《民商法论丛》（第 24 卷），金桥文化出版（香港）有限公司 2002 年版。

二、英文类

1. P. S. Atiyah, *The Rise and Fall of Freedom of Contract*, Oxford: Clarendon Press, 1979.

2. Lea Brilmayer, "The Role of Substantive and Choice of Law Policies in the Formation and Application of Choice of Law Rules", 252 *Recueil des cours* 9 (1995).

3. P. Barnett, Res Judicata, *Estoppel, and Foreign Judgments*, Oxford University Press, 2001.

4. Brainerd Currie, *Selected Essays on the Conflict of Laws*, Duke University Press, 1963.

5. Jurgen Basedow, "Conflicts of Economic Regulation", Am. J. Comp. L., 1994 (42).

6. L. Collins et al, Dicey, "Morris & Collins on the Conflict of Laws", *Sweet & Maxwell*, 15th ed., 2012.

7. H. L. A. Hart, *The Concept of Law*, 2nd ed., Clarendon Press, 1994.

8. Louis Henkin, *The Human Rights in Contemporary China: A Comparative Perspective*, Columbia University Press, 1986.

9. Friedrich K. Juenger, *Choice of Law and Multistate Justice*, Martinus Nijhoff Publishers, 1993.

10. Herma Hill Kay, "A Defense of Currie's Governmental Interest Analysis," 215 *Recueil des cours* 9 (1989).

11. Joseph S. Nye, *The Paradox of American Power: Why the World's Only Superpower Can't Go It Alone*, New York: Oxford University Press, 2002.

12. Peter Nygh, *Autonomy in International Contracts*, Oxford: Clarendon Press, 1999.

13. Frederic S. Pearson & J. M. Martin Rochester, *International Relations*, 4th ed. , New York: McGraw-Hill, 1998.

14. Joseph Story, *Commentaries on the Conflict of Laws*, 1834.

15. Peter Stone, *The Conflict of Laws*, Longman, 1995.

16. Graham H. Stuart, *American Diplomatic and Consular Practice*, New York: D. Appleton – Century Co. , 1936.

17. David A. Smith etc, ed. , *States and Sovereignty in the Global Economy*, Routledge Limited London, 1999.

18. Vischer, "General Course on Private International Law," 232 *Recueil des cours* 9 (1992).

19. K. W. Abbott & D. Snidal, "Value and Interests: International Legalization in the Fight against Corruption", *Journal of Legal Studies*, 2002 (31).

20. Volker Behr, "Enforcement of United States Money Judgments in Germany", *The Journal of Law and Commercial*, 1994 (13).

21. Robert W. Cox, Social Forces, "States and World orders: Beyond International Relations Theory," *Millennium: Journal of International Studies*, 1981 (10).

22. Charles E. Clark, David M. Trybek, "The Creative Role of the Judge: Restraint and Freedom in the Common Law Tradition", *Yale Law Journal*, 1961 (71).

23. Cavers, *A Critique of the Choice of Law Problem*, Harv. L. Rev. , 1933 (47).

24. Celia Wasserstein Fassberg, "Rule and Reason in the Common Law of Foreign Judgments", Can. J. L. & Juris. , 1999 (12).

25. J. Fawcett, "Evasion of Law and Mandatory Rules in Private International Law", Cambridge L. J. , 1990 (49).

26. Maryellen Fullerton, "Enforcing Judgments Abroad: the Global Challenge",

Brooklyn J. Int'l L. , 1988 (24).

27. Alastair Iain Johnston, "Is China a Status Quo Power?," *International Security*, 2003 (27).

28. John J. Mearsheimer, "The False Promise of International Institutions", *International Security*, 1994–1995 (19).

29. Luther L. McDougal III, "The Real Legacy of Babcock v. Jackson: Les Foci Instead of Lex Delicti and Now It's Time for A Real Choice of Law Revolution", Alb. L. Rev. , 1993 (56).

30. Tim Dunne, "The Spectre of Globalization", *Indiana Journal of Global Legal Studies*, 1999 (7).

31. Antonio F. Perez, "The International Recognition of Judgments: The Debate between Private and Public Law Solutions", Berkeley J. Int'l L. , 2001 (19).

32. Prosser, "Interstate Publication," 51 Mich. L. Rev. , 1953 (51).

33. Willis L. M. Reese, "The Status in this Country of Judgments Rendered Abroad," Colum. L. Rev. , 1950 (50).

34. M. Whincop, "The Recognition Scene: Game Theoretic Issues in the Recognition of Foreign Judgments", Melbourne U. L. R. , 1999 (23).

35. A. Riles, "Aspiration and Control: International Legal Rhetoric and the Essentialization of Culture," Harv. L. R. , 1993 (106).

36. Hessel E. Yntema, "The Historical Bases of Private International Law", Am. J. Comp. L. , 1953 (1).

三、案例类

1. Babcock v. Jackson, 12 N. Y. 2d 473 (N. Y. 1963).

2. Bachchan v. India Abroad Publications Inc. , 585 N. Y. S. 2nd edn. , 661 (Supp. Ct. 1992).

3. Bullen v. State of Wisconsin, 240 U. S. 625 (1916).

4. Carvinal Cruise Lines, Inc. v. Shute, 499 U. S. 585 (1991).

5. Dow Chemical Co. v. Castro Alfaro, 786 W. 2d 674 (Tex. 1990).

6. Delgado v. Shell Oil Co. , 890 F. Supp. 1324（S. D. Tex. 1995）.

7. Gulf Oil Corp. v. Gilbert, 330 U. S. 501（1947）.

8. Hilton v. Guyot, 159 U. S. 113（1895）.

9. Home Insurance Co. v. Morse, 87 U. S. 445（1874）.

10. Jota v. Texaco, Inc. , 157 F. 3d 153（2d Cir. 1998）.

11. Loucks v. Standard Oil Co. of New York, 224 NY 99（1918）.

12. Piper Aircraft Co. v. Reyno, 454 US 235（1981）.

13. Spiliada Maritime Corp. v. Cansulex Ltd. , A. C. 460（1987）.

14. The Bremen v. Zapata Off–Shore Co. , 407 U. S. 1（1972）.

P 后 记
POSTSCRIPT

本书是司法部国家法治与法学理论部级研究项目"国际私法与中国海外权益保护"（16SFB2050）的最终成果。本书的出版获得江西财经大学法学院的出版经费资助。

按照课题申报计划，本书原本应于2018年底完成并公开出版。不过，本书初稿的实际完成时间是2019年3月初。应当认为，造成这种延迟的结果是多方面因素共同作用的产物。首先，课题组成员的变动与调整一定程度上影响了研究任务的持续性。由于海外访问或者事业与家庭等多方面的原因，课题组中的一些成员表示难以全身心与有效地从事课题的研究与撰写工作从而要求加以调整。其次，资料收集方面的现实困难所导致的研究进程减慢。研究领域的素材不足应该是其中更为关键的因素，因为这不仅影响了观念的形成，而且还常常受普遍观念的影响而对所建构起来的观点加以质疑。在研究进程中，课题组日益发现国际私法领域涉及海外权益保护问题的研究以及相应司法实践极为少见也相当含糊。

事实上，作为全球化发展所导致人员和资本全球自由流动结果的产物，海外权益的保护问题似乎并没有与全球化的发展保持同等程度的进程。毫无疑问，造成这种发展进度差异的因素是多方面的，是多种因素共同作用的结果。首先，在海外权益的保护上面，一般的观念认为这本质上是属于私法领域的问题，应由当事人通过司法救济的途径来进行。在长期强调公法私法区分的时代，海外权益的保护问题也就并不会被广泛关注。其次，需要指出的是，对海外权益的保护需要国家有意愿也有能力，从而要求国家有较强的国家实力。正是如此，海外权益保护实践表明，海外权益保护的主要行为体往往是海外资产体量较大、综合国力较强的国家；而多数国家则表现出能力不足从而保护效果不佳或意愿不强从而不想做出保护努力的局面。因此，长期以来，海外权益的保护问题并未得到国际社会的关注。受此影响，对于海外权益保护的国际私法机制，国际社会更是缺乏基本的观念。长期以来，平等保护观念和国民待遇原则被认为是国际私法的存在基础，那么，国际私法是否具有海外权益保护的功能，国际社会的普遍观念是否定性的。事实上，在对本课题进行鉴定的专家中，多数都或明或暗地体现了对本书观点加以质疑的谨慎立场，而这也是提交专家鉴定时顾虑颇多的原因。应当认为，这些专家的观念与心态反映的是我国学界的一般状况。毫无疑问，国际社会的这种现状一定程度上导致了在国际私法与海外权益保护之间观念不彰、制度不明、实践不清的状况。因而，对这个问题进行探讨与研究，具有相当程度的重要意义。当然，由于时间紧，本书的相关探讨并不深入与全面，可能需要学界继续关注和深入探讨。

非常感谢本课题的鉴定专家：中国人民大学法学院杜焕芳教授、中国政法大学国际法学院宋连斌教授、厦门大学法学院于飞教授、福州大学法学院李智教授，以及上海师范大学政法学院邓杰教授。虽然都对本书的结论和观念并不确定也不一定信服，但是这些专家们都体现出了对不同观点或见解的宽容态度。难以否定的是，这样的宽容态度在当前社会需要不断提升，而这些学者在内心中已经确立了。另外，非常感谢武汉大学国际法研究所肖永平教授和北京大学法学院何其生教授持续性的指点。毫无疑问，上述学者的帮助对于本书的完成和修改都有着相当重要的积极意义。当然，对于书中的错误和疏漏，还是应由本人承担。

　　需要指出的是，本书的出版得益于中国政法大学出版社和丁春晖主任的大力支持。我深信，没有你们的热忱与鼓励，本书的出版不可能如此顺利。

王吉文

2019 年 11 月